PUBLICATIONS

DE

L'ÉCOLE DES LANGUES ORIENTALES VIVANTES.

IIe SÉRIE. — VOLUME XVIII.

LE MAROC DE 1631 À 1812.

PARIS.

ERNEST LEROUX, ÉDITEUR,

LIBRAIRE DE LA SOCIÉTÉ ASIATIQUE,
DE L'ÉCOLE DES LANGUES ORIENTALES VIVANTES, ETC.

RUE BONAPARTE, 28.

LE MAROC DE 1631 À 1812,

EXTRAIT DE L'OUVRAGE INTITULÉ

ETTORDJEMÂN ELMO'ARIB 'AN DOUEL ELMACHRIQ OU 'LMAGHRIB,

DE

ABOULQÂSEM BEN AHMED EZZIÂNI,

PUBLIÉ ET TRADUIT

PAR O. HOUDAS,

PROFESSEUR À L'ÉCOLE DES LANGUES ORIENTALES VIVANTES.

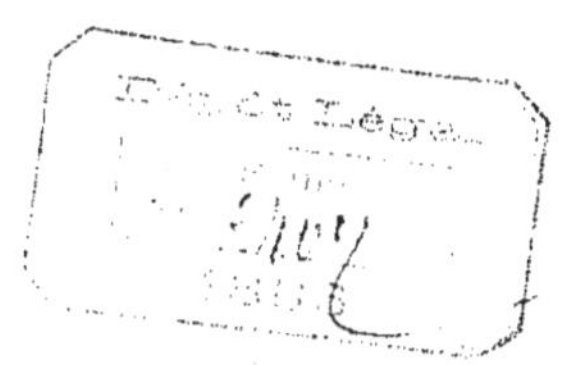

PARIS.

IMPRIMERIE NATIONALE.

—

ERNEST LEROUX, ÉDITEUR.

—

M DCCC LXXXVI.

TABLE DES MATIÈRES.

INTRODUCTION.

Dans l'histoire qu'il a publiée en 1860, M. Léon
Godard, au commencement du chapitre consacré à la
dynastie qui règne actuellement au Maroc, s'exprime
en ces termes : «Espérons qu'un jour la civilisation
arrachera aux ténèbres qui enveloppent le royaume
des chérifs quelques monuments historiques modernes,
bien pauvres sans doute, mais propres à jeter pourtant de la clarté sur les révolutions intérieures. Désormais, elles ne sont retracées que par la plume inhabile
de voyageurs et d'écrivains étrangers, les récits obscurs,
en lambeaux, laissant dans l'ombre les anciennes divisions par familles et par tribus, dont l'action propre a
bien pu, il est vrai, s'effacer et l'origine tomber dans
l'oubli [1]. » Les appréciations qui accompagnent le souhait formulé par M. Léon Godard sont de tout point
exactes. Dès qu'il s'agit des peuples musulmans, l'autorité des historiens européens perd singulièrement de
sa force, si elle n'est appuyée par les témoignages concordants des écrivains indigènes. L'état social des sectateurs de l'Islam est si différent du nôtre que nous

---

[1] Léon Godard, *Description et histoire du Maroc.* In-8°, Paris, 1860, p. 509.

éprouvons toujours quelque peine à apprécier, à leur
juste valeur, les événements qui s'accomplissent en pays
musulman. En outre, et par suite d'une tendance d'ailleurs naturelle, nous délaissons volontiers ce qui touche
à leur histoire intime, pour concentrer toute notre attention sur leur histoire extérieure, celle dont l'intérêt
nous semble le plus grand et le plus immédiat.

Les annalistes orientaux, de leur côté, agissent dans
une disposition d'esprit analogue. Ils tiennent en si
faible estime toutes les nations non musulmanes qu'ils
daignent à peine mentionner leurs noms dans leurs
écrits[1], et l'on verra, par exemple, dans le récit d'Ezziâni qu'il ne parle que très rarement des relations,
cependant fréquentes, qui ont existé entre le Maroc et
les puissances européennes. C'est incidemment, et à
propos du siège de Melilla, qu'il cite le traité conclu
par l'Espagne avec Sidi Mohammed, et, quant à l'ambassade si connue d'Ibn Aïssa à la cour de Louis XIV,
il n'en fait même pas mention.

Pour avoir une idée exacte des événements dont le
Maroc a été le théâtre, il est donc indispensable de
compléter certaines informations un peu vagues données
par les historiens européens, à l'aide des documents que

---

[1] Cependant certains ambassadeurs musulmans ont écrit la relation de leur
voyage. On peut citer, pour le Maroc, la relation traduite par M. H. Sau-
vaire et publiée dans la bibliothèque elzévirienne de E. Leroux sous le titre
de *Voyage en Espagne d'un ambassadeur marocain*, et celle de Aboulabbâs
Ahmed ben Elmahdi Elghezzâl, dont il existe deux copies à la bibliothèque-
musée d'Alger : l'une, à la suite du *Dibâdj*, sous le n° 26 du catalogue des
manuscrits, et l'autre sous le n° 1229.

fournissent justement sur ces points mal élucidés les
auteurs marocains. L'histoire de la dynastie des chérifs
Alides, écrite par Ezziâni, et qui fait l'objet de ce travail,
m'a paru répondre au vœu précédemment formulé et
apporter une contribution importante aux matériaux
déjà réunis par les écrivains européens sur la situation
du Maroc de 1631 à 1812.

Le manuscrit auquel j'ai emprunté cet extrait a pour
titre : الترجمان المعرب عن دول المشرق والمغرب (*Ettordjemân elmo'arib 'an douel elmachriq ou'lmaghrib*) « L'interprète qui
s'exprime clairement sur les dynasties de l'Orient et de
l'Occident ». C'est un résumé très succinct d'une histoire
universelle dans laquelle deux parties seules, l'histoire
des Ottomans et celle de la dynastie des chérifs Alides,
ont été traitées avec quelque développement. Après une
courte préface, l'auteur expose en quinze chapitres les
événements historiques qu'il s'est donné la mission de
retracer; puis, sous le titre de *djami'a* (جامعة), il fait
connaître très brièvement les dynasties musulmanes qui
ont méconnu l'autorité souveraine des khalifes et, enfin,
il termine son ouvrage par une *khatima* [1] (خاتمة) qui est
consacrée à la narration détaillée des voyages qu'il a
accompli et à la description des principales villes qu'il
a visitées.

Dans l'unique exemplaire complet que j'ai eu à ma disposition, le chapitre xv, le seul reproduit ici, est précédé
d'une lacune. D'après les premiers mots de son récit, on

[1] On donne plutôt le nom de رحلة (*rihla*) à ces récits qui forment une sorte
d'autobiographie.

pourrait croire qu'Ezziâni avait également écrit l'histoire des chérifs Saadiens et supposer que la place laissée en blanc était remplie par cette histoire dans le texte original; il n'en est rien cependant. La table des matières insérée dans la préface est complète et elle indique, d'une part, que le chapitre XIV sera uniquement consacré aux princes ottomans et, d'autre part, que l'histoire des chérifs, qui sera l'objet du chapitre XV, ne commencera qu'au règne de Maulay Ali Echcherif. Ainsi, comme le fait justement remarquer le copiste, la lacune provient de ce qu'au lieu d'être conduite jusqu'en 1812, selon ce que l'auteur avait annoncé, l'histoire des Ottomans s'arrête à l'année 1701.

Ce qui donne une valeur considérable aux renseignements contenus dans le chapitre XV du *Ettordjemân elmo'arib*, c'est que l'auteur, Aboulqâsem ben Ahmed Ezziâni, a exercé de hautes fonctions administratives et politiques dans l'empire du Maroc. Pour une partie de la période qu'il retrace, son livre constitue de véritables mémoires et par les documents officiels que sa position l'a mis à même de consulter, l'auteur a pu exercer un contrôle sérieux, soit sur les faits qui lui ont été rapportés par des témoins oculaires, soit sur ceux pour lesquels il n'existait déjà plus à son époque que des traditions. En ce qui concerne son histoire des chérifs, Ezziâni n'est donc pas un simple compilateur : aucun des nombreux ouvrages qu'il a consultés et dont l'énumération se trouve dans sa préface n'a pu lui fournir de matériaux pour cette partie de son travail, car tous ces ouvrages se rapportent à une période antérieure à celle qu'il décrit dans son chapitre xv.

Bien qu'élevé dans les villes et peu habitué, par suite, à la vie errante si chère aux Bédouins, Ezziâni n'en a pas moins parcouru l'empire du Maroc dans tous les sens, soit pour accompagner son souverain, soit pour accomplir les nombreuses missions qui lui ont été confiées. Il connaît donc admirablement la contrée dont il parle, et, avec lui, on n'a pas à redouter ces confusions si faciles à commettre en pays musulman entre les divers noms de localités ou de tribus et que les indigènes eux-mêmes ont tant de peine à éviter. Rien de moins aisé, en effet, que de s'y reconnaître dans cette nomenclature géographique des États musulmans où la plupart des cantons, mal délimités d'ailleurs, prennent successivement le nom de la tribu qui les occupe, alors que les nécessités de la politique ou le simple caprice du souverain peuvent faire transporter cette tribu d'une extrémité à l'autre du royaume.

Dans le récit de ses pérégrinations qui termine son ouvrage, Ezziâni n'ajoute rien d'intéressant aux détails biographiques qu'il donne sur lui-même dans le cours du chapitre xv. Il n'y parle ni de sa famille, ni de sa jeunesse, et il se contente d'exprimer, chaque fois que l'occasion s'en présente, son profond dégoût pour les fonctions politiques dont, selon son expression, il a eu « le malheur d'être affligé »; le traitement barbare que lui fit subir Maulay Elyezid dut, il est vrai, fortement contribuer à provoquer cette aversion, que de nombreux

déboires devaient plus tard augmenter. Sur la fin de sa
carrière, Ezziâni fut nommé gouverneur d'Oudjda par
Maulay Seliman; dans une bataille qu'il eut à livrer à
des tribus arabes, dans la plaine d'Angad, son armée
fut complètement défaite et lui-même n'échappa à la
poursuite de l'ennemi qu'en se réfugiant à Tlemcen.
C'est près de cette ville, à Sidi-bou-Medin[1], où il s'était
retiré dans une maison qu'il avait achetée, qu'Ezziâni
rédigea, pendant les années 1812 et 1813, son histoire universelle, dont, depuis longtemps déjà, il avait
rassemblé les matériaux. Précédemment, il avait composé un autre traité historique intitulé : في البستان الظريف
دولة مولاي علي الشريف (*Elbostân eddherif fi doulet Maulay Ali
Echcherif*), «Le jardin gracieux sur le règne de Maulay
Ali Echcherif. »

Autant qu'on en peut juger d'après deux copies éma-
nées de scribes qui n'ont pas craint parfois de retoucher
légèrement le texte qu'ils avaient sous les yeux, Ezziâni
maniait convenablement la langue arabe; son style,
d'une grande simplicité, n'a pas subi l'influence de ce
mauvais goût particulier aux auteurs andalous et dont
Ibn Elkhathib et Elmaqqari nous ont fourni les spé-

---

[1] C'est le nom sous lequel on désigne ordinairement le village d'Elobbâd
العبّاد situé à 2 kilomètres au sud-est de Tlemcen. Sidi Abou Madian ou, suivant la prononciation vulgaire, Bou Medin, mort en 1197 et enterré à Elobbâd, est vénéré en Algérie comme l'un des plus grands saints musulmans.
L'abbé Bargès a publié la biographie de ce saint personnage sous le titre
de *Vie du célèbre marabout Cidi Abou Médien, autrement dit Bou Médin,
mort vers la fin du vi^e siècle de l'hégire et enseveli à Hubbed, dans le voisinage
de Tlemcen, ancienne capitale du royaume des Beni Zeiyan.* In-8°, avec planches,
Paris, E. Leroux, 1884.

cimens les plus marquants. Ezziâni ne s'est pas cru obligé d'exprimer des idées simples sous cette forme « précieuse » qu'on appelle la prose rimée et dont le but principal semble être de soumettre l'esprit du lecteur à une torture que s'est bénévolement imposée le cerveau de l'écrivain. Il a pensé, avec raison, que, dans une œuvre historique, la clarté ne devait jamais être sacrifiée à l'élégance et qu'il fallait laisser les « atours » de la langue à ceux qui n'ont d'autre souci que de parer leur pensée.

J'ai établi le texte arabe de l'histoire des chérifs Alides à l'aide de deux manuscrits : le premier que je désigne par la lettre A et qui est une copie complète du *Ettordjemân elmo'arib*, m'a été obligeamment prêté par le cadi actuel de Tlemcen, Si Choaïb ben Elhadj ben Ali. Cet exemplaire de format grand in-quarto contient 170 feuillets de vingt-sept lignes à la page. L'écriture de moyenne grosseur et du genre maghrebin, est très nette; mais le scribe, n'ayant pas toujours été sûr de la lecture du texte qu'il reproduisait, a fait un assez fréquent usage de la mention كذا (*sic*) que les copistes arabes, lorsqu'ils sont soigneux, ne manquent pas de placer au-dessus des mots qu'il leur a été impossible de déchiffrer. Cependant, avec un peu d'attention, il eût été aisé de rectifier le plus grand nombre de ces mots douteux, et, à la rigueur, je me serais contenté de cette copie, bien que j'eusse remarqué que certains passages présentaient des traces évidentes d'omissions de mots ou même de membres de phrases.

J'allais donc livrer ce travail à l'impression, quand M. Delphin, professeur à la chaire d'arabe d'Oran, qui savait que je m'occupais de l'histoire du Maroc, a eu l'heureuse idée de m'envoyer une copie du chapitre xv de l'ouvrage d'Ezziâni. Grâce à ce second exemplaire, j'ai pu non seulement vérifier la plupart des conjectures que j'avais faites au sujet des mots douteux, mais encore et surtout compléter tous les passages dans lesquels le texte du manuscrit A était incomplet. Ce second manuscrit, que je désigne par la lettre B, porte la date du 26 mars 1885.

Comme Ezziâni se contente de dire que la généalogie des chérifs Alides est si connue qu'il est inutile de la reproduire, je donne ci-dessous la liste des ancêtres de Maulay Mohammed ben Echcherif, telle qu'elle est rapportée dans un manuscrit que je compte publier prochainement et qui a pour titre : نزهة الحادي باخبار ملوك القرن الحادي (*Nozhet elhâdi biakhbâr molouk elqarn elhâdi*), «La récréation du chamelier, histoire des souverains du xie siècle[1].» L'auteur de cet ouvrage est Mohammed Esseghir ben Elhadj ben Abdallah Eloufrâni (الوفراني).

[1] Grâberg de Hemso mentionne cet ouvrage à deux reprises (pages 12 et 249) dans son *Specchio geografico e statistico dell' imperio di Marocco*, Genova, 1834. Le colonel Dastugue a également donné une notice sur cet ouvrage dans la *Revue africaine*, n° 62, mars 1867. Enfin, le baron de Slane en a traduit le passage relatif à la conquête du Soudan sous le règne de Aboulabbâs Ahmed Elmansour, d'après le manuscrit n° 1226 de la bibliothèque-musée d'Alger (*Revue africaine*, avril 1857). Il est assez étonnant que le savant orientaliste n'ait point remarqué le nom de l'auteur, qui est cependant écrit en entier au recto du dernier feuillet du manuscrit dont il a fait usage, et qu'il ait déclaré l'ouvrage anonyme.

GÉNÉALOGIE DES CHÉRIFS ALIDES.

1° Ali ben Abou Thaleb; 2° Elhasen Essibth; 3° Elhasen; 4° Abdallah Elkamel; 5° Mohammed, surnommé *Ennefs ezzakia;* 6° Qâsem; 7° Ismaïl; 8° Ahmed; 9° Elhasen; 10° Ali; 11° Abou Becr; 12° Elhasen; 13° Abou Mohammed Arfa; 14 Abdallah; 15° Elhasen; 16° Mohammed; 17° Belqâsem; 18° Mohammed; 19° Qâsem; 20° Elhasen; 21° Mohammed; 22° Elhasen; 23° Ali Echcherif; 24° Youcef; 25° Ali; 26° Mohammed; 27° Ali; 28° Echcherif.

Echcherif eut trois fils qui régnèrent successivement sur le Maroc : Mohammed, Errechid et Ismaïl. Toutefois, d'après l'auteur du *Nozhet elhâdi,* la liste donnée ci-dessus présente une lacune; pour qu'elle fût complète, il faudrait intercaler entre Mohammed *Ennefs ezzakia* et Qâsem les noms de Elhasen, Mohammed et Abdallah.

LE MAROC DE 1631 A 1812.

Aboulqasem ben Ahmed Ezziâni, dans son ouvrage intitulé : *L'interprète qui s'exprime clairement sur les dynasties
de l'Orient et de l'Occident*, s'exprime ainsi :

Chap. XV.

DE LA DYNASTIE DES CHÉRIFS ALIDES
DONT LES PRINCES,
ISSUS DE MAULAY ECHCHERIF BEN ALI,
RÈGNENT ACTUELLEMENT SUR LE MAROC.

Nous avons fait connaître précédemment la noble généalogie[1], d'ailleurs si connue, de ces princes, en parlant de la
dynastie fondée par ceux de leurs collatéraux qui avaient
régné avant eux depuis le moment où leur ancêtre com-
mun, Maulay Elhasen[2], était entré dans Sidjilmasa; nous
avons également donné[3] la liste des descendants de Maulay
Elhasen jusques et y compris les enfants de Maulay Echcherif ben Ali. Quant à ce Maulay Echcherif, il était né

---

[1] Voir cette généalogie dans l'introduction.

[2] Ce Maulay Elhasen est celui qui figure dans la généalogie sous le n° 20.

[3] L'auteur fait allusion à un autre de ses ouvrages intitulé : *Elbostân eddherif fi daulet Maulay Ali Eccherif.*

en l'an 997 (1589), l'année même de la naissance de Ould Elhadj [1], appelé Mohammed, au dire d'Essebbâgh.

Ainsi que nous l'avons déjà dit, les liens qui unissaient la dynastie des chérifs zidanites se rompirent à la suite de la mort du souverain de cette famille, Elmansour [2]; la discorde éclata entre ses fils et tout le territoire du Maghreb fut bientôt en proie à la guerre civile. Maulay Echcherif se trouvant alors un des personnages les plus en vue dans la région saharienne, les habitants de Sidjilmasa s'adressèrent à lui pour qu'il gérât leurs affaires et se mît à la tête de leur pays. Ce qui avait déterminé les gens de Sidjilmasa à cette démarche, c'est qu'ils avaient appris que Mohammed Ould Elhadj Eddilâï s'était déclaré indépendant et qu'après s'être emparé de Tâdela [3], de Salé [4], de la montagne de Derna [5], il s'était avancé, en l'an 1041 (1631-1632) jusqu'à la rivière de la Molouïa, pendant que le sultan Abdelmalek ben Zîdân [6] s'abandonnait à ses plaisirs dans la ville de Maroc.

En cette même année 1041 (1631-1632) qui vit naître Maulay Errechid, les Sahariens reconnurent comme souve-

---

[1] Mohammed Ould Elhadj était le petit-fils d'Abou Becr ben Mohammed, de la tribu des Medjâth, fraction des Senhaga, qui fonda la zaouïa d'Eddila (الدلاء) vers la fin du xvi⁰ siècle.

[2] Aboulabbas Ahmed Elmansour, surnommé Eddzehebi, régna sur le Maroc de 1578 à 1603.

[3] Ce bourg est situé sur les bords de l'Oued Derna, affluent de l'Omm Errebia.

[4] Salé ou, suivant la prononciation arabe, Sela est le port situé à l'embouchure du Bou Regreg. Pour les noms des localités très connues j'ai conservé l'orthographe généralement adoptée par nos cartographes.

[5] Si l'on adopte la leçon Derna, il s'agirait de la région dans laquelle l'Oued Derna prend sa source; la leçon Deren s'appliquerait au massif montagneux appelé Idraren Dran.

[6] Abdelmalek, fils aîné de Zîdân, régna de 1630 à 1635.

rain Maulay Echcherif, qui avait repoussé l'ennemi de leur
pays, mis un terme à la tyrannie de leurs oppresseurs et assuré
la sécurité des routes. Seuls les habitants de Tabouasâmt[1]
refusèrent de se soumettre à l'autorité de Maulay Echcherif; ils députèrent un envoyé à Mohammed ben Elhadj
Eddilâï, qui était alors maître de la montagne de Derna, et
celui-ci prit l'engagement de se rendre dans leur ville. Dès
qu'il apprit cette nouvelle, Maulay Echcherif alla demander l'appui de Ali bou Hassoun[2], qui s'était rendu indépendant dans le pays de Sous, et, l'ayant trouvé à Dâdes[3], il
le conduisit à Tabouasâmt. Avisés de ce qui venait d'avoir
lieu, les gens de Tabouasâmt expédièrent de nouveau leurs
envoyés implorer l'assistance de Mohammed ben Elhadj,
et celui-ci écrivit à Ali bou Hassoun, l'adjurant au nom
de Dieu de ne pas combattre les gens de Tabouasâmt, qui
étaient ses partisans. Ali bou Hassoun était campé sous les
murs de Tabouasâmt quand il reçut le messager porteur de
la lettre de Mohammed ben Elhadj; ayant alors décidé,
après avoir lu cette lettre, de ne pas combattre les habitants
de la ville, ceux-ci lui apportèrent les vivres et les approvisionnements dont il avait besoin et lui donnèrent aussi de
l'argent. Bou Hassoun s'éloigna ensuite de Tabouasâmt.

En 1044 (1634-1635), Mohammed ben Elhadj entreprit
une expédition dans la région saharienne. Parvenu à Qasr

[1] Sur la carte de Renou ce bourg est marqué à 20 kilomètres environ au
sud de Tafilalet.

[2] Ali bou Hassoun était le petit-fils d'un saint personnage nommé Sidi Ahmed
ben Moussa Essousi Essemlâli. Il mourut en 1660, laissant le Sous, où il s'était
créé une principauté indépendante, à son fils Mohammed. D'après le *Nozhet
elhâdi*, le surnom de Bou Hassoun (le rossignol) appartiendrait à Mohammed.

[3] Dâdes est situé au pied du versant méridional du mont Dades au sud de
Tâdela.

Essouq [1], il y reçut une députation de chérifs que lui envoyait Maulay Echcherif. Ces personnages adressèrent des représentations à Mohammed, l'invitant à réfléchir aux conséquences de son agression et lui rappelant les égards et le respect dus aux descendants du Prophète. Mohammed se laissa toucher par leur discours, mais il stipula certaines conditions que les chérifs acceptèrent au nom de Maulay Echcherif, qui leur avait donné pouvoir de traiter. En vertu de cette convention, Maulay Echcherif abandonna tous ses droits sur diverses localités du Sahara; de ce nombre étaient Tabouasâmt, dans le district de Sidjilmasa, Guelhima dans celui de Gheris [2] et Qasr Essouq dans le canton de Medghara. La paix ainsi faite, Mohammed rentra sur son territoire.

En l'année 1045 (1635-1636), Maulay Echcherif abdiqua le pouvoir et laissa aux habitants de Sidjilmasa le soin de lui désigner un successeur. Toutefois il leur dit : « Choisissez qui vous voudrez, mais craignez d'offenser Dieu. » Mohammed, l'aîné des fils d'Echcherif, fut alors investi de l'autorité et reconnu souverain par toutes les populations sahariennes. Aussitôt qu'il eut connaissance de cette nouvelle, Mohammed ben Elhadj, dont les partisans étaient plus nombreux que ceux du nouveau souverain, marcha sur Sidjilmasa; mais les chérifs s'interposèrent, et la paix fut conclue sur les bases précédemment indiquées.

En 1047 (1637-1638), Maulay Mohammed Echcherif, à la tête de deux cents de ses fidèles, se rendit de nuit à Tabouasâmt. La petite troupe pénétra dans la citadelle par une ouverture qu'elle avait pratiquée dans la muraille, puis elle

---

[1] Qasr Essouq ou Essouf, situé au nord de Tafilalet dans le district de Medghara, ne figure point sur les cartes.

[2] Le district de Gheris est au nord-ouest de Tafilalet, à environ 50 kilomètres.

massacra une partie de la garnison, qu'elle surprit dans son sommeil, et pilla ensuite la forteresse. Maulay Mohammed manda immédiatement cette nouvelle à son père, qui, le lendemain, se présenta devant Tabouasâmt avec ses tambours et suivi de tous ses partisans; les habitants de la ville ne purent alors se dispenser de se rendre auprès du prince, de le reconnaître comme souverain et de se soumettre à son autorité.

Prévenu de ce qui s'était passé, Ali bou Hassoun entra dans une violente colère contre Maulay Echcherif et, s'étant porté à Elfaïdja, il envoya des messagers à ceux des habitants de Tabouasâmt qui lui étaient dévoués, leur enjoignant de s'emparer par ruse, soit de Maulay Echcherif, soit de son fils Mohammed : «Je viendrai, ajouta-t-il, telle nuit.» Les amis de Bou Hassoun ne purent réussir à surprendre Mohammed, mais ayant offert l'hospitalité à Maulay Echcherif, ils profitèrent de ce que ce dernier avait passé la nuit chez eux pour s'emparer de sa personne et se saisir des serviteurs qu'il avait amenés avec lui. Le lendemain matin, dès qu'il fut instruit de cet événement, Mohammed attaqua les habitants de la ville; Bou Hassoun étant alors survenu, se fit remettre le prisonnier qu'il emmena dans le Sous. Là, il lui assigna sa maison pour demeure; il le traita avec bienveillance et lui donna, pour le servir, une esclave née chez les Moâfera : cette esclave fut la mère du sultan Ismaïl. Maulay Echcherif resta ainsi chez Bou Hassoun jusqu'au moment où il racheta sa liberté moyennant une somme considérable, puis il retourna auprès de son fils; celui-ci, fort irrité, cessa toute relation avec son père, qui, de ce jour jusqu'au moment de sa mort, se livra exclusivement à la piété.

Maulay Mohammed ben Echcherif tourna ensuite ses regards du côté de l'est; il se porta vers les parties peuplées

du Sahara, et, après les avoir saccagées, il les fit entrer sous
sa domination. Quand il arriva chez les Angâd[1], les Arabes
Maaqil, Ahlâf et Segouna se groupèrent autour de lui, le
proclamèrent souverain et l'accompagnèrent jusqu'à Oudjda.
Les habitants de cette ville étaient divisés d'opinion, et
l'un des partis, composé de la moitié des habitants, tenait
pour les Turcs. Maulay Mohammed attaqua la ville et s'en
empara; puis, les habitants ayant reconnu son autorité souveraine, il se porta, avec les tribus arabes, contre les Beni
Yznâsen, qui étaient sur le territoire soumis aux Turcs; il
les razzia, leur enleva leurs troupeaux et revint ensuite à
Oudjda. Il dirigea bientôt une autre expédition contre les
Oulad Zekri, les Oulad Ali ben Talha et les Beni Motaher[2],
les pilla, leur tua du monde, leur fit des prisonniers et les
obligea à accepter son autorité. Cette expédition terminée,
il rentra à Oudjda, d'où il partit pour attaquer les Beni Se-
nous et les Douï Yahia[3], chez lesquels il fit du butin et des
prisonniers. Revenu à Oudjda, il quitta de nouveau cette
ville pour envahir le pays des Zoghba[4] et razzier les Ghosel
et les Beni Amer[5], qu'il dispersa et contraignit à se réfugier
aux environs d'Oran. Se dirigeant ensuite vers la campagne
de Tlemcen, il fit une incursion sur les terres de parcours

[1] L'ancien territoire des Angad est coupé par la frontière qui sépare l'Algérie
du Maroc. Les Maaqil formaient un des principaux groupes de l'invasion
arabe du xi° siècle.

[2] Ces trois tribus se trouvaient également sur la frontière marocaine. L'article 3 du traité conclu le 10 septembre 1844 entre la France et le Maroc indique les deux dernières tribus comme devant rester sous l'autorité du Maroc.

[3] Tribus à l'ouest de Tlemcen.

[4] On désignait sous ce nom tout le territoire qui comprend la partie méri-
dionale de l'arrondissement de Tlemcen et l'arrondissement de Sidi bel Abbès.

[5] Les Ghosel occupent encore le sud de l'arrondissement de Tlemcen;
quant aux Beni Amer ils ont émigré au Maroc en 1846.

des habitants de cette ville, ainsi que sur celles des habitants des villages voisins. Mais, comme il emmenait les troupeaux qu'il y avait pris, il fut poursuivi par les gens de Tlemcen aidés de la garnison turque de cette ville; faisant alors volte-face, il leur livra combat, les mit en déroute et leur tua beaucoup de monde. Après avoir fait encore du butin, Maulay Mohammed rentra vainqueur à Oudjda où il prit ses quartiers d'hiver. Au printemps suivant, accompagné des contingents arabes qui étaient venus le rejoindre, il attaqua les Ahrâr [1], leur tua du monde, fit des prisonniers et s'empara de leurs richesses. Mahmoud, le cheikh des Hamiân [2], vint alors lui apporter des présents et faire sa soumission. Les Dakhila et les Mehaïa [3] suivirent cet exemple, et Maulay Mohammed, assisté de ces auxiliaires, envahit le territoire turc. Les Soueïd, les Hosaïn, les Haouârets et les Hachem prirent la fuite devant lui et se retranchèrent dans la montagne de Râched [4]. Poursuivant sa route en pillant tout sur son passage, Maulay Mohammed s'avança jusqu'à Laghouat, Aïn Mâdhi et les villages environnants. Le bey de Mascara [5] fit creuser un fossé pour assurer sa

[1] Les Ahrâr ou Harâr habitent les Hauts-Plateaux du département d'Oran entre Saïda et Tiaret.

[2] Les Hamiân forment une des tribus les plus turbulentes du département d'Oran entre Saïda et la frontière. Une fraction de cette tribu dépend du Maroc : ce sont les Hamiân Djenba.

[3] Tribus marocaines établies dans le voisinage du chott de Mehaïa, près de la frontière algérienne.

[4] Les Soueïd, les Hosaïn, les Haouârets et les Hachem étaient des tribus arabes établies dans la plaine d'Eghris au sud-est de Mascara.

[5] Il semble, d'après ces mots, que le bey de l'Ouest résidait déjà (1650) à Mascara. Cependant on croit généralement que c'est Moustafa bou Chelaghem (1686-1737) qui le premier quitta Mazouna pour aller établir sa capitale à Mascara.

propre sécurité, puis il écrivit au dey d'Alger pour l'informer
de la situation qui lui était faite ainsi qu'à ses sujets et lui
annoncer que le prince de Sidjilmasa, Maulay Mohammed
ben Echcherif, dévastait le pays, tuant les habitants ou les
emmenant prisonniers. A cette nouvelle, le dey ordonna aux
troupes d'Alger de se mettre en route sous la conduite de
son kalifa, d'emporter des canons et d'aller rejoindre le bey
à Mascara. Maulay Mohammed quitta Aïn Mâdhi pour retourner à Oudjda. Arrivé dans cette dernière ville, il renvoya les Arabes dans leurs campements d'hiver, leur donna
rendez-vous pour le printemps suivant et se rendit ensuite à Sidjilmasa.

Le pays que traversa l'armée turque était désert; les
terres étaient sans culture, les habitants avaient fui et
s'étaient réfugiés dans les montagnes qui bordent la mer
Personne n'apporta ni tribut, ni approvisionnements; les
habitants de Tlemcen, à cause des déprédations des Turcs,
firent mauvais accueil à la colonne, qui rentra à Alger « avec
les bottines de Honcïn [1] ». Dès qu'Otsman pacha [2] fut instruit de la situation du pays, il donna l'ordre de réunir le
divan pour tenir conseil. A l'unanimité il fut décidé qu'un
message serait porté à Maulay Mohammed par deux ulémas
d'Alger et deux caïds turcs. Le texte de ce message, dicté
par le secrétaire Elmahdjoub Elhadri, était très énergique. Il
est trop étendu pour que nous le reproduisions ici, étant
donnée la concision que nous nous sommes imposée dans

---

[1] Expression proverbiale très usitée pour dire qu'on a été trompé dans son
espoir. Sur l'origine de cette expression cf. de Slane : *Histoire des Berbères*,
t. IV, p. 90.

[2] Il y a ici, sans doute, une erreur de nom car on ne voit point figurer
de pacha du nom d'Otsman, dans la liste des pachas d'Alger.

cet ouvrage, mais on le trouvera in-extenso dans le petit
livre historique intitulé : *Elbostân eddherif fi daulet Maulay
Ali Echcherif*, où nous avons exposé tout ce qui est relatif
aux règnes de ces princes, à leurs conquêtes, à leurs luttes
intestines ou à leurs guerres contre l'étranger. Quant à l'extrait que nous en donnons ici, il est seulement destiné à
faire suite à l'histoire des dynasties précédentes, de façon
que ce travail soit complet et embrasse toute l'histoire;
toutefois, pour cette partie comme pour les précédentes, nous
nous sommes bornés à un résumé.

Les envoyés algériens se rendirent à Sidjilmasa, auprès
de Maulay Mohammed ben Echcherif; quand ils furent arrivés et que celui-ci eut lu le message d'Otsman, il écuma de
rage et s'emporta; puis, faisant appeler les envoyés, il leur
adressa de vifs reproches au sujet des insinuations contenues
dans ce message. Ceux-ci réfutèrent avec succès toutes les
raisons invoquées par le prince pour se justifier, et celui-ci,
reconnaissant ses torts, remit sa réponse aux envoyés et
prit l'engagement solennel devant Dieu de ne plus envahir
le territoire turc et de ne jamais franchir la rivière de la
Tafna[1], à moins que ce ne fût pour une œuvre agréable à
Dieu ou à son Prophète. La limite des deux pays ayant été
ainsi marquée par la Tafna, rien ne fut changé à la situation jusqu'en l'année 1060 (1650).

A cette époque, les habitants de Fez[2] se révoltèrent contre
l'autorité de Mohammed Elhadj; ils entamèrent la lutte
avec le gouverneur que ce prince leur avait donné et qui

---

[1] Jusqu'en 1844, le Maroc avait considéré la Tafna comme formant sa
limite naturelle à l'est.

[2] Quand le nom de Fez n'est pas suivi d'une épithète, c'est qu'il s'agit de
Fez la vieille.

habitait Fez la neuve. Le gouverneur ayant réussi à empêcher les révoltés d'arriver jusqu'à la rivière, ceux-ci implorèrent l'appui de Maulay Mohammed ben Echcherif. Accou-
rant aussitôt, ce prince entra dans Fez la neuve, s'empara
d'Abou Becr Ettameli, le représentant de Mohammed Elhadj,
et le jeta en prison. Quand Mohammed Elhadj apprit ces
événements, il réunit de nombreuses troupes berbères et, se
dirigeant sur Fez, il vint camper sous les murs de cette ville.
Maulay Mohammed sortit à la rencontre de son adversaire;
mais, ses forces étant insuffisantes, il dut rentrer à Fez.
Voyant cela, les habitants rompirent leur pacte de fidélité
vis-à-vis de Maulay Mohammed, qui reprit alors la route de
Sidjilmasa. A Fez la guerre continua avec Ettameli: dans
cette lutte périrent de grands personnages, entre autres Abdelkerim Ellirini, chef des Andalous, Mohammed ben Seliman, etc. A la suite de leur défaite, les gens de Fez reconnurent de nouveau l'autorité de Mohammed Elhadj, qui leur
envoya comme gouverneur son fils Ahmed. Le souverain
leur enjoignit l'ordre de jeter hors du mausolée de Maulay
Idris[1] les cadavres des fauteurs des derniers troubles qui y
étaient enterrés. Ali ben Idris Eldjouthi refusant d'exécuter
cet ordre, le gouverneur mit le siège devant le mausolée,
mais il accorda bientôt la vie sauve à Ali et à ses compagnons qui, après s'être d'abord réfugiés dans la zaouïa
d'Elmokhfia, quittèrent ensuite la ville de Fez.

Au mois de ramadhan de l'année 1069 (juin 1659),
Maulay Echcherif ben Ali mourut à Sidjilmasa. Le très docte,
le vertueux Maulay Mohammed ben Elmobarck composa en

---

[1] Ce mausolée, situé dans la montagne de Zerhoun est encore aujourd'hui
un lieu d'asile inviolable pour tous les malfaiteurs.

l'honneur du défunt une magnifique et mélodieuse élégie,
dont les premiers vers sont ce qu'il y a de plus sublime et
et de plus suave :

« Dieu est grand ! Combien est terrible ce coup du destin
qu'aucun pouvoir n'eût pu parer !

« Qu'il est immense le malheur qui a fondu sur notre
patrie et dont les funestes effets s'étendent à toute la nation
qui en est accablée !

« Ce malheur qui a atteint celui autour duquel, en dépit
de tous, s'était groupé l'Islam et qui a déjoué toutes les
prévisions,

« C'est la mort de notre auguste seigneur, de notre puissant souverain, de celui qui, par son élévation, faisait la
gloire de notre siècle,

« Du refuge des malheureux, Maulay Echcherif, fils de
Maulay Ali, dont la haute renommée était connue de tous.

« Par Dieu ! Le cœur se briserait si nous n'avions son
magnanime successeur, notre maître, le pontife,

« Le descendant des sages, Maulay Mohammed, dont le
nom et les actions sont pour nous des gages de grandeur et
de victoire.

« Il est le roc et le pilier qui nous servent d'appui ; il
est notre bonheur, notre sauvegarde, nos oreilles et nos
yeux.

« Il n'est pas mort, celui qui comme vous laisse un successeur, car, comme le dit l'adage, la branche est la parure du
tronc le plus élevé [1]. »

Cette pièce de vers est longue.

---

[1] Je ne suis pas absolument sûr de la lecture et, par conséquent, de la
traduction de la dernière partie de ce vers.

Lorsque Maulay Echcherif mourut, son fils Maulay Errechid, redoutant son frère Maulay Mohammed quitta Tafilalet pour se rendre d'abord à Tedgha[1] puis à Demnât[2]. Il revint ensuite à la zaouïa Eddilâïa, où il demeura quelque temps; de là il alla successivement à Azrou[3], à Fez, à Taza et chez les Arabes des Angâd, faisant un court séjour dans chacune de ces localités. Pendant que Maulay Errechid était chez les Angâd, Elkhidhr Gheïlân[4] se révolta dans le district d'Elfahs[4], puis marcha sur Alcasar[5], où il pénétra de vive force à la suite d'un combat. Une grande partie des habitants de la ville furent massacrés, et ceux qui échappèrent à ce carnage s'enfuirent à Fez.

A la mort de Ahmed ould Elhadj, gouverneur de Fez, son fils, Mohammed, lui succéda dans ces fonctions, et l'autorité de Mohammed Elhadj se maintint sur le Gharb[6] jusqu'en l'année 1070 (1659-1660). En cette année, Elkhidhr Gheïlân fit une expédition contre les Cherâga[7], leur enleva leurs tentes et leurs troupeaux et les réduisit à aller mendier dans la ville de Fez.

En 1071 (1660-1661), Mohammed Elhadj envahit la province de Gharb à la tête de nombreuses troupes berbères; il pilla et dévasta tout sur son passage.

Elkhidhr Gheïlân et les populations du Gharb s'enfui-

---

[1] District à 40 kilomètres à l'ouest de Sidjilmasa.

[2] Bourg et province à l'est du Maroc, au pied du versant nord de l'Idraren Dran.

[3] Cette localité n'est pas indiquée sur les cartes.

[4] Elkhidhr Gheïlân, ou mieux ben Gheïlân, est le personnage appelé Gailand par les historiens européens.

[5] District maritime au nord de Larache.

[6] La province de Gharb a pour chef-lieu Alcasar Elkebir.

[7] La tribu des Cherâga est à l'est de Fez.

rent dans la province d'Elfahs jusqu'au mausolée du cheikh Abou Selhâm [1], où ils parvinrent et demeurèrent sans être inquiétés.

Mohammed Elhadj mourut à Fez en 1072 (1661-1662).

Eddoraïdi qui commandait un corps de troupes profita de l'affaiblissement de la dynastie dilâïte pour se soulever à la tête des gens de sa tribu, les Doraïd, et fit reconnaître son autorité dans la ville de Fez. L'année suivante, Abdallah ould Mohammed Elhadj vint, accompagné de nombreux contingents berbères, camper sous les murs de Fez la vieille; pendant dix jours il assiégea cette place, brûlant et saccageant les environs, puis il se retira. La ville était alors commandée par Ben Salah.

A la fin de cette même année 1073 (1662-1663), Maulay Mohammed ben Echcherif alla camper sur les terres de culture des Hayâïna [2], dont il fit manger ou dévaster les céréales. Une grande famine s'ensuivit : les gens en furent réduits à manger leurs bêtes de somme, des cadavres d'animaux et même de la chair humaine. Les villages se dépeuplèrent, les mosquées devinrent désertes, et les habitants de Fez appelèrent à leur secours la famille des Dilâï. Maulay Mohammed ben Ali ben Tahar se mit aussitôt en marche avec les Hayâïna pour attaquer Maulay Mohammed Echcherif; mais, n'ayant pu réussir à l'atteindre, il rentra dans son pays.

---

[1] Le tombeau du cheikh Abou Selhâm est situé sur le bord de la mer au sud de Larache. D'après Delaporte cité par Renou dans sa *Description géographique de l'empire du Maroc*, p. 25, *Selhâm* est le synonyme de *burnous*. Dans son *Dictionnaire arabe-français*, Beaussier donne la forme *Selhâb*.

[2] Les Hayâïna sont au nord-est de Fez.

En 1074 (1663-1664), Mohammed Echcherif[1] vint camper à Azrou. Les ulémas et les chérifs de Fez se rendirent auprès de lui et le proclamèrent souverain, puis ils rentrèrent dans la ville, tandis que le prince, demeuré à Azrou, y restait jusqu'à la saison d'hiver, époque à laquelle il s'éloigna. Les habitants de Fez prirent alors vis-à-vis d'Eddoraïdi l'engagement de méconnaître l'autorité de Mohammed Echcherif. Cette année-là, la *Tala*[2] de Fez qui tombait en ruines, fut démolie et remplacée par des plantations qui s'étendirent de la porte d'Elmahrouq à la porte de Derb Eddorra. Eddoraïdi se mit à cette époque à envoyer des bandes de ses partisans faire des incursions sur le territoire de Méquinez, et quand ces bandes revenaient avec du butin et des prisonniers, on les recevait au son des tambours. Mais les Berbères, ayant un jour attaqué avec vigueur ces soldats d'Eddoraïdi, en firent un grand carnage. C'est également en cette année que les Anglais s'emparèrent de la ville de Tanger[3], qu'ils enlevèrent aux Portugais, trop faibles pour leur résister.

Pendant l'année 1075 (1664-1665), le sultan Rechid s'établit chez les Angâd, se déclara souverain et réunit autour de lui les Arabes de Maaqil et leurs alliés les Beni Yznâsen[4], qui lui prêtèrent serment de fidélité et le conduisirent à Oudjda. Aussitôt que Maulay Mohammed ben Echcherif fut informé de cet événement, il quitta Sidjilmasa avec ses contingents arabes et berbères pour aller attaquer son adversaire chez les Angâd. Errechid se porta à sa ren-

---

[1] Le manuscrit A porte par erreur Mohammed Elhadj.

[2] Nom d'un quartier de Fez.

[3] En 1662, la ville de Tanger fut apportée en dot au roi d'Angleterre Charles II par l'infante Catherine de Portugal.

[4] Le manuscrit B donne Yznâten, qui serait un pluriel de Zenata.

contre et le joignit dans la plaine des Angâd, où le combat s'engagea; dès le commencement de l'action, Maulay Mohammed ben Echcherif périt, et ses soldats, mis en déroute, furent tués ou faits prisonniers. Quand Errechid retrouva le corps de son frère, il le fit charger sur une monture et l'emporta aux Beni Yznâsen pour l'y faire enterrer. Il attaqua la maison d'Ibn Mechaal [1] chez les Beni Yznâsen et, ayant fait mettre à mort ce personnage, il s'empara de ses troupeaux et de tous ses biens. Grâce à ces nouvelles ressources, dont il distribua une part à ceux des Arabes et des Beni Yznâsen qui l'entouraient, Errechid fortifia son parti. Il fit enterrer son frère dans la maison d'Ibn Mechaal et revint ensuite à Oudjda, où il organisa ses forces et fit appel à de nouveaux partisans : les tribus lui apportèrent aussitôt leurs serments d'obéissance et des présents. Quand la nouvelle de ces soumissions leur parvint, les gens de Fez se réunirent aux Hayâïna et aux habitants du Houz [2]; ils s'engagèrent par serment à ne point reconnaître l'autorité d'Errechid et à ne tenir aucun compte de sa proclamation comme souverain. En même temps ils prescrivirent d'acheter des chevaux et des armes; sur l'ordre des chefs, chaque maison dut avoir un fusil, et toute famille qui n'en possédait pas fut punie. Les chevaux et les armes furent passés en revue à Bâb Elfotouh, et l'on jura de combattre Errechid.

Errechid eut connaissance de tous ces faits, mais avec

---

[1] Renou place cette localité à Dâr Cheikh Chaoui sur un des affluents de la rive droite de la Molouïa. Suivant l'auteur du *Nozet elhâdi*, c'était un château appartenant à un juif extrêmement riche qui exerçait une grande autorité sur les populations qui l'environnaient.

[2] Le mot Houz s'emploie souvent pour désigner une sorte de grande banlieue. Il désigne tantôt le district de Maroc, tantôt celui de Fez, mais plus généralement le premier.

sa parfaite sagacité il n'en tint aucun compte pour le moment; il quitta Taza et alla assiéger dans Sidjilmasa le fils
de son frère, Mohammed ben Mohammed Echcherif. Celui-
ci, après avoir soutenu un siège de neuf mois, fut vaincu et
prit la fuite. Errechid entra alors dans Sidjilmasa; il restaura
les remparts de la ville et, après en avoir organisé la défense,
il rentra à Taza. Aussitôt que cette nouvelle parvint à Fez,
les habitants de la ville et leurs alliés se réunirent pour se
préparer à la lutte et décidèrent de se porter sur Taza. Ils
sortirent de Fez au mois de chaoual 1076 (avril 1666);
mais, à peine arrivés à Taza en présence de l'armée ennemie,
ils prirent la fuite sans combattre. Errechid les poursuivit
jusqu'à la rivière de Sebou[1] et revint ensuite sur ses pas.
Les gens de Fez sollicitèrent la paix, mais les négociations
n'aboutirent point avant qu'Errechid fût devenu maître de
tout le Maghreb.

Au mois de safar 1077 (août 1666), Errechid vint
camper sous les murs de Fez et assiéger la ville. Après un
combat qui dura trois jours sans résultat, il se retira; dans
cette affaire une balle l'avait atteint au bout de l'oreille.
Au mois de rebia suivant, le siège fût repris; les incendies
et les combats firent de nouveaux ravages, mais Errechid
leva de nouveau le siège, car cette fois encore il n'était
pas venu avec l'intention de rester. Il se dirigea alors vers
le Rif pour combattre le révolté Aaradh; il le cerna, lui
livra bataille et, après un certain nombre de rencontres et
de combats, il réussit à s'en emparer au mois de ramadhan.
Dans le mois de dzoulqaada, Errechid campa pour la troisième fois sous les murs de Fez; la lutte s'engagea de nou-

[1] Le Sebou, un des principaux cours d'eau du Maroc, prend sa source dans
les montagnes des Aït Yousi et se jette dans l'océan Altantique à Mehedia.

veau et, le 3 du mois de dzoulhiddja, il entrait dans Fez la
neuve par une brèche pratiquée dans les remparts du côté du
mellah[1] des musulmans; le gouverneur de la ville, Eddoraïdi,
avait pris la fuite. Le lendemain Errechid attaqua Fez la
vieille; le chef des Lemthiens[2], Ibn Esseghir, et son fils
abandonnèrent la ville pendant la nuit et se réfugièrent
dans le bastion[3] de la porte d'Eldjisa; le surlendemain matin
Ben Salah, le chef des Andalous, s'enfuit à son tour. Les habitants sortirent alors de la ville et vinrent prêter serment
de fidélité à Maulay Errechid.

RÈGNE DE MAULAY ERRECHID BEN ECHCHERIF BEN ALI.

Reconnu souverain par les gens de Fez, Errechid déploya
la plus grande activité pour retrouver Ibn Salah et Ibn Seghir
et envoya de tous côtés des espions à la recherche de ces
deux personnages. Ibn Salah fut pris le premier dans la banlieue de la ville; on l'enferma dans une prison située à la
porte de Dâr Ben Chegra, et quelques uns de ses compagnons
furent mis à mort. Quant à Ibn Esseghir et à son fils, on les
arrêta plus tard chez les Hayâïna; on les conduisit dans la
prison où était renfermé Ibn Salah, et, sept jours plus tard,
ces prisonniers subissaient le dernier supplice.

Errechid nomma Hamdoun Elmezouâri cadi de Fez, puis
il se rendit dans le Gharb à la poursuite de Elkhidhr Ghei-

---

[1] Le mot *mellah* s'emploie ordinairement pour indiquer le quartier réservé
aux juifs; s'il n'y a pas une erreur dans le texte, ce mot serait donc applicable
d'une façon plus générale à un quartier quelconque.

[2] Les Lamtha ou Lemthiens prétendaient descendre des princes Himyarites
(cf. de Slane, *Histoire des Berbères*, t. I, p. 174).

[3] Ce mot, emprunté à l'espagnol, se confond au pluriel avec le pluriel de
bostân.

lân. Celui-ci s'étant réfugié à Alcasar, Errechid l'y poursuivit, mais Gheilân, ayant alors quitté Alcasar pour Arzille[1], le sultan rentra à Fez. En 1078 (1667), Errechid partit dans le but d'atteindre les Aït Oullâl, c'est-à-dire les Beni Oullâl, qui soutenaient Mohammed Elhadj[2]; il les surprit et revint ensuite à Fez. A peine était-il de retour que Mohammed Elhadj venait avec de nombreux Berbères camper à Bab Meroura, non loin de Fez. Errechid engagea le combat, qui dura trois jours et qui se termina par la retraite de Mohammed Elhadj; il prit ensuite la route de Taza. En revenant de ce pays, il révoqua Elaguidi, le caïd de Méquinez. Le second jour de l'Aïd Elkebir[3], il fit une expédition contre les Beni Zerouâl[4]; il les soumit et envoya leur chef Echcherif à Fez. Errechid alla également à Tetouan; là il fit arrêter Ahmed Enneqsis, le chef de la ville, et un certain nombre de notables qu'il ramena à Fez, où il les condamna à la prison perpétuelle. Après une campagne contre les Beni Yznâsen, qu'il défit, il revint pour marcher contre Guigou[5], qui paya ses impôts. Cette même année, Kerroum Elhadj[6] Echchebbâni, qui s'était déclaré indépendant à Maroc, mourut, et son fils Abou Becr ben Elhadj lui succéda.

---

[1] Arzille, petit port au nord de Larache, s'appelle en arabe *Asilah.*

[2] Il s'agit probablement du fils de Mohammed Elhadj, car il est dit plus haut que Mohammed Elhadj mourut en 1072 (1661-1662); le copiste aura peut-être omis le mot ould devant ce nom.

[3] L'Aïd Elkebir est le nom de la fête dite des moutons ou des sacrifices; elle a lieu le 10 du mois de dzoulhiddja.

[4] Les Beni Zerouâl appartiennent au Rif.

[5] Guigou est, au sud de Fez, dans la tribu des Aït Yousi.

[6] Chénier écrit ce nom Crom el-Hage (*Recherches historiques sur les Maures*, t. III, p. 335), Godard, Krom Elhadj (*Description et histoire du Maroc*, p. 486).

En 1079 (1668-1669), Errechid donna le gouvernement
de Fez au jurisconsulte Mohammed Elfâsi, puis il dirigea
une expédition contre la zaouïa Eddilâïa. La colonne rencontra les gens de Dilâi, conduits par Ould Mohammed Elhadj, à Bathn Errommân, dans le district de Fazâz. A la suite
du combat qui fut livré, Ould Mohammed Elhadj, défait, se
retira avec ses contingents berbères à la zaouïa; le sultan
les poursuivit et vint camper sous les murs de la zaouïa.
Elyousi[1], dans son ouvrage intitulé *Elmohâdhara,* s'exprime
ainsi à ce sujet : « Le raïs[2] Mohammed Elhadj ben Abou Becr
Eddilâi s'était emparé de tout le Maghreb, où il régna de
longues années, et la fortune lui sourit ainsi qu'à ses frères
et à ses cousins. Quand le sultan Errechid ben Echcherif eut
attaqué et mis en déroute ses troupes à Bathn Errommân, ces
derniers se rendirent à la zaouïa auprès de Mohammed Elhadj
qui, à cause de son grand âge, ne pouvait plus assister à une
expédition ni prendre part à aucun combat. Quand Mohammed Elhadj vit la grande terreur et l'extrême angoisse de ses
fils et de ses frères, il leur dit : « Pourquoi vous vois-je ainsi ? »
Puis il ajouta : « Il vous suffit, il vous suffit », voulant ainsi
parler de Dieu. Ces paroles étaient merveilleusement appli-

---

[1] Elhasen ben Elmesaoudi, plus connu sous le nom d'Elyousi (abréviation
d'Elyousofi, suivant cet auteur), vivait dans la seconde moitié du xviie siècle. Il
a composé divers ouvrages, mais le seul qui soit encore très répandu au Maroc
et en Algérie est celui qui a pour titre : *Elmohâdhara* المحاضرة « l'entretien ».
Dans cet ouvrage Elyousi raconte un certain nombre d'anecdotes, le plus souvent personnelles, et il fait suivre chacun de ses récits de conseils ou de consi-
dérations philosophiques et morales. *Elmohâdhara* a été rédigé en 1683. La
bibliothèque-musée d'Alger en possède un exemplaire qui porte le n° 1078
du catalogue des manuscrits.

[2] Le titre de raïs se donne principalement à ceux qui commandent ou ont
commandé des navires.

quées à l'événement, car elles signifiaient : Dieu très haut vous dit : « Vous avez eu une part suffisante des biens de ce monde abstenez-vous maintenant et soyez satisfaits et résignés à sa volonté. » Ici se termine la citation d'Elyousi. La prise de la zaouïa eut lieu le 8 de moharrem de cette année 1079 (19 juillet 1668). Généreux et sage, Errechid pardonna aux gens de la zaouïa; il ne leur infligea aucune molestation et ne fit périr personne. Quand la zaouïa eut été évacuée, elle fut détruite, et son personnel transporté à Fez.

Errechid marcha ensuite sur Maroc; il s'en empara au mois de safar et fit mettre à mort le chef de la ville Abou Becr ben Kerroum Elhadj Echchebbâni ainsi qu'un grand nombre de ses frères, de ses proches et de ses partisans. Il séjourna un mois à Maroc, puis il retourna à Fez, dont il destitua le gouverneur, Mohammed ben Ahmed Elfâsi, et le cadi, Elmezouâri. Les fonctions de cadi furent dévolues à Mohammed Elmedjâsi et celle de prédicateur à la mosquée d'Elqarouïin[4], à Sidi Mohammed Elbouinâni.

Cette même année, Elkhidhr ben Gheilân s'enfuit d'Arzille, d'où il se rendit par mer à Alger. Au mois de redjeb, Errechid entreprit une campagne contre les Chaouïa[1]. Revenu de cette expédition au mois de ramadhan, il donna l'ordre d'expulser de Fez les gens de Dilâï; toutefois il fit exception pour quelques-uns d'entre eux. Quant aux autres, ils demeurèrent auprès du mausolée de Sidi Ali ben Herzhoum[2] jusqu'à la fin de l'année, époque à laquelle ils

---

[1] Les Chaouïa occupent la rive droite de l'Omm Errebia, près de l'embouchure de ce fleuve.

[2] Ce saint personnage mourut en 1163 (cf. l'article biographique d'Ali ben Ismaïl ben Abdallah ben Herzhoum dans le *Djedzouet eliqtibâs*, manuscrit de la bibliothèque universitaire d'Alger n° 504).

furent tous expulsés. Mohammed Elhadj, qui s'était établi à Tlemcen avec ses enfants, mourut quelque temps après dans cette ville; il fut enterré dans le mausolée du cheikh Essenousi.

Dans le mois de dzoulhiddja, Errechid fit une expédition contre les Aït Ayyâch[1]; c'est à ce moment qu'il donna l'ordre de frapper la monnaie dite *Rechidia*. Les négociants s'étant plaints de la rareté de la monnaie[2], il leur en prêta cinquante-deux quintaux[3] ordinaires; lorsque cet argent fut rendu, il servit à construire les quatre arches du pont qui franchit la rivière de Sebou près de Fez. La construction de ce pont eut lieu en 1080 (1669-1670). Dans l'expédition contre Elabiod[4], faite cette même année, Errechid s'empara des neveux de ce personnage et les fit mettre à mort en revenant à Taza. Atteint d'une grave maladie et sur le point d'y succomber, le sultan donna l'ordre d'élargir les prisonniers et de répandre des aumônes; alors, grâce à Dieu, il recouvra la santé. Au mois de chaoual il maria son frère Maulay Ismaïl; les noces furent célébrées à Dâr Ben Chagra. Au mois de dzoulqaada le pont d'Errecif[5] fut restauré.

---

[1] Les Aït Ayyâch sont établis près des sources de l'Oued Guir.

[2] Les monnaies d'or et d'argent sont toujours rares au Maroc; elles s'accumulent dans les caisses du trésor public, qui fait la plupart de ses payements en monnaie de billon, tandis qu'il exige qu'on le paye en monnaie d'or ou d'argent.

[3] Le manuscrit B remplace toujours le mot quintal par « 1,000 mitsqâls », qui en est l'équivalent. D'après Macrizi, le qintâr contient, suivant les uns, 1,080 pièces d'or; suivant d'autres, 1,100. En réalité, le qintâr est un poids de 100 *rotls* (livres), et le nombre de pièces nécessaires pour obtenir ce poids varie un peu suivant que les pièces ont subi plus ou moins d'usure.

[4] D'après la leçon du manuscrit B, ce nom est celui d'un chef indigène; cependant, en général, ce nom ne s'applique qu'à des localités.

[5] Pont construit sur l'Oued Fez, à Fez.

En 1081 (1670-1671), Errechid dirigea une expédition
contre le Sous; il s'empara de Taroudant et soumit les He-
souka[1], auxquels il tua plus de 2,500 hommes, et les gens du
Sahel, qui perdirent plus de 4,000 hommes; enfin il enleva
la forteresse de Yala connue sous le nom de Abou Domeïa
et qui servait de résidence royale à Ali bou Hassoun, après
avoir tué plus de 2,000 de ses défenseurs sur les flancs
mêmes de la montagne. A ce même moment Maulay Ismaïl,
qui était le représentant du sultan à Fez, fit subir le dernier
supplice à soixante coupeurs de route des Oulad Djâma; les
corps de ces malfaiteurs furent suspendus à Bordj Eldjedid.
Le sultan ordonna de frapper avec la forme ronde les *felous*[2] de cuivre, qui auparavant étaient de forme carrée;
il décida en outre qu'il y aurait dorénavant vingt-quatre
pièces à la *mouzouna*[3], au lieu de quarante-huit.

De retour à Fez au mois de redjeb, Errechid fit commencer, en chaâban, la construction de la medressa des
Cherrâthin[4] à Dâr Bacha Azzouz; il prescrivit également la
construction de la nouvelle casbah de Fez dans le quartier
des Lemtouna[5] et dans le parc[6] d'Ibn Salah. Il fit don de
1,000 mitsqals pour l'édification des remparts et ordonna

[1] Il s'agit sans doute de la tribu indiquée sur les cartes sous le nom de
Stouka ou Chtouka.

[2] Nom de la monnaie de billon au Maroc.

[3] La mouzouna, nommée blanquillo par les Européens de Tanger, vaut environ 4 centimes.

[4] Ce nom de métier, qui figure sur le dictionnaire de Dozy avec la signification de «cordiers», signifierait, selon le cadi de Tlemcen, *fabricant de galons*.

[5] Les Lemtouna, frères des Messoufa, étaient une des tribus qui concouru-
rent à l'établissement de la dynastie almoravide.

[6] Le mot عرصة, très usité dans l'ouest de l'Algérie pour désigner un verger,
s'écrit ordinairement avec un ص.

à ses courtisans de bâtir des maisons à l'intérieur de cette casbah. La tribu des Cherâga fournit une somme de 1,000 dinars pour la construction de la casbah d'Elkhemis. Errechid alla cette année-là en pèlerinage à Abou Yaza, puis il se rendit à Salé, d'où il revint à Fez.

En l'année 1082 (1671), Errechid expédia de la cavalerie pour combattre les infidèles à Tanger et un autre détachement dans le Sous, sous la conduite du caïd Mohammed Aaradh. Un jour qu'il était à la chasse à Tafratha[1], il apprit qu'Ahmed ben Mohammed, le fils de son frère, s'était révolté à Maroc. Aussitôt il rentra à Fez et en repartit le même jour dans l'après-midi; arrivé à Ferâra, il rencontra quelques-uns de ses fidèles qui lui amenaient son neveu prisonnier. Il dirigea son neveu sur Tafilalet et poursuivit sa route vers Maroc; en même temps il envoyait à Fez le caïd Zîdân, avec mission de lui amener des troupes; mais les gens du Sous étant venus faire leur soumission, ces troupes, qui avaient déjà dressé leurs tentes près de la rivière de Fez, devinrent inutiles. Errechid resta à Maroc jusqu'aux fêtes de l'Aïd Elkebir; le second jour de cette fête son cheval s'étant emporté dans le parc d'Elmesreb, il fut atteint à la tête par une branche d'oranger[2] et mourut sur le coup. Dieu lui fasse miséricorde! Le règne d'Errechid avait duré sept ans moins deux mois. La nouvelle de sa mort fut apportée à son frère, qui, à ce moment, était gouverneur de Méquinez, le 14 de dzoulhiddja de l'année 1083 (3 avril 1673).

---

[1] Au nord-est de Taza dans la vallée de la Molouïa.
[2] Ou de citronnier, en suivant la lecture du manuscrit B.

RÈGNE DU SULTAN ISMAÏL BEN ECHCHERIF BEN ALI.

A la mort d'Errechid, son frère Ismaïl fut proclamé souverain à Méquinez. Ce prince habitait l'ancienne casbah
des Almohades, dans laquelle il s'était fait construire un
palais. C'est là qu'il reçut les serments de fidélité des habitants de Fez, qui envoyèrent une députation d'ulémas et de
chérifs le féliciter de son avènement au trône; la province
du Gharb envoya aussi des députations. Ismaïl expédia des
troupes dans toutes les directions, et lui-même se mit en
marche sur Maroc d'où personne n'était venu à lui, pas
plus de la ville même que des tribus environnantes. Arrivé
devant cette ville, les habitants et les tribus lui offrirent le
combat; Ismaïl engagea alors la bataille, fut vainqueur et
entra de vive force dans Maroc. Les habitants vaincus lui
ayant demandé l'*aman*[1], il leur accorda le pardon qu'ils
avaient sollicité, et les tribus s'empressèrent de lui apporter
leurs présents. Après avoir organisé la défense de la place,
Ismaïl ramena à Méquinez le corps de son frère Errechid
dans le cercueil où il avait été placé et le fit enterrer dans
le mausolée du cheikh Ali ben Herzhoum. On prétend qu'il
agit ainsi pour se conformer à un désir exprimé dans le
testament du défunt.

Ismaïl avait déjà fait distribuer des avances de solde[2] à
ses soldats en vue d'une expédition dans le Sahara, quand
les habitants de Fez tuèrent le chef de cette colonne, Zîdân ben
Abid Elamri. Au cours de la longue lutte qui s'ensuivit, les

[1] Ce mot qu'on pourrait traduire souvent par amnistie n'a pas d'équivalent
exact en français.

[2] Le texte porte à la lettre : *il répartit la solde entre ses soldats*..........

gens de Fez mandèrent à Ahmed ben Mahrez, neveu d'Ismaïl, de venir chez eux, qu'ils le proclameraient sultan. Ils changèrent d'avis quand ce personnage fut arrivé et, ayant sur ces entrefaites reçu un courrier porteur d'un message d'Ismaïl, ils acclamèrent sultan ce dernier, et dix cavaliers furent envoyés au devant de lui à Taza. Le lendemain Ismaïl, qui venait d'apprendre par un courrier la mort d'Elkhidhr Gheilân, fit son entrée dans Fez la neuve. Les ulémas et les chérifs se rendirent auprès de lui pour implorer son pardon ; il accéda à leurs prières et se montra indulgent, bien qu'il eût été arrêté au siège de la ville pendant quatorze mois. Abderrahman Elmetrâri fut nommé gouverneur de Fez la neuve et des tribus avoisinantes, et Ahmed Ettlemsâni exerça les mêmes fonctions à Fez la vieille : ces deux chefs terrorisèrent le pays par le meurtre, la prison et les exactions.

Le sultan était rentré à Méquinez pour s'y occuper de la construction de ses nombreux palais. Il aimait cette ville, dont le climat l'avait séduit, et il aurait voulu ne jamais la quitter. Il fit démolir les maisons qui avoisinaient la casbah et contraignit les habitants à en emporter les décombres. Toute la partie orientale de la ville fut également détruite, et l'emplacement ainsi obtenu servit à agrandir l'ancienne casbah et à en dégager les abords. Les remparts de Méquinez furent reconstruits et la nouvelle enceinte fut isolée de celle de la casbah. Ismaïl avait employé à ces constructions des ouvriers qu'il avait fait venir des villes et des campagnes du Maghreb ; mais comme il trouvait qu'il n'en avait pas encore assez, il obligea chaque tribu de lui fournir tous les mois un nombre déterminé de travailleurs. Il fit encore édifier la grande mosquée qui se trouve à l'intérieur de la casbah et qui avoisine le palais de Nasr, bâti sous le règne

de son frère Errechid. C'est à lui également que l'on doit
la grande maison située près du mausolée du cheikh El-
medjdzoub.

Pendant qu'il était occupé à ces travaux, Ismaïl apprit
que Ahmed ben Mahrez était entré à Maroc pendant le
mois de moharrem de l'année 1084 (mai 1673). Il se mit
aussitôt en campagne et prenant d'abord le chemin des
Angâd, dont les tribus arabes coupaient les routes, il surprit
les Segouna, leur enleva leurs troupeaux et leur tua un
grand nombre d'hommes. Puis, après avoir terminé ses
préparatifs de guerre contre Ibn Mahrez, il marcha à la tête
de ses troupes sur Tâdela. Les deux armées se rencontrèrent à Bou Aqaba, où le combat s'engagea. Ahmed ben
Mahrez fut vaincu et s'enfuit à Maroc : Ettouïri, qui commandait son armée, avait péri dans la lutte. Ismaïl poursuivit
son adversaire jusqu'à Maroc, où il l'assiéga en 1086 (1675).
Ayant acquis dans ces circonstances la preuve de la perfidie
de Omar Elbethiouï, des fils de ce personnage, Abdallah Aaradh et ses frères, qui étaient ses généraux, Ismaïl les fit
étrangler dans son camp; il envoya l'ordre d'arrêter et de
mettre à mort ceux d'entre eux qui étaient demeurés à
Fez; les biens, les maisons et terres de cette famille furent
confisqués. La lutte contre Ahmed ben Mahrez dura jusqu'au
mois de rebia II de l'année 1087 (juin 1676). A cette
époque, une grande bataille fut livrée entre les deux partis,
qui perdirent chacun un nombre considérable de combattants; à la suite de cette affaire, Ahmed ben Mahrez fut
bloqué dans la ville et dut désormais continuer le combat à
l'abri des remparts. Le siège dura jusqu'au mois de rebia II
1088 (juin 1677); à ce moment Ahmed ben Mahrez s'enfuit de Maroc, et le sultan Ismaïl entra de vive force dans

la place, qu'il livra au pillage ; sept des principaux habitants
subirent le dernier supplice et trente d'entre eux furent chargés de chaînes.

Pendant qu'il était à Maroc, Ismaïl apprit que les Berbères réunis autour de Ahmed ben Abdallah Eddilâï pillaient
les tribus arabes de Tâdela, dont ils étaient les voisins. Un
premier corps de troupes de 3,000 cavaliers, qu'il envoya
sous les ordres du caïd Ikhlef, fut défait et Ikhlef tué ; une
seconde armée qui suivit subit le sort de la première. Le
sultan, qui était alors à la poursuite de Ahmed ben Mahrez
dans le Sous, apprit également la nouvelle de la révolte de
son frère Hammâdi ben Echcherif dans le Sahara et celle
de la lutte de ce dernier contre son frère Elharrân, qui
s'était également révolté dans ces contrées. Néanmoins il revint à Tâdela guerroyer contre les Berbères ; en arrivant dans
cette ville, il y trouva Elharrân qui venait lui demander secours contre son frère Hammâdi ben Echcherif. Dès le premier engagement, Ismaïl fut vainqueur des Berbères ; il fit
couper sept cents têtes de vaincus et les envoya porter à Fez
par Abdallah Errousi. Lui-même avait d'ailleurs perdu beaucoup de monde, quatre cents archers de Fez ayant péri
dans le combat. Quand Errousi arriva à Fez avec les têtes
coupées, la ville se pavoisa et l'on tira des salves d'artillerie.
Aussitôt après cette victoire du sultan, Elharrân avait quitté
le camp et s'était enfui dans le Sahara. Ismaïl envoya des
troupes à sa poursuite et se rendit ensuite à Méquinez cette
même année. Le caïd Abdallah Errousi fut alors nommé
gouverneur de Fez ; son père Hamdoun eut la charge des
successions et Elarbi ben Della celle de cadi dans la même
ville. Le sultan fit mettre à mort dix habitants de Tétouan
qui étaient enfermés dans la prison de Fez. Elharrân, ayant

été ramené du Sahara chargé de chaînes, fut conduit en présence d'Ismaïl; celui-ci le fit mettre en liberté, lui donna des cavaliers et un village du Sahara, afin qu'il pût subvenir à ses besoins, puis il le congédia.

Le sultan Ismaïl s'occupa ensuite de surveiller lui-même la construction de ses palais; à peine en avait-il terminé un qu'il en faisait commencer un autre. Comme la mosquée de la casbah ne pouvait plus suffire à contenir le peuple, il y fit édifier la mosquée d'Elakhdar : la porte principale de ce nouveau temple faisait face à la ville. La nouvelle casbah était percée de vingt portes fortifiées et surmontées de bastions portant canons et mortiers. A l'intérieur, le sultan avait fait établir une grande pièce d'eau sur laquelle on pouvait se promener en barque. On y trouvait aussi un grenier à grains près duquel étaient des réservoirs d'eau très profonds et recouverts de voûtes ; au-dessus il y avait une batterie de canons. Le sultan avait également installé une écurie pour ses chevaux et ses mulets; elle était longue de trois milles et tout le pourtour était garni de râteliers; on y pouvait, dit-on, attacher douze mille chevaux. Le plancher reposait sur des voûtes sous lesquelles on mettait l'orge destiné à la nourriture des chevaux. Au milieu, on avait bâti un immense magasin très solide et très élevé qui servait à remiser les selles et autres parties du harnachement. Ismaïl avait encore fait construire dans la casbah un palais appelé Elmansour; ce palais renfermait vingt coupoles, et chacune de ces coupoles avait une tour d'où l'on dominait le panorama formé par les plaines et les montagnes de Méquinez. Sur toute la longueur de l'écurie, on avait planté des arbres des espèces les plus rares. La casbah renfermait environ cinquante palais, chacun d'eux ayant sa mosquée, son bain et sa salle d'ablutions, en sorte qu'il était indépendant du palais voisin. Jamais semblable chose ne s'était vue sous aucun gouvernement arabe ou étranger, païen ou musulman. On rapporte que la garde des portes de ce palais était confiée à douze cents eunuques noirs.

La passion qu'avait Ismaïl de réunir des esclaves noirs l'amena à constituer une armée de nègres, et voici dans quelles circonstances. Un jour qu'il était à Maroc, un taleb[1] de cette ville lui présenta un registre sur lequel figuraient les noms de tous les nègres qui avaient fait partie de l'armée d'Elmansour. Le sultan ayant demandé au taleb s'il restait encore quelques-uns de ces nègres : «Beaucoup, répondit celui-ci, à Maroc même, autour de la ville et dans les tribus voisines. Si vous vouliez, seigneur, me charger du soin de les réunir, je le ferais volontiers.» Ismaïl écrivit alors à ses agents et leur enjoignit de seconder le taleb dans la mission qu'il lui confiait de réunir les nègres et leurs enfants. Le taleb se mit aussitôt en route. Quand le sultan fut de retour à Méquinez, après ce voyage à Maroc, il ordonna à son secrétaire Mohammed Elayyâchi de se rendre dans les tribus arabes, chez les Beni Hasen[2] et dans les montagnes, et d'en ramener tous les nègres qu'il y trouverait. Enfin, les agents du sultan dans les tribus reçurent l'ordre d'acheter ceux que celles-ci possédaient. Tous les nègres furent donc ainsi réunis et il ne resta pas dans tout le Maghreb soit dans les villes, soit dans les campagnes un seul nègre ni une seule négresse, même de condition libre.

---

[1] Ce mot s'applique à toute personne qui fait ou qui a fait des études à peu près complètes.

[2] Les Beni Hasen sont établis entre l'Oued Rdem et l'Oued Beht, affluents de la rive gauche du Sebou au nord-ouest de Méquinez.

Lorsque le taleb Ayyâch Elmarrekochi fut de retour
de sa mission, que Ibn Elayyâchi et les autres agents eurent rassemblé tous les nègres qu'ils avaient trouvés ou
achetés, le sultan fit distribuer à ces nègres des vêtements
et des armes; puis il leur désigna des chefs et, leur ayant
donné de quoi faire bâtir, il les dirigea sur Mechra Erremel [1]. Arrivés sur les bords de l'Oued Felfela, ils construisirent des maisons, cultivèrent leurs terres et demeurèrent
ainsi jusqu'au jour où leurs enfants atteignirent l'âge de
puberté. Alors le sultan ordonna à tous ces nègres de lui
amener leurs enfants, garçons ou filles, âgés de dix ans.
Certains de ces enfants furent placés pendant une année
en apprentissage chez des maçons, menuisiers ou autres
artisans, les autres furent employés comme manœuvres à
faire le mortier. La seconde année, on les exerça à conduire
les mulets; la troisième année, ils apprirent à damer et à
faire du pisé; la quatrième année, on leur remit des chevaux
qu'ils durent monter à cru sans selle et en se tenant à la
crinière; la cinquième année, on leur fit monter des chevaux
sellés sur lesquels ils se perfectionnèrent dans l'équitation,
en même temps qu'ils apprirent à tirer à cheval. Quand
ces enfants eurent atteint l'âge de seize ans, ils furent enré-
gimentés sous l'autorité de chefs choisis dans l'armée; on
les maria alors aux jeunes négresses qui avaient été répar-
ties dans les palais du souverain, où elles avaient appris la
cuisine, le ménage et le savonnage. Quant à celles de ces
jeunes filles qui étaient jolies, on les avait remises à des maî-
tresses qui leur avaient enseigné la musique; leur éducation

---

[1] *Le gué du Remel.* Le Remel est un petit cours d'eau qui se jette dans les
marécages qui reçoivent les eaux de l'Oued Beht avant sa réunion à l'Oued
Sebou. Quelques cartes marquent ce point au nord du Sebou.

musicale terminée, on leur donna un costume et une dot, puis chacune d'elles fut conduite à son mari, qui l'emmena après avoir été inscrit ainsi qu'elle sur un registre. Ces époux devaient remettre leurs enfants : les garçons au service militaire, les filles, à la domesticité dans les palais. Ce système de recrutement dura jusqu'à la fin du règne d'Ismaïl. Chaque année, le sultan allait au camp de Mechra Erremel et en ramenait les enfants. Le registre militaire de l'armée noire compta jusqu'à 150,000 hommes, dont 70,000 à Mechra Erremel, 25,000 à Ouedjh Arous à Méquinez; le reste était réparti dans les forteresses que le sultan, ainsi que chacun sait, avait fait bâtir dans le Maghreb, de Oudjda à l'Oued Noun[1]. La plupart de ces forteresses subsistent encore aujourd'hui. J'ai puisé ces chiffres dans l'histoire de Elhamidi et dans les registres de Seliman Ezzerhouni, secrétaire de Maulay Ismaïl. Dieu lui fasse miséricorde ! D'ailleurs le souvenir de ces chiffres s'est conservé jusqu'à notre époque. Quant aux forteresses bâties par Ismaïl dans le Maghreb, et que j'ai vues pour la plupart, elles sont au nombre de soixante-seize.

En 1089 (1678), Ismaïl alla de Méquinez à Maroc; puis, de là, il fit une expédition contre le Sous, qu'il pacifia. Dans cette campagne il parvint jusqu'à Tata, Agga, Tesent[2] (dont le nom signifie *sel* en langue étrangère) et à Chenguith. Des députations lui apportèrent la soumission de toutes les tribus arabes du Sud : les Maaqil, les Moâfera, les Oulad Delim[3], les Chebbanat, les Berâbich, les Djerrâr,

---

[1] L'orthographe Noul paraît préférable à celle de Noun, généralement adoptée.

[2] Ces villes sont situées près des affluents de la rive droite de l'Oued Drâa.

[3] Le territoire des Oulad Delim ou Doleïm est au sud de l'Oued Noun.

les Motha et les Ouddi. Cette même année, il reçut la noble dame Khenatsa, fille du cheikh Bekkâr [1], qui la lui avait donnée en mariage. L'expédition ramena de ces contrées deux milles mulâtres avec leurs enfants ; on les habilla et, après les avoir armés, on les dirigea sur Mechra Erremel. Puis le sultan revint à Méquinez.

Une nouvelle campagne fut entreprise l'année suivante, en 1090 (1679), dans l'est, sur la route du Sahara. Ismaïl vit se joindre à lui les Beni Amer, les Segouna, les Douï Menia, les Dekhisa, les Hamiân, les Amour, les Oulad Djerir, les Harâr et les Hachem [2] qui le conduisirent dans le Sahara en laissant Tlemcen sur la gauche. Quand on arriva au campement d'Elgouïa sur les bords du Chélif, on trouva l'armée turque installée sur la rive du fleuve; elle était au grand complet avec ses canons et ses obusiers. Dès que la nuit fut venue, les Turcs ouvrirent le feu avec leurs canons et leurs obusiers; en même temps ils firent battre de leurs tambours et allumer des torches. En entendant ce bruit, les Arabes épouvantés prirent aussitôt la fuite, et, le lendemain matin, il ne resta plus au sultan que son armée régulière, ses auxiliaires s'étant dérobés au combat. Une députation envoyée par les Turcs apporta à Ismaïl les écrits de Maulay Mohammed Echcherif et de Maulay Errechid par lesquels ces souverains avaient fixé à la rivière de la Tafna les limites respectives du territoire marocain et du territoire turc.

---

[1] Le cheikh Bekkâr est le même personnage que Chénier appelle Ben Buker. Chénier, *Recherches historiques sur les Maures*, t. III, p. 344.

[2] Les Beni Amer, les Hamiân, les Amour, les Harâr et les Hachem étaient établis sur le territoire algérien; les Oulad Djerir et les Douï Menia habitent encore le territoire marocain au sud de Figuig.

En conséquence, la députation demanda au sultan d'évacuer le territoire turc et de ne point franchir la limite de ses États. Cette demande fut agréée et la paix conclue entre les deux partis. De ce jour le sultan cessa d'avoir confiance dans les tribus arabes et ne compta plus jamais sur elles. Il rentra ensuite dans le Maghreb.

Cette année-là, Ismaïl apprit la révolte de ses trois frères Elharrân, Hâchem, Ahmed, et de trois de leurs cousins, qui, à la tête de tribus berbères, avaient pénétré dans le Sahara. Il se rendit aussitôt à Sidjilmasa avec son armée régulière et poursuivit les rebelles dans la montagne de Saghrou [1].

Une grande bataille fut livrée dans laquelle périrent le général en chef du sultan, Moussa ben Youcef, ainsi que quatre cents soldats de la ville de Fez; mais les rebelles furent vaincus et obligés de s'enfuir dans des endroits déserts. L'armée revenait de cette expédition par la route d'Elfaïdja, lorsque, arrivée à Teniet Elguelaouï [2], elle fut assaillie par une tourmente de neige ; un grand nombre de soldats périrent, les tentes et les bagages furent perdus, et le reste de l'armée n'échappa qu'à grand'peine à une destruction totale. Quand, ensuite, on campa à Sidi Rahhâl, les soldats firent main basse sur les troupeaux de cette localité pour apaiser leur faim; mais les habitants ayant porté plainte au sultan, celui-ci donna l'ordre de mettre à mort quiconque serait trouvé hors du camp. Ismaïl condamna le

---

[1] La montagne de Saghrou est marquée sur les cartes au sud de l'Idraren Dran entre l'Oued Drâa et l'un de ses affluents de la rive droite.

[2] Le teniet ou col d'Elguelaouï est l'un des passages qui permettent de franchir l'Idraren Dran et de passer du bassin de l'Oued Drâa dans celui de l'Omm Errebia.

vizir Abderrahman Elmetrâri à être traîné [1] à la queue d'un cheval, et il fit fusiller ses compagnons en présence de l'armée; la sentence portée contre le vizir fut exécutée d'abord à Méquinez, puis à Fez, et les lambeaux de son corps furent abandonnés aux bêtes. Environ trois cents hommes avaient péri dans la tourmente de neige. Revenu à Méquinez, le sultan y séjourna quelque temps.

Au mois de moharrem de l'année 1090 (février 1679), la peste éclata au Maghreb; des Abids, postés sur les routes, empêchaient les gens de pénétrer dans Méquinez; ils tuaient à Saïs [2] tous ceux qui se rendaient de Fez à Méquinez, et toutes les communications furent interrompues. A cette époque, les Chebbânat et les Zerâra, partisans de Kerroum Elhadj qui habitaient le district de Maroc et qui opprimaient les tribus du Houz furent transportés aux environs d'Oudjda sur la frontière du Maghreb, où ils durent s'établir. En outre, on les incorpora dans l'armée et on leur donna pour caïd Elayyâchi ben Ezzougher Ezzirâri; ils eurent pour mission de maintenir les Beni Yznâsen, qui relevaient du gouvernement turc, dont ils habitaient le territoire. Ces derniers faisant de continuelles incursions contre les tribus transportées, les empêchant de labourer et de mener pâturer leurs troupeaux dans la plaine des Angâd, le sultan ordonna de construire un fort à Reggâda, un autre à Eloyoun et un troisième à Selouan. Ces forts, occupés par des soldats d'Ezzeghri, continrent les Beni Yznâsen dans leurs montagnes.

En 1091 (1680), comme les Beni Yznâsen continuaient leurs déprédations, le sultan marcha contre eux à la tête de

---

[1] Ce supplice était assez ordinairement employé à cette époque.

[2] Ce point n'est pas marqué sur les cartes.

son armée; il pénétra dans les montagnes occupées par cette tribu, ravagea les cultures, pilla les troupeaux, brûla les maisons et tua nombre de combattants. Il accorda ensuite à cette tribu l'*aman* qu'elle avait sollicité, mais à condition qu'elle remettrait ses armes et ses chevaux, ce qu'elle fit. De là, Ismaïl alla camper chez les Angâd, où, sur son ordre, les Seqouna vinrent livrer leurs armes et leurs chevaux. Même mesure fut prise à l'égard des Mehaïa et des Ahlâf. A son retour, le sultan ordonna de construire un fort à chacune de ces stations. Des Abids, avec leurs enfants, formèrent la garnison de chacun de ces forts, et les tribus avoisinantes durent remettre la dîme de leurs récoltes pour subvenir à la nourriture des hommes et à celle des chevaux. Lors de sa rentrée à Méquinez, Ismaïl confia la surveillance de tous ces postes à Elmansour ben Errâmi; il lui assigna Tâza comme résidence et plaça sous ses ordres deux mille cinq cents Abids accompagnés de leurs enfants. Chaque fort avait cent cavaliers commandés par un chef qui était responsable de tous les dégâts commis sur son territoire. Le fort d'Elkhemis reçut une garnison de cinq cents cavaliers de Cherâga, qui eurent pour mission de veiller à la sécurité de la route de Saïs à Mehdouma [1].

Ismaïl apprit en 1092 (1681) que Ahmed ben Mahrez, qui habitait le Sous, s'était emparé du pays des Beni Zeïneb et voyait grandir son influence. Aussitôt il fit distribuer des avances à ses troupes et il s'apprêtait à quitter Fez à la tête de ses soldats pour aller dans le Sous, quand on lui annonça que l'armée envoyée à la conquête de Mehédia [2] n'atten-

---

[1] Sur l'Oued Mehdouma, qui, avec l'Oued Nedja, forme l'Oued Mikkès, affluent de la rive droite du Sebou.

[2] Ville à l'embouchure du Sebou.

3.

dait que son arrivée pour frapper un coup décisif : il résolut alors de se rendre à Mehedia et assista à la prise
de cette place. Le commandant des chrétiens obtint l'*aman*
pour lui et pour ses hommes, au nombre de trois cent huit.
Quant au butin, il fut exclusivement réservé aux gens du Rif
et du Fahs qui s'étaient enrôlés pour cette guerre sainte
sous les ordres du caïd Amr ben Haddou Elbethiouï. Cette
expédition terminée, le sultan rentra à Méquinez. Amr ben
Haddou étant mort de la peste pendant le retour, Ismaïl
désigna Ahmed ben Haddou, le frère du défunt, comme chef
des combattants pour la foi [1].

En 1093 (1682), le sultan entreprit une expédition dans
l'Est [2]; il surprit les Beni Amer et pilla leurs troupeaux, puis
il revint à Méquinez. Il en expulsa alors les juifs et leur fit
construire une cité hors de la ville. Cette mesure venait d'être
exécutée, quand il reçut avis que les Turcs étaient venus
avec une armée prendre possession du territoire des Beni
Yznâsen et de Dar Ben Mechaal; il apprit également qu'il y
avait entente entre les Turcs et son neveu Ahmed ben Mahrez, et qu'il y avait eu de part et d'autre envoi de messagers. Cette nouvelle lui ayant été confirmée par le gouverneur de Maroc, Ismaïl enjoignit à ce dernier de tenir tête à
Ahmed et d'attendre ainsi qu'il fût de retour d'une expédition qu'il voulait diriger contre Tlemcen; mais lorsqu'il

---

[1] Le mot *morabith* est employé ici comme synonyme de *modjahid;* il désigne les volontaires qui s'étaient dévoués pour chasser l'ennemi chrétien, qui
occupait des villes du territoire marocain. On voit qu'ils étaient en grande
partie berbères. Il n'est donc pas certain, comme on l'a cru jusqu'ici, que les
marabouts kabyles de l'Algérie soient de race arabe, car les descendants de
ces volontaires ont sûrement conservé le titre et les privilèges de marabout.

[2] Le mot *charq* «est» s'emploie souvent au Maroc pour désigner l'Algérie; les Algériens, à leur tour, donnent au Maroc le nom de *gharb* «ouest».

arriva pour combattre les Turcs, ceux-ci étaient déjà en
route pour Cherchel, qui venait d'être attaqué par les
chrétiens[1] en l'année 1094 (1683). Les gens d'Alger se
portèrent au secours de Cherchel, et les chrétiens furent
vaincus dans une grande bataille où sept cents musulmans
environ perdirent la vie.

Le sultan reprit la route de Maroc et de là se dirigea vers
le Sous, où eut lieu une rencontre avec son neveu Ahmed
ben Mahrez. Le combat qui s'engagea dura vingt-cinq jours;
un nombre incalculable d'hommes périt de part et d'autre.
Enfin Ahmed ben Mahrez se retira à Taroudant, et Ismaïl
alla l'y assiéger. Une nouvelle bataille très sanglante fut
encore livrée, puis le sultan et Ahmed ben Mahrez quittèrent Taroudant et continuèrent la lutte jusqu'au mois de
ramadhan, époque à laquelle ils conclurent la paix. Ismaïl
se mit alors en route pour Méquinez et arriva dans cette
ville au mois de dzoulqaada. Au mois de dzoulhiddja suivant, le sultan se remit à la tête de ses troupes et marcha
contre les gens de la montagne de Fazâz. Dès que ceux-ci
connurent la marche du souverain, ils abandonnèrent leur
montagne et gagnèrent la Molouïa. Ismaïl fit aussitôt construire un fort à Aïn Ellouh et un autre à Azrou, puis, laissant là des ouvriers, il poursuivit l'ennemi, qui alla se re-
trancher dans la montagne d'Elayyâchi. Le sultan resta en
observation sur la Molouïa jusqu'à la saison d'hiver pour
donner le temps d'achever les murailles des deux forts. Puis
il revint au fort d'Azrou, où il laissa mille cavaliers, et de là
au fort d'Aïn Ellouh, où il en laissa cinq cents. De cette façon
la route de Saïs fut débarrassée des brigands qui l'infestaient.

[1] Il s'agit de l'expédition de Duquesne, lorsqu'il vint bombarder Alger pour
la seconde fois (26 juin 1683).

Les vivres manquant, les gens de la montagne de Fazâz députèrent à Méquinez des envoyés qui exprimèrent leur repentir au sultan. Celui-ci leur accorda l'*aman* à la condition qu'ils livreraient leurs armes et leurs chevaux et qu'ils ne s'occuperaient dorénavant que de la culture de leurs terres et de l'élevage de leurs troupeaux. Les Beni Idrasen (tel était le nom de cette tribu) acceptèrent toutes ces conditions et reçurent alors d'Ismaïl soixante mille moutons; ils durent faire paître ces animaux et en remettre chaque année la laine et le beurre au souverain. Ils furent affranchis de toute autre obligation et n'eurent d'autre charge que celle de garder les troupeaux du sultan. Dans la suite le sort de cette tribu fut prospère.

En 1095 (1683), le sultan reçut avis de la prise de Tanger. Les Modjahidin, à la suite d'un long siège, étaient entrés dans cette place abandonnée par les infidèles qui s'étaient embarqués sur leurs vaisseaux et avaient auparavant fait sauter la ville à l'aide de mines. Les gens du Rif s'établirent à Tanger, et leur émir y fit construire son palais, des mosquées et la medressa; les remparts en ruines furent relevés, et la ville se peupla de musulmans. Sur ces entrefaites, un navire espagnol, chargé d'approvisionnements pour Ceuta, échoua près de Tanger. Les Modjahidin livrèrent combat à l'équipage, puis l'ayant vaincu, ils s'emparèrent de la cargaison du navire et en débarquèrent les canons. Cette opération demanda quarante jours.

Le sultan entreprit en 1096 (1684) une campagne sur la Molouïa; mais à peine était-il campé à Safrou que les tribus berbères s'enfuirent dans des montagnes inaccessibles. Ces tribus comprenaient les Yousi, les Choghr, les Chendi, les Selim, les Ayyoub, les Allahoum, les Qadem, les Hayoun et les Makoud [1]. Ismaïl donna ordre de construire des forts à Alil, à Guigou, à Sekkoura, à Tichoukt, à Dâr Ettema, à Temaïoust, à Qasr Beni Methir et à Molouïa. Les Berbères s'étaient dispersés et retranchés dans les défilés de la montagne d'Elayyâchi. Pour les tenir en respect, le sultan resta campé une année entière sur les bords de la Molouïa, attendant l'achèvement de la construction des forts, dans chacun desquels il installa ensuite une garnison de quatre cents Abids. Serrés de près et manquant de vivres, les Berbères envoyèrent une députation exprimer leur repentir et annoncer leur soumission. Ismaïl consentit à leur accorder l'*aman* à la condition qu'ils livreraient leurs armes et leurs chevaux. Cette remise, qui fut faite intégralement, assura la pacification définitive de ce quartier oriental du Djebel Deren.

Rentré à Méquinez, Ismaïl apprit que son frère Elharrân était entré à Taroudant en compagnie de son neveu Ahmed ben Mahrez. Il se porta aussitôt sur Taroudant et mit le siège devant cette place. Un jour qu'accompagné de ses esclaves, Ahmed ben Mahrez était allé en pèlerinage à certain marabout, il fut rencontré par une troupe de Zerâra qui, ne le connaissant pas et croyant avoir affaire a un des généraux de l'armée assiégée, l'attaquèrent et le tuèrent. On reconnut bientôt qu'on se trouvait en présence du cadavre de Ahmed ben Mahrez. Avisé de cet événement, Ismaïl se rendit au lieu où gisait le corps de son neveu; il ordonna de lui faire des funérailles et de l'enterrer avec Elgharnâti, qui avait succombé le même jour. A quelque temps de là, des compagnons d'Ahmed sortirent de

---

[1] Toutes ces tribus habitaient le massif montagneux qui est au sud-est de Fez et dans lequel l'Oued Sebou prend sa source.

Redâna[1] pendant la nuit; ils fouillèrent la tombe et retirèrent les cadavres du cercueil, afin de reconnaître Ahmed et de ne pas confondre son cadavre avec celui d'Elgharnâti; puis, laissant Elgharnâti sur le bord de la fosse, ils emportèrent le corps de leur compagnon.

Elharran resta assiégé dans Taroudant, où il continua la résistance, livrant chaque jour bataille. Le caïd Ezzitouni et le bacha Hamdoun succombèrent avec six cents des leurs dans un de ces engagements. Un second, puis un troisième combat eurent lieu plus tard, et ce dernier coûta la vie à Abderrahman Errousi. Le sultan remplaça ce chef dans son commandement par le fils d'Elgharnâti, puis il poursuivit le siège de Redâna jusqu'au mois de djoumada Ier de l'année 1098 (avril 1687); il y entra alors de vive force et passa les habitants au fil de l'épée.

Aussitôt que la nouvelle de ce succès fut connue, Mohammed Elalem, fils du sultan, les ulémas de Fez, les chérifs et les notables de cette ville accoururent féliciter Ismaïl de sa victoire. D'autres députations, dans le même but, arrivèrent de tous les points du Maghreb. Les Rifains qui habitaient Fez reçurent l'ordre d'aller s'établir à Taroudant, où il ne restait plus d'habitants. Les enfants d'Enneqsis qui avaient quitté Ceuta pour se rendre à l'armée furent, sur l'ordre du sultan, renvoyés à Tétouan, où ils furent mis à mort. Ceux des membres de cette famille qui se trouvaient en prison à Fez subirent le même sort.

[1] Le mot Redâna est la forme arabe qui correspond au berbère Taroudant. Il est probable que ces deux dénominations s'appliquaient à deux quartiers différents de la même ville. Gatell cependant ne fait pas mention du nom de Redâna (*Description du Sous*, par Joachim Gatell dans le *Bulletin de la Société de géographie*, mars-avril 1871).

En 1099 (1687-88), Ismaïl quitta le Sous pour rentrer à Méquinez prendre quelque repos. Il prépara ensuite une expédition dans le Fazâz. Ses préparatifs terminés, il quitta Méquinez et pénétra dans la montagne de Fazâz par le versant occidental; les premières tribus qui vinrent se soumettre furent les Benou Hakem et les Zemmour[1], ayant à leur tête Baïchi Elqebli. Le sultan confirma leur chef dans ses fonctions et, poursuivant sa route jusqu'à la plaine de Dekhisân[2], il campa à Tala Chihakân. Comme les Berbères d'Aït Malou, c'est-à-dire les Oulad Malou, s'étaient enfuis sur les cimes des montagnes, il fit réparer la casbah de Dekhisân bâtie autrefois par Youcef ben Tachfin, puis il donna l'ordre de construire les casbah de Mont, de Tâdela et d'Ibn Elkouch au pied de la montagne des Aït Isri. Cela fait, il bloqua les Berbères à Dekhisân durant une année entière, leur livrant combat de temps à autre; pendant ce temps, ses ouvriers poursuivaient sans interruption les travaux des forts et les achevaient entièrement. Chacune de ces casbah reçut une garnison d'Abids : celle de Dekhisân, quinze cents cavaliers; la zaouïa de Mohammed Elhadj, un nombre égal; la casbah de Tâdela eut mille cavaliers et celle d'Ibn Elkouch cinq cents. Tandis qu'Ismaïl était à Dekhisân, Baïchi lui présenta les troupeaux, les chevaux et les armes des rebelles. Comme le sultan se montrait surpris et lui disait : «Qui a pu vous porter à faire une chose que je n'avais pas ordonnée?» Baïchi lui répondit : «Sire, j'ai fait cela dans votre intérêt et dans le leur, car si vous vous conduisiez autrement à leur égard, ils vous lasseraient.

---

[1] Tribus au sud de Méquinez entre cette ville et Tâdela.

[2] Renou, dans sa carte du Maroc, donne à cette plaine le nom d'Adeesen ou Adhazen.

En agissant ainsi, vous les purifiez seulement du mal et ils s'occuperont de culture et d'élevage; les bons sentiments grandiront chez eux et se montreront plus vifs. » Le sultan approuva ces paroles et distribua les chevaux, les armes et l'argent à ses soldats, puis il revint à Méquinez.

Ce fut en 1100 (1680-1689) que, pour la première fois, Ismaïl donna l'ordre aux Abids de Mechra Erremel de lui amener ceux de leurs enfants, garçons ou filles, qui avaient atteint l'âge de dix ans, conformément à la réglementation que nous avons indiquée plus haut. Depuis 1100 jusqu'à 1139, époque de la mort d'Ismaïl, ce fut parmi ces Abids que se recruta, chaque année, l'armée régulière. En 1100, les Modjahidin, sous la conduite du caïd Ahmed ben Haddou Errifi, allèrent en *ribât*[1] à Larache et mirent le siège devant cette ville. Ils creusèrent sous les murs de la ville, du côté du port, une mine qu'ils remplirent de poudre. L'explosion qu'ils provoquèrent ensuite renversa un pan de muraille et, par la brèche ainsi pratiquée, ils pénétrèrent dans la ville et s'en emparèrent. Les chrétiens, qui s'étaient retirés dans la citadelle d'Elqebibat, construite par le prince saadien Ahmed Elmansour, y soutinrent un siège d'une année entière contre les Modjahidin; mais, impuissants à résister plus longtemps, ils demandèrent l'*aman*, qui leur fut accordé sur l'ordre du sultan. La ville complètement conquise, grâce à Dieu, fut débarrassée des chrétiens au mois de moharrem 1101 (octobre 1689). Cette année-là, le cheikh Elhasen Elyousi accomplit le pèlerinage de la Mecque en compagnie d'Elmoatasem, fils du sultan. Sur l'ordre d'Ismaïl, les chrétiens de Larache, au nombre de dix-huit cents, furent envoyés à

---

[1] Ce mot est employé ici avec une valeur équivalente à celle du mot «croisade» pour les chrétiens.

Méquinez, où ils furent employés à la construction des palais du sultan; la nuit on les logeait dans des caves. Les Rifains envoyés par Ismaïl repeuplèrent Larache, et Ahmed ben Haddou fit bâtir dans cette ville son palais, deux mosquées, une medressa, un bain et un four banal.

Les Modjahidin allèrent ensuite mettre le siège devant Arzille. Après une année de résistance, les assiégés à bout d'efforts demandèrent l'*aman*, qui leur fut accordé sur l'ordre du sultan; mais, craignant de subir le sort des chrétiens de Larache, ils s'embarquèrent de nuit sur leurs vaisseaux et abandonnèrent la ville, dans laquelle les musulmans entrèrent en 1103 (1691-1692). Ahmed ben Haddou y fit construire une mosquée, une medressa et un bain, et peupla la ville de Rifains. Les Modjahidin se rendirent alors à Ceuta, qu'ils assiégèrent. Le sultan leur expédia comme renfort un corps d'Abids, en même temps qu'il donnait l'ordre à chacune des tribus montagnardes de fournir un contingent de soldats. Les gens de Fez durent eux-mêmes envoyer cinq cents archers, que l'on changeait tous les six mois. L'arrivée de ces recrues porta à vingt-cinq mille hommes le nombre total des Modjahidin. Comme la lutte se prolongeait, on soupçonna de trahison les chefs des assiégeants, qui ne voulaient point, dit-on, hâter la reddition de la place de peur d'être obligés de faire ailleurs une nouvelle campagne. Le chef de tout le Rif, le caïd Ali ben Abdallah, étant mort cette année-là, le sultan désigna le bacha Ahmed ben Ali, fils du défunt, pour lui succéder dans son commandement.

Ismaïl ayant pacifié le Maghreb, le Sous et le Sahara, en couvrant tout le pays de forts occupés par des garnisons d'Abids, il ne lui resta plus à soumettre que la grande tribu

des Fazâz, composée des Aït Malou, des Aït Afalman[1] et
des Aït Isri. Après avoir terminé les préparatifs de cette
expédition, il envoya en avant ses canons et ses mortiers à
Molouïa par la route d'Alil; les chrétiens faits prisonniers à
Larache, à Mehedia et sur mer furent obligés de traîner
cette artillerie. Avant de se mettre en marche, le sultan
régla les affaires de l'État; il confia le gouvernement de Fez
à l'aîné de ses fils, Aboulala Mahrez; Aboulyoumn Elmamoun fut envoyé comme gouverneur à Maroc, et Mohammed
surnommé Zîdân, le plus vaillant cavalier des fils du sultan,
eut la garde de Méquinez. Ismaïl allait partir pour Fazâz
quand il résolut de faire une campagne contre les Turcs;
il expédia des approvisionnements à Fez et ordonna aux
gens de cette ville de prendre les armes sous le commandement de son fils Zîdân. Cette armée se mit en route au
mois de ramadhan; le sultan vint la rejoindre après l'Aïd
Esseghir[2], laissant d'ailleurs à Fazâz les troupes qu'il avait
envoyées en avant. Arrivé à Oudjda, Ismaïl conclut la paix
avec les Turcs et revint en 1104 (1692-1693) se mettre
à la tête de l'expédition contre les Berbères. Il avait avec lui
toute son armée; il en détacha trois corps : le premier, qui
occupa Tâdela; le second, Molouïa, et le troisième, qui fut
placé en arrière dans la région de Toughi[3]. Puis, précédé de ses canons et de ses mortiers, il alla avec le gros de
l'armée camper à Dekhisân, après avoir ordonné à ses

---

[1] Les Aït Afalman habitent le versant méridional des montagnes qui donnent naissance à l'Oued Ziz, à l'Oued Guir et à l'Oued Drâa.

[2] L'Aïd Esseghir est la fête qui a lieu le 1ᵉʳ chaoual à l'occasion de la fin
du Ramadhan.

[3] C'est sans doute Tedgha qu'il faut lire; le ﮒ et le ﻍ se confondent aisément
dans l'écriture barbaresque.

troupes d'engager toutes à la fois l'action contre les Berbères, le jour qui suivrait la nuit pendant laquelle les
canons et obusiers n'auraient pas cessé de tonner. La veille
de ce jour, vers le soir, les artilleurs commencèrent avec
leurs canons et leurs mortiers une canonnade qui dura
toute la nuit. Terrifiés par ce bruit, les Berbères, saisis
d'épouvante, se dispersèrent de tous côtés, et le lendemain,
quand les troupes du sultan les attaquèrent à la fois sur
tous les points, ils subirent une complète déroute. Dans ce
combat les Berbères perdirent beaucoup de monde; leurs
richesses furent pillées et leurs femmes et leurs enfants, ca-
chés dans les ravins, tombèrent aux mains de l'armée impériale. On réunit toutes les têtes des ennemis qui avaient
péri dans le combat : il s'en trouva plus de douze mille que
l'on apporta au sultan. Celui-ci donna l'ordre de rassembler
toutes les armes et tous les chevaux que l'on avait pris : le
nombre des chevaux s'éleva à dix mille, celui des fusils à
plus de trente mille. Ismaïl envoya les têtes des Berbères
à Ali ben Ychchou[1] en lui disant de les compter, puis,
quand ce dénombrement fut achevé, il lui dit ces mots :
«Si tu ne m'apportes pas un pareil nombre de têtes des
Guerouân[2], je ne te reverrai plus.» Cette tribu des Guerouân exerçait ses déprédations sur la route du Sahara
entre Molouïa et Elkheneg. Ali partit aussitôt pour attaquer
ces pillards; il les vainquit, leur enleva leurs richesses et
leur tua beaucoup de monde. Comme les Guerouân s'étaient
dispersés dans divers villages, il fit annoncer dans toutes les
vallées que quiconque donnerait asile à un Guerouâni serait

[1] Ou Ychch. Les noms comme Haddou, Hammou s'écrivent presque toujours sans , final.

[2] Les Guerouân habitent le mont Guerouan au nord-ouest de Méquinez.

mis à mort, et qu'une somme de dix mitsqâls serait payée à chacun de ceux qui lui apporteraient la tête d'un de ces pillards. Aussitôt les Berbères se mirent à l'œuvre et apportèrent un si grand nombre de têtes que le chiffre fixé fut dépassé; la prime allouée fut alors réduite à un mitsqâl. Toutes ces têtes apportées à Méquinez par Ali ayant été remises au sultan, celui-ci les fit accrocher aux remparts de la ville à côté de celles qu'on y avait déjà placées auparavant.

Ismaïl ordonna à Ali ben Barka [1] de se construire une maison à Tichghâlin et de se fixer là avec sa tribu, les Aït Yemmour (le mot *aït* en chelha est un vocable qui a la même signification que *benou* en arabe), entre les Aït Malou et les Aït Afalman; il lui donna mille chevaux avec des armes en nombre égal pour équiper la tribu. A ce moment, il ne restait plus dans les tribus une seule personne possédant un cheval, à l'exception des Aït Yemmour, des gens du Rif, des Abids et des Oudâïas [2]. La soumission des Aït Malou et des Aït Afalman mit un terme aux brigandages des tribus berbères; le sultan plaça alors toutes ces tribus sous l'autorité d'agents qui eurent pour chef suprême Ychchou.

Cette expédition fut la dernière de celles entreprises par Maulay Ismaïl. Ce prince avait consacré vingt-quatre années de son règne à pacifier le Maghreb et à combattre les populations insoumises ou révoltées contre son autorité. Durant ce long espace de temps, il n'avait pas passé sans interruption une année entière dans son palais.

[1] Le nom de Barka est souvent donné aux nègres en Algérie.

[2] Les Oudâïas étaient une tribu de race arabe qui formait un des principaux éléments de l'armée régulière. Les historiens européens écrivent ce nom Ludaya, Ludayres, etc.

Le 9 du mois de rebia Ier de l'année 1106 (29 octobre 1694), le sultan envoya son fils Zîdân combattre les Turcs, après avoir fait périr Ahmed Esselfi, son lieutenant à Fez; le jeune prince quitta cette ville pour guerroyer contre les Turcs et revint avec du butin. En 1107 (1694-1695), le sultan ottoman, Selim ben Ibrahim [1], envoya une ambassade porter au sultan Ismaïl une lettre dans laquelle il enjoignait à ce prince de conclure la paix avec les Algériens. Ismaïl déféra à cette demande. Au mois de dzoulqaada 1108 (mai 1697), il écrivit au cadi et aux ulémas de Fez pour les blâmer de n'avoir pas été d'accord sur la question de reconnaître aux nègres inscrits au Divan [2] le droit d'être propriétaires. L'année suivante 1109 (1697-1698), il adressa à Fez un rescrit assurant le droit de propriété aux mulâtres, et ce document fut lu en chaire.

En 1111 (1699-1700), le sultan Ismaïl partagea ses États entre ses fils les plus âgés. L'héritier présomptif, Ahmed Eddehebi, eut la province de Tâdela avec un corps de trois mille Abids sous ses ordres; il devait résider dans la casbah de Tâdela, que le sultan lui avait ordonné d'agrandir; mais il préféra bâtir à côté une seconde casbah plus grande que la première. Il fit édifier son palais dans la nouvelle citadelle, où il construisit une mosquée plus grande que celle que son père avait élevée. Mohammed Elâlem eut en partage le Sous, et sa résidence fut fixée à Redâna. A l'aide de contingents recrutés parmi les Abids et les esclaves

---

[1] Il s'agit sans doute d'Ahmed II, fils d'Ibrahim.

[2] La loi musulmane ne reconnaît pas aux esclaves le droit de posséder. On comprend l'importance qu'il y avait pour le sultan Ismaïl à faire modifier cette règle en faveur de la milice noire, qui était la seule force militaire sur laquelle il pût absolument compter.

noirs du sultan, son armée fut portée à trois mille cavaliers.
La région de Sidjilmasa échut à l'aîné, Elmamoun, qui
quitta Maroc, où il était, pour aller se fixer dans la casbah
qu'on lui fit bâtir à Tezmin. Ses troupes se composaient de
cinq cents cavaliers choisis parmi les nègres du sultan.
Elmamoun mourut deux ans plus tard, et le gouvernement
de Sidjilmasa fut alors donné à son fils Youcef. Le sultan
confia le gouvernement de l'Est à son fils Zîdân, qui était
auparavant à Méquinez. Zîdân fit des incursions sur le territoire des Turcs, qu'il chassa même de Tlemcen. Dans une
de ses courses, il parvint jusqu'à Mascara; profitant de l'absence du bey, qui était en expédition, il pénétra dans la
ville, où il pilla et saccagea tout ce qu'il trouva dans le
palais du bey, tapis, vêtements et cuivres. Quand il fut de
retour, le sultan, qui avait appris cette nouvelle, entra dans
une grande colère contre son fils; il le destitua, à cause du
traité de paix qu'il avait conclu avec les Turcs, et le remplaça dans les provinces de l'est par Hafid, frère de Zîdân.

En 1112 (1700-1701), on apprit qu'une armée turque
avait quitté Alger en même temps que le bey, dont le palais
avait été pillé. Ismaïl sortit avec ses troupes à la rencontre
des Turcs et revint après leur avoir livré bataille. Au retour,
beaucoup de soldats moururent de soif, et les gens de Fez à
eux seuls perdirent ainsi quarante hommes. Cette année-là,
Abdelkhâleq Errousi tua un des nègres de la maison du sultan qui était entré chez lui sans y avoir été autorisé. Dès
qu'Ismaïl sut cela, il envoya son fils Hafid avec ordre de
lui amener le coupable enchaîné. Vainement les ulémas et
les chérifs intercédèrent auprès de Hafid; celui-ci emmena
Abdelkhâleq sans toutefois l'enchaîner; il le conduisit au
sultan qui aussitôt lui pardonna et le renvoya à Fez. Mais

en 1113 (1701-1702) le sultan manda de nouveau Abdelkhâleq à sa cour et le fit mettre à mort dès son arrivée.
Il envoya ensuite son fils Zîdân à Fez avec Hamdoun Errousi,
qui y allait en qualité de gouverneur. En 1114 (1702-
1703), Maulay Abdelmalek, fils du sultan, se réfugia, pour
y trouver un asile inviolable, dans le mausolée de Maulay
Idris à Zerhoun[1]. Il venait de lutter contre son frère Abou
Ennasr, qui l'avait vaincu dans le Drâa et dans les contrées
avoisinantes. Ismaïl laissa Abdelmalek dans son asile et
nomma gouverneur du Drâa un de ses fils, Echcherif *sahib
elmarka*[2], lui enjoignant de lutter contre Abou Ennasr et de
l'expulser du pays. En cette même année, Mohammed Elâlem se révolta contre son père; il se dirigea sur Maroc,
mit le siège devant cette ville au mois de ramadhan et y
entra de vive force le 20 de chaoual. Il fit mettre à mort le
gouverneur de cette ville et les principaux habitants; il ordonna ensuite de démolir leurs maisons, puis il rentra à
Redâna. A cette nouvelle le sultan envoya contre le rebelle
une armée commandée par Zîdân. Celui-ci arriva à Maroc
après le départ de Mohammed Elâlem qui était retourné à
Redâna. Il tint une conduite odieuse vis-à-vis des habitants
qu'il pilla et molesta, puis il poursuivit sa route jusqu'à
Taroudant. Arrivé sous les murs de cette ville, Zîdân entama
contre son frère une longue lutte qui dura trois années et
qui coûta la vie à un grand nombre de combattants.

En 1115 (1703-1704), Maulay Hafîd se rendit à Fez la

---

[1] Le massif du mont Zerhoun se trouve au nord de Méquinez.

[2] La carte de Renou donne à une grande plaine située au sud de Taza le
nom de S'ah'âb el-Marga; le mot S'ah'âb est une erreur pour سهب «plaine».
Il se pourrait que l'expression qui suit le nom d'Echcherif signifiât *gouverneur d'Elmarka*, c'est-à dire du territoire formé par cette grande plaine.

neuve et imposa une forte contribution aux habitants de cette ville. Ezzaïm, un instant nommé gouverneur, fut destitué et Hamdoun Errousi rétabli dans ses fonctions. Ce dernier fit alors périr un grand nombre de gens dont les corps furent suspendus aux murailles de la ville. A la fin du mois de chaoual, Hafîd mourut à Fez la neuve. Pendant l'année 1118 (1706-1707), il arriva à Fez un ordre du sultan qui imposa la fourniture d'une selle par chaque feu[1] : personne ne fut exempté de cette charge. Le 21 safar de cette année, on reçut la nouvelle de la prise de Taroudant. La ville avait été enlevée de vive force, Maulay Mohammed avait été fait prisonnier et une foule de généraux et de soldats avaient péri dans le combat; tous les habitants, hommes, femmes et enfants avaient été passés au fil de l'épée. Le 4 de rebia I Mohammed Elâlem chargé de chaînes arriva à Beht[2]. Ismaïl envoya quelqu'un qui coupa au prisonnier une main d'un côté du corps et un pied de l'autre : quinze jours après cela Mohammed mourait à Miknasa et son corps était enseveli dans le mausolée d'Elmedjdoub. Quant à Zîdân, il fut assassiné à Taroudant par Elkateb Elouzir; on apprit la nouvelle de sa mort au mois de redjeb 1119 (octobre 1707). Son corps, placé dans un cercueil, fut apporté à Méquinez où on l'enterra nuitamment à côté de son frère.

Dans le courant de l'année 1120 (1708), Abdallah Errousi exigea des notaires de Fez qu'ils inscrivissent sur le registre des Abids tous les esclaves. Ceux qui se conformèrent à cet ordre ne furent point inquiétés, mais ceux qui ne voulurent point s'y astreindre furent arrêtés : entre autres on

---

[1] Le manuscrit B dit : un bois de selle.

[2] Ce point, qui n'est pas marqué sur les cartes, se trouvait à très peu de distance de Méquinez; peut-être s'agit-il simplement des bords de l'Oued Beht.

arrêta les Oulad Djesous, on confisqua leurs biens, et leur
notaire qu'on exposa enchaîné sur le marché fut réduit à
mendier. Plus tard le sultan pardonna aux coupables et mit
le notaire en liberté. Ce dernier fut même envoyé à Fez
pour inspirer une terreur salutaire aux mulâtres de cette
ville qui appartenaient à des gens de Méquinez : ce moyen
eut un plein succès. En 1121 (1709) Abou Ali Errousi fut
destitué; il eut pour successeur Hamdoun Errousi; mais,
plus tard, Abou Ali reprit ses fonctions et Hamdoun fut à
son tour écarté. Cette année-là, Abdallah Errousi vint à Fez
vendre les biens-fonds de tous les habitants de cette ville
qui avaient cherché un refuge sur le territoire algérien. En
1123 (1711), Abou'lmansour, fils du sultan, se révolta dans
le Sous. En 1124 (1712), le sultan Ismaïl mit en liberté le
kateb Elkheyyath Ibn Mansour qui était en prison, et lui donna
le gouvernement de la province de Drâa; mais, l'année suivante (1713), il le fit mettre à mort en même temps que
son frère Abderrahman. Le sultan apprit à la même époque
que les Oulad Delim, dans le Sous, avaient tué Abou Nasr.
En 1126 (1714), le sultan fit périr, à Mechra Erremel, le
caïd Abou Dechich, trois autres caïds et dix-sept Abids.
En 1127 (janvier 1715), au commencement de moharrem,
mourut Maulay Ettihami, gouverneur de l'Oued Ezzân[1], et
au mois de djoumada mourut la noble dame Aicha Mebarka,
mère des chérifs. En 1130 (1718), les habitants de Fez reçurent du sultan un rescrit qui les affranchissait de certaines
obligations qui leur avaient été imposées. Ils reçurent ensuite un autre message contenant de vifs reproches et leur
enjoignant de choisir entre le service militaire dans les forts

---

[1] Oued Ezzân est peut être une orthographe vicieuse de Ouezzân.

ou dans l'armée. Ould Essaharaouï qui avait déclaré qu'on ne pouvait répondre à une semblable proposition qu'en présence du souverain, fut tué et son corps suspendu aux remparts. A cette nouvelle, le sultan fit arrêter Abou Ali et son entourage et les jeta en prison à Méquinez. Hamdoun, qui avait succédé à Abou Ali dans son commandement, fut bientôt après assassiné par Abdelkhâleq ben Youcef. Le meurtrier et son frère Mesaoud ne tardèrent pas à être arrêtés par ordre du sultan; celui-ci confia alors le gouvernement de Fez à Hammou Qessara, mais quelques jours après, il rétablit Abou Ali dans ses fonctions. Cette même année, on apprit la nouvelle de la mort d'Abou Merouan dans la province de l'Est[1], et le sultan ôta à ses enfants les gouvernements qu'il leur avait confiés; cependant il maintint celui de Tâdela au prince héritier Ahmed Eddhehebi et il investit du commandement du Sous Abdelmalek qu'il envoya résider à Maroc.

Depuis ce moment le sultan se consacra exclusivement à la construction de ses palais et aux plantations de ses jardins. D'ailleurs le pays jouissait de la sécurité la plus complète. Un juif ou une femme pouvaient aller de Oudjda à l'Oued Noun sans que personne osât leur demander d'où ils venaient, ni où ils allaient. L'abondance régnait partout : les céréales, les comestibles, les troupeaux étaient à vil prix. Dans tout le Maghreb on n'aurait trouvé ni un voleur, ni un coupeur de route. En 1132 (1720), le sultan ordonna de démolir le mausolée de Maulay Idris, afin de l'agrandir sur ses quatre faces. Pour ce faire, il acheta les terrains contigus au mausolée et les ouvriers ne quittèrent

[1] Il s'agit des provinces frontières de l'est du Maroc dont la ville principale est Oudjda.

les nouveaux travaux qu'après leur complet achèvement.
En 1133 (1721), le caïd Abdallah Errousi mourut. Le sultan,
irrité contre les gens de Fez, envoya à cette époque Hamdoun et Abou Ali avec l'ordre de prélever une contribution
sur tous les habitants de cette ville. Vainement les ulémas
et les chérifs sollicitèrent la révocation de cet ordre, le
sultan resta inexorable et personne ne put se soustraire à
cette contribution [1], dont on n'a jamais connu le chiffre. La
ville se dépeupla, car tous les gens aisés l'abandonnèrent.

Ce fut également vers cette époque qu'une armée espagnole [2] sortit de Ceuta et fondit à l'improviste sur le camp
des musulmans. Un grand nombre de ceux-ci périrent dans
cette attaque; les Espagnols pillèrent le camp, firent des
prisonniers et mirent à sac le palais du pacha Ahmed ben
Ali. Puis, après s'être emparés des approvisionnements en
grains et en beurre qui se trouvaient là et avoir occupé les
retranchements et les ouvrages de défense des musulmans,
les Espagnols prirent la citadelle d'Afrag; ils rentrèrent ensuite à Ceuta d'où ils retournèrent en Espagne, ne laissant
à Ceuta que la garnison accoutumée. Ce funeste événement
se passa en 1134 (1721). Au mois de moharrem de cette
année, mourut le pacha Ghazi Abou Sofra, gouverneur de
Maroc. Au mois de safar, mourut également Abou Aziz
Ou Sedouq [3], gouverneur de Redâna. A ce moment, Maulay

[1] Les chérifs ou descendants du Prophète ont le privilège de ne point payer
d'impôt.

[2] Le marquis de Lèves, envoyé par Philippe V à Ceuta qui était bloquée depuis vingt-six ans par le Maroc, réussit, en effet, cette année-là, à infliger une
déroute complète aux soldats du sultan Ismaïl (Cf. Calderon, *Manual del oficial
en Marruecos*, p. 293. Madrid, 1841.)

[3] Dans les noms berbères, le mot *ou* est employé à la place et avec la signification de *ibn* «fils».

Abdelmalek transporta sa résidence de Maroc à Taroudant.

Si l'on en croit les récits populaires, Maulay Ismaïl aurait eu cinq cent vingt-huit garçons et un nombre égal de filles. J'ai su par les registres du sultan Sidi Mohammed ben Abdallah (Dieu lui fasse miséricorde!), qui leur distribuait chaque année des pensions, que ceux de ces enfants qui avaient survécu ou qui avaient eu de la postérité occupaient cent cinq maisons à Sidjilmasa, ainsi d'ailleurs que j'ai pu le constater par moi-même lorsque j'étais chargé d'aller répartir ces pensions. Quant à ceux qui n'avaient pas eu de postérité ou dont la postérité s'était éteinte, ils ne figuraient point sur le registre du sultan. Personnellement j'ai connu de nom et de visage huit des fils de Maulay Ismaïl et vingt-huit de ses filles. Ces dernières avaient été logées par le sultan Mohammed ben Abdallah dans le château de Ahmerr Yedou[1]; elles avaient avec elles celles de leurs nièces qui n'étaient point mariées; elles recevaient régulièrement des vivres et des vêtements et, une fois par an, sur les fonds affectés aux chérifs, le sultan leur envoyait une somme d'argent que j'allais moi-même leur distribuer. Les prisons de Maulay Ismaïl contenaient 25,000 captifs chrétiens et environ 30,000 criminels, tels que voleurs et coupeurs de route. Le jour, tous ces prisonniers étaient occupés à divers travaux; la nuit, ils étaient enfermés dans des cachots souterrains. Le corps de tout prisonnier qui mourait était encastré dans les maçonneries[2].

---

[1] Ce nom signifie : *Sa main a rougi*. On connaît le nom analogue, Ahmerr Kheddou : *Sa joue a rougi*, qui est appliqué à plusieurs points de l'Algérie.

[2] Cet usage d'enterrer les captifs dans les blocs de pisé existait aussi en Algérie. On avait même cru que c'était un genre particulier de supplice infligé aux chrétiens qui refusaient d'embrasser l'islamisme, parce que Haëdo, dans sa *Topografia et istoria general de Argel*, avait indiqué ce genre de martyre comme ayant été subi par un certain Geronimo dont le corps a été effec-

Les agitateurs et les malfaiteurs, chassés du pays, ne trouvaient asile nulle part. Tout inconnu qui passait la nuit soit dans un douar, soit dans un bourg, était arrêté s'il ne parvenait pas à justifier son honorabilité. Les habitants étaient responsables de tous les vols et autres crimes ou délits commis par un inconnu qu'ils avaient laissé en liberté.

Maulay Ismaïl, qui avait été le lieutenant de son frère Errechid pendant sept ans, eut un règne qui dura cinquante-sept années. Lorsqu'il se sentit atteint de la maladie dont il mourut, il fit venir de Tadela où il résidait, le prince héritier, Ahmed Eddhehebi. Le samedi, 27 de redjeb 1139 (4 avril 1727)[1], trois jours après l'arrivée de ce prince, Maulay Ismaïl rendait le dernier soupir. Il fut enterré dans le mausolée du cheikh Elmedjdoub.

RÈGNE DU SULTAN AHMED EDDHEHEBI BEN ISMAÏL
BEN ECHCHERIF BEN ALI.

Aussitôt après la mort du sultan Ismaïl, les caïds des Abids et des Oudaïas, les principaux chefs de ces deux milices, les ulémas, les cadis et les secrétaires du gouvernement se réunirent pour reconnaître et proclamer souverain, l'héritier présomptif, Ahmed Eddhehebi. Dès que cette nouvelle fut connue à Fez, les habitants mirent à mort leur caïd Abou Ali Errousi, puis ils envoyèrent à Méquinez une députation d'ulémas, de chérifs et de notables, pour offrir leur serment de fidélité et des présents au nouveau souverain. Celui-ci, sans leur adresser le moindre reproche sur ce

livement trouvé dans un bloc de pisé lors de la démolition du fort des Vingt-quatre-heures à Alger, le 27 septembre 1853.

[1] Godard donne la date du 22 mars 1727. *Description et histoire du Maroc*, p. 535.

qu'ils venaient de faire, leur donna pour chef un renégat, le caïd Elmahdjoub. Les autres villes du royaume et les tribus envoyèrent également à Méquinez des députations chargées de prêter serment de fidélité au sultan et de lui remettre leurs cadeaux. Eddhehebi fit bon accueil à tous ces envoyés et distribua à ses soldats les richesses qu'on lui avait apportées. Il fit également des largesses aux ulémas, aux chérifs, aux talebs et envoya de nouveaux personnages remplacer les gouverneurs qui avaient été tués, tels que Ali ben Ychchou, Ibn Elachqar, Ahmed ben Ali et Ibn Mordjan el-Kebir, caïd des nègres du palais et préposé à la garde des trésors. Cela fait, il rentra dans son palais où il se livra entièrement aux plaisirs et à la débauche, sans plus s'occuper de son royaume, ni de ce qui s'y passait.

A peine monté sur le trône, Eddhehebi envoya le bacha Ahmed à Tétouan. Celui-ci entra dans la ville, mais bientôt les habitants ayant à leur tête leur émir Mohammed Elouqqâch prirent les armes contre lui et le chassèrent de chez eux. Elouqqâch, qui n'avait pas reconnu l'autorité du sultan, ne fit aucune démarche dans ce but. Les populations, complètement négligées par le souverain, ne tardèrent pas à rompre l'unité du Maghreb. Elles mirent à mort les fonctionnaires du gouvernement qui en étaient les soutiens et, méprisant les ordres du sultan, elles infestèrent de leurs brigandages les routes du royaume sans que personne essayât de réprimer leurs excès. Les Berbères ne songèrent plus qu'à se procurer des armes et des chevaux; *et le vent chaud revint accomplir son œuvre habituelle après avoir été dans des coffrets de cuivre* [1]. Les brigandages reprirent sur les

---

[1] C'est-à-dire que les Berbères, autrefois contenus par le sultan Ismaïl, reprirent leurs anciennes habitudes de pillage et d'insubordination; c'est une

routes et les abords de la capitale. Les plaignants affluèrent à la porte du palais, mais ils n'y trouvèrent jamais
personne qui voulût les écouter, ni leur rendre justice.

Au mois de moharrem 1140 (août 1727), les Oudaïas
assaillirent les gens qui se trouvaient sur le marché du
jeudi, à Fez; ils pillèrent les marchandises, tuèrent quelques personnes et jetèrent en prison les habitants de la
ville qu'ils avaient fait prisonniers. Une nombreuse députation de chérifs et d'ulémas de Fez partit aussitôt pour porter
plainte au sultan, mais il lui fut impossible de parvenir jusqu'au souverain. L'instigateur de cette agression, Mohammed
ben Ali ben Ychchou, fit même arrêter les membres de cette
députation et les retint en prison. Dès que cette nouvelle
parvint à Fez, les habitants entrèrent en guerre ouverte avec
les Oudaïas et fermèrent les portes de la ville, car ils virent
alors que tout ce qui s'était passé avait eu lieu à l'instigation
du sultan, parce que les Oudaïas lui avaient écrit que les
gens de Fez s'étaient révoltés contre son autorité. Une nombreuse armée envoyée par le souverain vint mettre le siège
devant Fez et dressa des batteries de canons, d'obusiers et de
catapultes contre la ville. Les hostilités durèrent jusqu'au
moment où le sultan expédia son frère Elmostadhi, en compagnie des chérifs de Fez, qui avaient été incarcérés par Mohammed ben Ali ben Ychchou, et des chérifs de Méquinez, afin
de rétablir la paix entre les Oudaïas et les habitants de Fez.
En outre, Abou Farès, un des fils du sultan qui accompagnait la mission, avait reçu l'ordre de séjourner dans la ville
pour servir d'intermédiaire entre les habitants et le souverain.

allusion au proverbe ذهبت هيب لاديانها qui signifie : «Le vent chaud est
parti accomplir son œuvre habituelle». (Freytag, *Arabum proverbia*, Bonnæ
ad Rhenum MDCCCXXXVIII.)

La paix conclue, les troupes s'éloignèrent; mais, dès le
lendemain de leur départ, les Oudaïas lancèrent des bombes
sur la ville de Fez et la lutte recommença comme précédemment. Le sultan envoya Mousa Eldjerâri pour renouer
la paix. Ce dernier, après avoir laissé quelques-uns de ses
compagnons en otage, retourna à Méquinez avec un certain nombre de notables et de chérifs, mais ceux-ci n'ayant
pu obtenir ni audience, ni solution, rentrèrent à Fez, et la
guerre continua. Les Abids établis à Mechra Erremel annoncèrent alors aux habitants de Fez qu'ils allaient déposer
le sultan Ahmed pour proclamer à sa place son frère Abdelmalek, et ils leur demandèrent de faire cause commune
avec eux. Les gens de Fez accueillirent favorablement ces
ouvertures; ils promirent aux Abids de les seconder dans
leur dessein et traitèrent généreusement leurs émissaires.
Les caïds des Abids et les principaux chefs de cette milice,
voyant le trouble profond du pays et la triste condition
faite aux populations par les déplorables errements de l'administration, se décidèrent à essayer de remédier à ces maux.
Ils rédigèrent une adresse et la remirent à une députation
qui fut chargée de la porter à Abdelmalek, frère du sultan.
Dans ce message ils demandaient au prince de prendre en
main l'autorité souveraine; car, dans leur pensée, ce prince
devait être préférable à Ahmed. Un escadron de cavalerie
accompagna la députation. A peine Abdelmalek eut-il reçu
cette escorte et ce message, qu'il quitta Taroudant et poursuivit rapidement sa marche jusqu'à l'Oued Beht où il passa
la nuit. Aussitôt qu'on apprit à Méquinez l'arrivée d'Abdelmalek à l'Oued Beht, les caïds des Abids se rendirent auprès
d'Ahmed, le firent sortir de son palais, le déposèrent et
l'internèrent dans une maison qu'il possédait à Hedim, en

dehors de la casbah. Le lendemain, les troupes montèrent
à cheval et se portèrent avec leurs caïds et les principaux
fonctionnaires au-devant du sultan Abdelmalek. La rencontre eut lieu, dans la banlieue de Méquinez, au bruit des
tambours et des salves d'artillerie. Les soldats exécutèrent
des *fantasias* [1], et cette entrée à Méquinez fut une véritable
fête. Ceci se passait au mois de chaaban 1140 (mars 1728).

RÈGNE DU SULTAN ABDELMALEK BEN ISMAÏL.

Le sultan Ahmed ayant été déposé par l'armée et mis en
prison, les personnages marquants, Abids et autres, les
ulémas et les cadis proclamèrent Abdelmalek souverain. Les
ulémas, les chérifs et les notables de Fez vinrent ensuite
reconnaître le nouveau souverain et lui apporter leurs présents; puis ce fut le tour des villes, des villages et des
tribus. Abdelmalek donna audience à toutes ces députations,
et quand il eut terminé ces réceptions, il fit enfermer dans
la prison de Fez son frère Ahmed qu'on lui avait livré. Plus
tard, l'idée lui vint de l'envoyer dans la prison de Sidjilmasa.

On avait cru qu'Abdelmalek tiendrait la même conduite
que son père et qu'il ferait cesser le désordre qu'Ahmed
avait provoqué dans le pays, mais cette espérance fut déçue.
Ni les soldats, ni les députations ne reçurent de cadeaux, et
quand les Bokharis [2] lui réclamèrent le don de joyeux avé-

---

[1] J'ai cru devoir employer ce mot si connu des Algériens, parce qu'il faudrait une trop longue périphrase pour donner une idée exacte de ces charges
à fond de train faites par des cavaliers qui arrêtent brusquement leurs chevaux
aussitôt après avoir déchargé leurs fusils.

[2] On donnait ce nom aux troupes régulières constituées par la milice noire,
parce que les soldats nègres prêtaient serment de fidélité sur un exemplaire

nement, il leur envoya seulement 4,000 mitsqâls. Cette par-
cimonie les étonna, car au temps de Maulay Ismaïl ce don
avait été de 100,000 mitsqâls, et, lors de son avènement,
Ahmed en avait distribué 150,000 : quelques personnes
avaient même eu jusqu'à 1,000 mitsqâls pour leur part. En
voyant l'avarice du sultan, l'armée parla de le déposer,
mais Abdelmalek ayant eu connaissance de ces menées se
hâta de créer un antagonisme entre ses troupes et les tribus
du Maghreb. Pour cela, il unit ces derniers entre eux dans
l'espoir qu'ils tiendraient en échec ses propres soldats; puis
il les excita les uns contre les autres, lançant tantôt les Berbères contre les Abids, tantôt les Abids contre les Berbères.
Voyant que les choses n'allaient point comme ils l'avaient
espéré, les deux partis s'entendirent pour déposer le sultan.
Ahmed fut alors rappelé au trône et il dut ce retour de la
fortune à sa générosité et à sa libéralité. On lui écrivit une
adresse et en même temps on lui expédia un détachement
de cavalerie pour le ramener de Sidjilmasa. Dès qu'Abdelmalek connut cette nouvelle, il députa Maulay Ettaïeb ben
Mohammed aux Abids de Mechra Erremel. Ce personnage
fit des excuses au nom du souverain; il chercha à détourner les Abids du dessein qu'ils avaient formé de se révolter
contre le sultan et de le déposer, en leur faisant entrevoir
les conséquences de leur entreprise. Les Abids ne voulurent
rien entendre et refusèrent de céder à ses exhortations; ils
montèrent à cheval et, quittant Mechra Erremel, ils se mirent en route pour Méquinez. Leur avant-garde razzia les
troupeaux et détroussa les caravanes qu'elle rencontra. Le
lendemain, toute la troupe fit son entrée à Méquinez. La

du recueil des traditions de Elbokhari. C'est d'ailleurs sur ce livre que les musulmans jurent habituellement.

ville fut mise au pillage : on ne respecta pas les choses les plus sacrées et on fit périr tous les notables dont on put s'emparer. A cette nouvelle, Abdelmalek quitta Méquinez avec ses femmes, ses serviteurs et son entourage intime ; le lendemain, il se présenta devant Fez la neuve. Les Oudaïas lui ayant refusé l'entrée de la ville, il gagna Fez la vieille et se cacha dans le mausolée de Maulay Idris. Là, il fit mander les habitants de Fez et quand ceux-ci furent en sa présence, il sollicita leur appui. Lorsque les caïds des Abids pénétrèrent dans la casbah de Méquinez pour se saisir d'Abdelmalek, ils apprirent que ce prince s'était enfui la nuit précédente à Fez. Immédiatement on proclama dans Méquinez la déposition d'Abdelmalek et la restauration d'Ahmed.

Aussitôt après son arrivée de Sidjilmasa, en 1140 (1727-1728), le sultan Ahmed Eddhchebi s'installa dans le palais impérial de Méquinez et les caïds, les cadis, les ulémas et les chérifs s'empressèrent de venir lui prêter serment d'obéissance ; puis, selon la coutume, il distribua de l'argent aux troupes. Bientôt il reçut des députations de tout le Maghreb, des villes et des bourgs, à l'exception de Fez, du bacha Ahmed Errifi et de ses tribus, qui n'envoyèrent point reconnaître son autorité. Au moment de la fuite d'Abdelmalek, cinq cents archers de Fez s'apprêtaient à suivre ce prince pour le soutenir de leurs armes ; les Abids les arrêtèrent, ainsi que leur caïd. Le sultan Ahmed ordonna de charger de chaînes ces archers et de les employer ensuite aux travaux.

Le motif qui avait empêché les gens de Fez de reconnaître le sultan, était la crainte qu'ils avaient des conséquences du meurtre d'Errousi, auquel ils avaient enlevé tous ses biens, en même temps qu'ils s'emparaient de l'argent du sultan que ce personnage avait chez lui. En outre, ils redoutaient la colère d'Ahmed, qu'ils avaient autrefois salué comme souverain. Mais celui-ci, trop absorbé par le soin de ses propres affaires, ne s'occupa point d'eux en ce moment.

Quand Abdelmalek arriva à Fez, les habitants se portèrent en foule à sa rencontre; ils lui jurèrent fidélité et se déclarèrent ouvertement en rebellion contre Ahmed dont, par deux fois, ils avaient eu à se plaindre. Ce dernier leur écrivit de lui livrer son frère ou de l'autoriser à aller le combattre sur leur territoire. Les habitants de Fez repoussèrent cette prétention et fermèrent les portes de la ville. Le sultan envoya alors le caïd Salah Ellirini leur proposer de se soumettre et leur offrir, en échange de leur soumission, la liberté de ceux de leurs concitoyens qui étaient détenus dans ses prisons. Le caïd avait à peine terminé son discours qu'il fut mis à mort, son corps traîné dans les rues et suspendu ensuite au mûrier. Elkheyyath-Adil fut également assassiné sur le seuil de sa maison.

Abdallah Ibn Idris, l'Idrissite, à la tête de cavaliers et d'archers de Zouaghas fondit à l'improviste sur les pâturages des Oudaïas et leur enleva leurs bœufs, leurs moutons et leurs bêtes de somme qu'il amena à Fez. Ces bestiaux furent vendus à vil prix : les bœufs, six onces[1]; les brebis un dirhem. La guerre se trouva ainsi déclarée. Le premier du mois de moharrem 1141 (7 août 1728) le sultan Ahmed quitta Méquinez à la tête de toutes ses troupes et vint camper sous les murs de Fez. Il ordonna à ses artilleurs de lancer, nuit et jour, contre la ville des bombes, des boulets

---

[1] L'once dont on se sert actuellement ne vaut que 0 fr. 15 cent.; peut-être s'agit-il d'une monnaie de valeur plus élevée.

et des blocs de pierre; puis, après avoir donné à ses soldats
l'ordre de ravager les vergers et les potagers aux alentours de la ville, il fit ouvrir le feu. Le bombardement
causa des dégâts considérables et ruina une grande partie
de la ville. Pendant cinq mois consécutifs les rencontres se
succédèrent et nombre de combattants périrent, soit dans
ces luttes, soit par suite du bombardement. Enfin, étroitement bloqués par l'ennemi, incapables de résister plus
longtemps, les vivres devenant rares et hors de prix, les
habitants de Fez se décidèrent à reconnaître le sultan Ahmed
et à conclure la paix avec lui; ils s'engagèrent en conséquence à chasser Abdelmalek et à le livrer au sultan.
Celui-ci écrivit alors à son frère, lui offrant le choix soit
de se rendre à Sidjilmasa, soit de rester dans l'asile où il
était. Abdelmalek ayant préféré demeurer dans son asile,
le sultan écrivit aux gens de Fez de ne plus avoir aucune
communication avec son frère, de ne point lui adresser la
parole, de ne rien acheter à ses compagnons, ni de leur
rien vendre : quiconque enfreindrait ces prescriptions serait
puni. Dès qu'Abdelmalek eut connaissance de ces mesures,
il envoya son fils auprès les Abids : il leur fit demander de lui
garantir la vie sauve, déclarant se remettre entre leurs
mains. Le bacha Salem Eddoukkali se rendit alors auprès
de lui avec cinquante caïds, et tous jurèrent sur la tombe de
Maulay Idris qu'ils lui assuraient la vie sauve. Ils le remirent
ensuite au sultan qui ordonna de le conduire à Sidjilmasa
et de l'y interner. On le conduisit dans cette ville où on
l'enferma dans la maison du bacha Mesahel.

Le sultan Ahmed tomba malade en rentrant à Méquinez.
Dès qu'il se sentait mourir, il donna l'ordre d'étrangler son
frère Abdelmalek : l'exécution eut lieu dans la nuit du lundi,

premier jour du mois de chaaban de cette même année.
Ahmed Eddhehebí mourut dans la nuit du vendredi au samedi, le quatrième jour du même mois. Dieu lui fasse miséricorde et lui accorde son pardon! Abdelmalek fut enterré,
de nuit, dans la coupole[1] du cheikh Ibn Aïssa. Comme la
strangulation de Abdelmalek avait été tenue secrète, certaines personnes, simples d'intelligence, prétendirent qu'il
s'était évadé et attendent encore aujourd'hui son retour
pour le proclamer sultan.

PREMIER RÈGNE DE MAULAY ABDALLAH BEN ISMAÏL.

Après la mort du sultan Ahmed Eddhehebi, les principaux membres du gouvernement et du divan des Abids
s'accordèrent pour proclamer souverain Abdallah qui, en
ce moment, se trouvait à Tafilalet[2]. Ce prince avait accompagné son frère Abdelmalek au moment de son départ du
Sous; mais quand celui-ci s'était enfui à Fez, il l'avait abandonné et s'était retiré dans sa maison à Tafilalet. Aussitôt
après avoir déclaré Abdallah souverain, et avoir annoncé
solennellement son avènement à l'armée, les principaux
personnages de l'État expédièrent un détachement de cavalerie pour aller chercher le nouveau sultan. Ils écrivirent
ensuite aux habitants de Fez une lettre de condoléance au
sujet des pertes en hommes qu'ils avaient faites durant le

[1] Le mot *qobba* désigne une petite construction de forme carrée surmontée
d'un dôme; elle recouvre généralement les cendres d'un pieux personnage,
mais elle peut être aussi destinée seulement à consacrer l'endroit où un saint
musulman s'est reposé.

[2] Tafilalet doit être le nom moderne de Sidjilmasa, car l'auteur emploie
indifféremment l'une ou l'autre de ces dénominations. Il se pourrait néanmoins, comme on l'a cru jusqu'ici, que l'emplacement de Tafilalet ne fût pas
tout à fait le même que celui de Sidjilmasa.

dernier siège, et ils insistèrent auprès d'eux pour qu'ils re-
nonçassent à toute résistance et qu'ils reconnussent l'autorité
du sultan Abdallah. Cette lettre lue en chaire, à la mosquée
d'Elqarouïin[1], fut accueillie favorablement par la population,
qui promit de jurer fidélité au souverain dès qu'il viendrait.
Arrivée à Tafilalet, l'escorte ramena le sultan et, lorsqu'il
fut campé près de la ville, à l'endroit appelé Elmihras, les
ulémas, les chérifs et les notables de Fez se portèrent à sa
rencontre et lui présentèrent leurs hommages. Tout joyeux
de leur accueil, le sultan leur témoigna la plus grande
bienveillance et leur promit de venir le lendemain faire
un pèlerinage au tombeau de Maulay Idris. Parés de leurs
plus beaux vêtements et de leurs armes, les habitants de
Fez, précédés de leurs bannières, se trouvèrent le lendemain au rendez-vous fixé par le sultan. Dès que ce cortège
fut arrivé au camp, Abdallah monta à cheval et, entouré de
ses serviteurs et de toute sa suite, il se dirigea vers la ville
par le chemin qui aboutit à la porte d'Elfeth.

Dans l'entourage du sultan se trouvait Hamdoun Errousi,
l'ennemi juré des habitants de Fez. Certains courtiers d'insurrection, les fils de Ben Youcef, se concertèrent pour
assassiner Hamdoun, qui avait tué leur père, quand il
entrerait dans la ville. Hamdoun, qui les avait remarqués,
s'était d'abord éloigné de l'endroit où ils étaient; mais se
voyant suivi par eux, il comprit leur dessein et, s'élan-
çant au galop de son cheval, il arriva auprès du sultan
et lui raconta ce qu'il venait d'observer. Le cortège se trouvait alors sur le pont d'Erresif. Le sultan retourna sur ses

---

[1] *Qarouïin* est le pluriel de *qaroui*, adjectif ethnique de Qaïrouân; la forme
Qaïrouâni est également admise.

pas, prit le chemin de la mosquée d'Elhout et, passant par Djeza ben Amer, il sortit par la porte d'Elhadid sans avoir accompli le pèlerinage du tombeau de Maulay Idris, puis il entra dans Fez la neuve. Personne, à ce moment, ne connut le motif de cette détermination. Le lendemain, les habitants de Fez, ayant à leur tête leur cadi, leurs ulémas, leurs chérifs et leurs notables, se rendirent auprès du sultan, lui jurèrent fidélité et lui offrirent leurs présents. Ayant appris alors la cause de l'incident de la veille, les jurisconsultes assemblés adressèrent au sultan, en manière d'excuse, un discours dans lequel ils affirmaient que ce qui s'était passé était le fait de quelques fous. Sans rien répondre à ce discours, Abdallah reçut leur serment et leurs présents, puis il les invita à désigner parmi eux les cinq cents archers qui devaient l'accompagner. Ces hommes furent désignés et partirent avec le sultan.

Quand on arriva près de Méquinez, les caïds des Abids, à la tête de leurs soldats, se portèrent avec les caïds des Arabes et des Berbères à la rencontre du sultan, qui entra dans sa capitale en déployant une pompe inusitée. Les ulémas, les chérifs et les notables vinrent le reconnaître solennellement, ainsi que de nombreuses députations arrivées de tous les points du Maghreb. Il tint audience pour recevoir tous ces hommages et, quand il eut terminé, il distribua, selon l'usage, de l'argent à tout le monde excepté aux gens de Fez qu'il exclut de ses libéralités. Lors de l'Aïd Esseghir, ces derniers, ayant à leur tête leurs ulémas, leurs chérifs et leurs talebs, apportèrent leurs cadeaux et, comme de coutume, ils accompagnèrent le sultan au Mosalla[1] pour la

[1] Dans les villes importantes, il est rare que la mosquée principale soit assez grande pour contenir toute la population. Dans les grandes cérémonies reli-

prière de la fête. La prière terminée, Abdallah fit remettre de l'argent à tous ceux qui étaient venus des villes et des campagnes assister à cette cérémonie, mais, cette fois encore, il ne donna rien aux gens de Fez. Le lendemain, il ordonna à ces derniers de comparaître au conseil, et quand ils furent en sa présence, il leur dit : « O gens de Fez, écrivez à vos concitoyens qu'ils me livrent leurs forteresses[1] et leurs bastions qui appartiennent au gouvernement et forment un des apanages de la couronne; s'ils s'y refusent, j'irai moi-même ruiner leur misérable cité. » Les envoyés de Fez se déclarèrent prêts à obéir à cet ordre, mais le soir même, à peine étaient-ils de retour dans leur camp, qu'ils partirent à la faveur de la nuit, et le lendemain matin ils entrèrent dans Fez. Dès que les envoyés eurent transmis à leurs concitoyens le discours du sultan, ceux-ci furent unanimes à refuser la cession des forteresses et des bastions; ils députèrent des ulémas, des chérifs et des notables intercéder en leur faveur auprès du souverain, qui ne voulut pas les écouter et les renvoya sans leur rien accorder. On décida alors d'envoyer un présent, offert par les négociants de la ville, que des notables et des commerçants furent chargés de porter au sultan. Mais les Oudaïas arrêtèrent ces envoyés, les dépouillèrent des cadeaux qu'ils portaient et les retinrent prisonniers dans Fez la neuve; ils avaient, disaient-ils, reçu l'ordre de mettre le siège devant Fez. Aussitôt la révolte contre le souverain fut proclamée dans la ville; on invita ceux qui voulaient rentrer dans leurs

gieuses, l'office se fait alors sur une grande place entourée d'un mur. Cet endroit, appelé *Mosalla*, est réservé aux prières solennelles.

[1] La forme *qesâbi*, pluriel du mot *qasbah*, n'est pas donnée dans les dictionnaires.

pays à faire leurs préparatifs et à sortir dans les trois jours, puis les portes de la ville furent fermées.

Le 15 du mois de chaoual de cette année, le sultan Abdallah, qui venait d'être informé de ces événements, se mit en marche et campa bientôt avec toute son armée sous les murs de Fez, qu'il investit complètement. Il permit à ses soldats de tout dévaster, de couper les arbres, de détruire les maisons et de saccager les cultures et les potagers; puis il empêcha les habitants de venir à la rivière. De tous les côtés, à chaque porte de la ville, des engagements eurent lieu nuit et jour; les artilleurs, les renégats et les chrétiens lancèrent continuellement dans la place de la mitraille, des bombes, des boulets et des pierres, ne laissant ainsi aucun instant de repos aux habitants de Fez, qui bientôt désespérèrent du succès de leur résistance. Par suite de l'investissement le prix des denrées s'était élevé, ce qui avait provoqué des émeutes; les assiégés envoyèrent donc demander la paix. Mais comme le sultan maintenait ses prétentions sur les forteresses et sur les bastions, ils reprirent les armes et continuèrent courageusement le combat jusqu'au moment où, décimés par la guerre, ils durent renoncer à la lutte. Ils consentirent à livrer leurs forteresses et la paix fut conclue, par l'entremise du caïd Mohammed Esselouï[1], au mausolée de Maulay Idris. Les notables et les chérifs accompagnèrent le caïd à Fez la neuve, et là ils eurent une entrevue avec le sultan; celui-ci les traita généreusement et donna 1,000 dinars aux ulémas et aux chérifs et des habits aux notables; puis il nomma Elhadj Esselouï caïd de Fez. Le

[1] Le texte porte Esselouï, mais je crois qu'il faut lire Esselâouï «le Salétin».

second jour de la fête de Mouloud [1], le nouveau caïd entra dans la casbah de la ville; il répartit ses compagnons dans les bastions, et le premier acte de son administration fut de faire mettre à mort le cheikh Dahmân Enneggâd. Aussitôt informé de ce meurtre, le sultan révoqua le caïd Elhajd Esselouï et nomma à sa place Elbadisi ould Hamdoun Errousi, qu'il destitua, peu de temps après, pour le remplacer par Abdennebi ben Abdallah.

Le sultan quitta Fez au mois de rebia I 1142 (octobre 1729). Cette année-là, il envoya son fils Sidi Mohammed accomplir le pèlerinage de la Mecque. Ce prince, qui n'était pas encore pubère, car il n'avait que dix ans, était accompagné de sa mère Khenatsa bent Bekkar. Rentré à Méquinez, Abdallah s'aperçut que les tribus avaient repris leurs anciennes habitudes : elles possédaient, de nouveau, des armes et des chevaux, dont elles se servaient pour piller leurs voisins et infester de leurs brigandages les routes du Maghreb. Il ordonna alors aux Abids de se préparer à entrer en campagne, afin de pacifier le pays. Puis il partit dans le dessein de gagner Tâdela et de réduire les Aït Yemmour. Cette tribu, chassée de son territoire par les Aït Mâlou, s'était établie près de Tâdela et, par ses déprédations, elle causait un grand préjudice aux habitants de la ville, qui, à maintes reprises, avaient porté leurs plaintes au sultan. Dès qu'ils apprirent l'arrivée des troupes, les Aït Yemmour s'enfuirent sur le territoire des Aït Ysri, mais le sultan les y poursuivit et, dans le combat qu'il leur livra sur les bords de l'Oued Elabbâd [2],

[1] La fête du Mouloud ou de la nativité du Prophète tombe le 10 du mois de rebia I.

[2] C'est sans doute l'affluent de l'Omm Errebia nommé Oued Elabid sur les cartes.

il leur tua un millier d'hommes et s'empara de leurs richesses.

En revenant de Tâdela, Abdallah fit mettre à mort vingt des notables de Fez qui l'avaient accompagné dans son expédition. Il écrivit ensuite aux habitants de cette dernière ville pour se justifier de cette sanglante exécution et demanda qu'on lui désignât un nouveau contingent. Ce contingent, aussitôt réuni, fut taillé en pièces, à Ras Elma, par Hamdoun Errousi qui, le lendemain, fit en outre mettre à mort Abdelouahed Bettir et Mohammed ben Elachheb, près de la porte de la prison. Les cadavres de ces deux personnages furent traînés dans les rues. Le surlendemain, Hamdoun ordonna de démolir les portes d'Elmahrouq, d'Elguicha, d'Elhadid, d'Eldjedid et d'Elfotouh et d'en transporter les vantaux à Fez la neuve. Puis, le 1er moharrem 1143 (17 juillet 1730), il fit commencer la démolition des remparts, dont les matériaux furent également emportés à Fez la neuve. Le sultan ayant ensuite écrit qu'il pardonnait aux gens de Fez, Hamdoun Errousi prit la fuite et se réfugia à la zaouïa de Zerhoun.

Au retour de son expédition, le sultan nomma Ettaïeb ben Djelloul gouverneur de Fez. Jamais cette ville n'eut à supporter un chef plus odieux que ce personnage tyrannique et brutal, qui mérita d'être appelé le Hedjdjadj[1] de son temps. Ce fut lui qui suggéra au sultan l'idée de s'emparer des grains que les Arabes avaient dans la ville. Comme il s'occupait de les recueillir, les chérifs vinrent solliciter du souverain le retrait de cette mesure, mais celui-ci les ren-

---

[1] Heddjadj, général du calife Abdelmalck ben Merouan s'est rendu célèbre non seulement par ses talents militaires, mais encore par sa cruauté qui est devenue proverbiale.

voya après les avoir accablés d'injures. Poursuivant le cours
de ses méfaits, Ettaïeb fit périr Ahmed Forsadir ben Moussa,
devant la porte de la Medressa des Soffârin, puis il préposa
au service des successions et à la direction du divan des
mulâtres, un personnage de son acabit, Abdelouahed ben
Souda. Au mois de chaaban 1144 (janvier 1732), étant à
Tâdela, le sultan fit mettre à mort cet Abdelouahed ben
Souda, puis, lorsqu'il fut de retour à Méquinez, il fit arrêter
et emprisonner Ibn Djelloul, qui était venu lui offrir des
présents. Abdellatif ben Abdelkhâleq Errousi fut alors
nommé gouverneur de Fez.

Cette année-là, on termina la porte de Mansour Eleuldj
et les remparts de la casbah. Abderrezzâq ould Ali ben
Ychchou fut envoyé à Fez; il fit arrêter les négociants de cette
ville et, pénétrant dans leurs maisons et leurs boutiques, il
parvint à réunir une somme de 120,000 dinars. Le sultan
ayant déclaré se contenter de cette somme, les négociants
accompagnèrent Abderrezzâq, qui allait verser l'argent re-
cueilli. Lorsqu'ils furent en présence du sultan, celui-ci exigea
une contribution plus considérable et fit jeter les négociants
en prison. Puis, irrité également contre Abdellatif Errousi,
qui avait tardé à lui envoyer des archers[1], il ordonna
d'abord de le frapper et ensuite de lui trancher la tête.

En 1145 (1732-1733), le sultan entreprit une campagne
pour pacifier le Sous. Au retour, il donna aux chrétiens et
aux Chaânba l'ordre de démolir la ville de Erriâdh, qui était
la parure et la joie de Méquinez. Erriâdh renfermait les
maisons des gouverneurs, des secrétaires, des Oudaïas et
de tous les fonctionnaires du gouvernement du sultan Is-

---

[1] La ville de Fez fournissait aux souverains marocains un corps d'archers
qui était renouvelé tous les ans.

maïl qui y avaient fait bâtir leurs demeures. Ismaïl, lui
même, en avait fait construire la grande mosquée, la medressa, les bazars et les bains; les négociants venaient dans
cette ville apporter leurs marchandises. Dix jours à peine
s'étaient écoulés, qu'il ne resta plus là qu'un monceau de
décombres. Cette année, le sultan fit périr, au moment
même où ils se présentaient devant lui, Moussa Eldjerâri,
ainsi que trois cents hommes des Oulad Djerâr qui revenaient d'expédition. Le même sort attendait trois cent cinquante Modjahidin rifains, venus de Tanger pour faire
cesser la rupture qui avait éclaté entre le sultan et le bacha
Ahmed ben Ali, celui-ci ayant offert ses services au sultan
El-mostadhi. Enfin deux cents hommes des Hedjaoua, de
la tribu de Beni Hassen, furent également mis à mort; ils
avaient été accusés d'avoir détroussé les passants dans leur
pays.

Les rapports entre le sultan et les Abids furent rompus
en 1146 (1733-1734). Ceux-ci avaient eu à déplorer la
perte de chefs, de notables et de caïds, que le sultan avait
fait périr pour détruire l'influence de cette milice et aussi
pour venger le meurtre de son frère Abdelmalek. Abdallah
réussit à calmer les Abids en leur distribuant de l'argent,
puis il leur demanda de lui désigner un contingent qui devait opérer dans les montagnes des Aït Mâlou. Cette même
année, il envoya Mohammed Ou Ali Ezzemmouri en qualité
de gouverneur à Fez, en lui disant : « Prends l'argent de ces
gens-là et jette-le à Abou'lkherârib[1]; ne leur laisse rien,

---

[1] Je suppose que par *Abou'lkherârib* « le père des monnaies », il faut entendre le trésor public. Le mot خرّوبة, pl. خراريب, était employé en Algérie
pour désigner une petite monnaie d'argent; en Tunisie, ce mot est encore en
usage, mais il ne s'applique qu'à la monnaie de billon.

mais ne me les amène pas. Ce n'est qu'à cause de leurs richesses que les habitants de Fez sont arrogants et mépri-
sent l'autorité royale. » Mohammed se rendit à Fez et s'installa dans la maison d'Abou Ali Errousi, à Maadi. Il désigna
ensuite par chaque quartier un délégué, qui fut chargé
d'inscrire sur un registre les négociants, ainsi que les gens
aisés et possédant des immeubles. Ces délégués amenèrent
ensuite en présence de Mohammed tous les négociants et
propriétaires, qui furent mis en prison et condamnés à payer,
les uns 500,000 mitsqâls, les autres 10,000, 8,000, 6,000,
4,000, 3,000 ou 2,000 [1]. Mohammed s'occupa d'abord
de recouvrer cet argent, puis il imposa aux artisans une
somme qui variait de 1,000 à 100 mitsqâls. Lorsqu'un chef
de famille était absent on s'emparait de son fils, de son
frère ou de sa femme. Les choses durant ainsi, la population
abandonna Fez et se dispersa dans les villes et villages du
Maghreb. Quelques-uns allèrent jusqu'en Tunisie, en Égypte,
en Syrie et même au Soudan. Au fur et à mesure qu'il recevait de l'argent, Mohammed l'envoyait au sultan, à Méquinez; mais quand il apprit que le sultan Abdallah s'était enfui
de Méquinez, Mohammed quitta Fez pendant la nuit. En
1147, le sultan envoya son armée dans la montagne des Aït
Mâlou. Cette armée, formée de vingt-cinq mille Abids et
commandée par le caïd, le bacha Qâsem ben Risoun, fut
renforcée de trois mille Oudaïas ayant à leur tête le caïd
Abdelmalek bou Chefra. Elle se mit en marche; mais arrivée
à la rivière d'Oumm Errebia, les Berbères ayant fait le vide
devant elle, elle s'engagea à leur poursuite dans des montagnes escarpées. Les montagnards barricadèrent alors, à

---

[1] Ce passage, assez mal rédigé, paraît empreint d'une certaine exagération.

l'aide de troncs de cèdres, les défilés par lesquels l'armée ennemie avait passé, puis ils entourèrent leurs adversaires et
les mirent en déroute. Tous les passages de la montagne ayant
été obstrués, les fuyards durent abandonner leurs chevaux et
leurs bagages; les Berbères postés sur toutes les routes arrêtèrent tous ceux qui se sauvaient, mais ils n'en tuèrent aucun
et leur rendirent ensuite la liberté après les avoir complètement dévalisés. Quand les fuyards arrivèrent tout nus à Méquinez, l'irritation des Abids, provoquée déjà par les exécu-
tions sanglantes dont leurs chefs avaient été les victimes,
s'accrut au plus haut point, et il fut décidé qu'on s'empare-
rait de la personne du sultan et qu'on le mettrait à mort.
Informé de ce dessein par une personne de son entourage,
Abdallah s'enfuit de Méquinez, pendant la nuit, et s'arrêta le
lendemain au campement des Aït Idris. Les gens de cette
tribu furent heureux de recevoir le prince fugitif; ils le traitèrent avec déférence, l'accompagnèrent jusqu'à Tâdela et
revinrent ensuite chez eux. De Tâdela, Abdallah se rendit
à Maroc, puis à Sous et enfin à l'Oued Noun, où il resta plus
de deux ans chez ses oncles maternels, les Moâfera. Il avait
emmené avec lui son fils, Sidi Mohammed, qui était alors
tout jeune, à peine pubère. Les Abids expédièrent une
escorte de cavalerie pour aller chercher, à Tafilalet, et
ramener à Méquinez, Maulay Ali ben Ismaïl.

RÈGNE DE MAULAY ALI BEN ISMAÏL.

Dès que le sultan Abdallah eut quitté Méquinez, les chefs
des Abids tombèrent d'accord pour proclamer Maulay Ali.
En conséquence, ils l'envoyèrent chercher et, lorsqu'il fut
arrivé à Méquinez, les cadis, les ulémas et les personnages
influents d'entre les Abids se réunirent et le proclamèrent

souverain. Ils annoncèrent ensuite cette décision par des lettres qu'ils expédièrent dans toutes les provinces. Des députations des tribus, des villes, des chefs arabes et berbères arrivèrent bientôt avec des présents. Le nouveau sultan tint audience pour recevoir les hommages de ses sujets; quand il eut terminé, il distribua aux Abids tout l'argent qu'il possédait. Il nomma ensuite Mesaoud Errousi gouverneur de Fez. Quelque temps après, les troupes ayant réclamé leur solde, le sultan fit arrêter Khenatsa, la mère de son frère, et lui ayant pris tout l'argent qu'elle avait, il s'en servit pour payer ses soldats. Il essaya ensuite, mais vainement, d'obtenir d'elle de nouvelles sommes, en la frappant et en lui infligeant des tortures, pour lui faire avouer qu'elle possédait d'autres richesses.

Le gouverneur de Fez, Mesaoud Errousi, fit périr traîtreusement Elhadj Ahmed, le chef des Lemtiens, parce que ce dernier, à l'époque de la mort du sultan Ismaïl, avait excité les confédérés à assassiner Abou Ali Errousi; le cadavre d'Elhadj fut ensuite traîné à Bâb Elfeth. A la nouvelle de ce crime, les habitants de Fez coururent aux armes et se mirent en devoir de tuer Mesaoud Errousi. Mais comme ce personnage avait fui, ils brisèrent les portes de la prison et, après avoir donné la liberté aux prisonniers, ils massacrèrent les geôliers. Informé de ces faits, le sultan laissa Mesaoud de côté et envoya à Fez son frère Elmohtadi, accompagné du caïd Ghânem Elhadj. En même temps, il écrivit qu'il avait révoqué Mesaoud Errousi et qu'il lui donnait pour successeur Ghânem Elhadj. Les habitants de Fez n'acceptèrent point ce nouveau chef; ils envoyèrent, en compagnie de Elmohtadi, des notables chargés d'offrir un présent considérable au sultan. Celui-ci accepta le présent,

mais il adressa de vifs reproches aux envoyés et leur fit
l'énumération de ses griefs contre leurs concitoyens; toutefois il n'emprisonna personne. Quand cette nouvelle parvint
à Fez, les habitants fermèrent les portes de la ville et firent
périr les compagnons de Mesaoud Errousi, ainsi que tous
ceux qui lui étaient attachés par quelque lien. La guerre
qui s'ensuivit entre eux et les Oudaïas dura jusqu'au
mois de ramadan. A ce moment, le sultan dépêcha à Fez
l'un des caïds des Abids, Abdallah Elhamidi. Ce personnage
excusa son maître auprès des habitants de la ville et les engagea à lui faire porter un présent par une députation d'ulémas et de chérifs; il écrivit en même temps une lettre, dans
laquelle il disculpait les gens de Fez auprès de leur souverain. Lorsque la députation arriva à Méquinez, le sultan lui
accorda le pardon qu'elle sollicitait, puis il fit mettre en liberté ceux des citoyens de Fez qui étaient prisonniers et
donna la charge de gouverneur de cette ville au caïd Abdallah Elhamidi.

En 1148 (1735), le sultan révoqua Abdallah Elhamidi
et le remplaça par Abdallah Elachaar; il s'occupa ensuite
d'organiser une expédition contre les Aït Mâlou, afin de permettre aux Abids de venger leur précédente défaite. Il se
mit à la tête de ses troupes et partit au mois de moharrem
de cette année (24 mai). A l'approche de l'armée, les Berbères prirent la fuite et gagnèrent les pics escarpés de leurs
montagnes. Quand l'armée eut franchi les cols de la montagne, les Berbères les assaillirent de tous les côtés et engagèrent le combat. Les Abids, mis en déroute, furent arrêtés
au passage des défilés; ils durent abandonner leurs bagages, mettre pied à terre et se disperser dans les ravins;
là ils furent dépouillés de tout ce qu'ils portaient et rendus

ensuite à la liberté. Seul le cortège du sultan ne fut pas inquiété et les Berbères se contentèrent de le poursuivre jusqu'à ce qu'il eût franchi la rivière d'Oumm Errebia. En rentrant à Méquinez, les Abids qui avaient été dévalisés demandèrent leur solde et des vêtements, mais Maulay Ali n'avait rien à leur donner.

Au mois de dzoulhiddja, on apprit que le sultan Abdallah, venant de l'Oued Noun, était arrivé à Tâdela. Les Abids parlèrent alors de lui rendre la couronne, mais Sâlem Eddoukkali et ses partisans furent d'un avis opposé, parce qu'ils avaient été les principaux instruments de la déposition de ce prince. Ils déclarèrent même qu'ils le déposeraient une seconde fois s'il était remis sur le trône. Les partisans d'Abdallah l'ayant emporté, Sâlem Eddoukkali et ses caïds furent contraints de s'enfuir à la zaouïa de Zerhoun. Informé de ces événements, Maulay Ali quitta précipitamment Méquinez pour se rendre à Fez la neuve. Les Oudaïas lui ayant refusé l'entrée de cette ville, il gagna d'abord Taza; de là, il vint s'établir chez les Ahlâf. Ceux-ci lui offrirent une de leurs filles en mariage et le traitèrent avec égards. Maulay Ali resta au milieu de cette tribu jusqu'au moment où il lui arriva ce que nous dirons ci-après.

Le premier moharrem de l'année 1149 (12 mai 1736), les Abids proclamèrent Abdallah souverain et lui envoyèrent une députation à Tâdela. Quant à Sâlem Eddoukkali et à ses partisans qui étaient à Zerhoun, on assure qu'ils écrivirent aux habitants de Fez une lettre, dans laquelle ils disaient qu'ils étaient d'accord pour reconnaître comme souverain Sidi Mohammed ben Arbia [1], mais qu'ils désiraient

---

[1] Ce nom pourrait être lu Ariba, les trois points diacritiques du *ba* et du *ya* étant réunis ensemble.

avoir sur ce point l'avis de leurs ulémas. Ceux-ci répondirent qu'ils se rangeaient à l'opinion de Sâlem. Sidi Mohammed ben Arbia, qui était à Sidjilmasa, ayant appris cette réponse, monta aussitôt à cheval et alla à Fez. A peine arrivé à Safrou[1], il acquit la certitude que les Abids avaient proclamé Abdallah. Tout décontenancé par cette nouvelle, il entra dans Fez et se cacha dans la maison de Sidi Abderrahman Echchami, son ami et son conseiller religieux[2]. Abdallah déclara aux envoyés des Abids qu'il n'accepterait pas le trône que ceux-ci lui offraient et qu'il n'irait pas les rejoindre, tant que Sâlem Eddoukkali et ses caïds seraient vivants. Aussitôt qu'ils connurent cette réponse, les caïds et les principaux chefs des Abids montèrent à cheval, se rendirent à Zerhoun et s'emparèrent de Sâlem Eddoukkali et de ses caïds. Puis, les ayant chargés de chaînes qu'ils rivèrent, ils les emmenèrent à Tâdela et les conduisirent en présence du sultan. Celui-ci demanda alors au cadi Abou Inân, qui était auprès de lui, quel sort méritaient ces gens coupables d'après la loi. Le cadi ayant répondu que c'était la mort, ils furent tous tués.

SECOND RÈGNE DU SULTAN ABDALLAH.

Lorsque, après la fuite du sultan Ali, les Abids eurent décidé de proclamer Abdallah, celui-ci avait mis comme condition à son acceptation la mort de Sâlem Eddoukkali et celle de ses caïds. Amenés en présence d'Abdallah, Sâlem et ses caïds furent mis à mort; puis les Abids prêtèrent serment de fidélité au nouveau souverain et l'amenèrent

---

[1] Safrou, à environ trente kilomètres au sud de Fez, est une petite place fortifiée, bâtie au milieu d'une plaine, sur les bords de l'Oued Guigou.

[2] Je traduis ainsi le mot صاحب.

de Tâdela à la casbah d'Abou Fekrân [1] où il s'installa. Là, Abdallah reçut les serments des Oudaïas et celui des habitants de Fez, qui lui avaient député leurs ulémas, leurs chérifs et leurs notables. Quand cette députation fut en sa présence, le sultan lui adressa de vifs reproches et lui prodigua les injures et les menaces; ensuite il révoqua leurs notables et les fit mettre à mort. Le caïd de Méquinez et son entourage subirent également le dernier supplice. Le cadi Aboulqasem Elamiri fut révoqué. Les biens de ces divers personnages furent livrés au pillage. Le sultan congédia ensuite les ulémas et les chérifs, qui partirent avec Mohammed ben Ali, le nouveau gouverneur de Fez. Arrivé dans cette ville, Mohammed s'enferma dans la casbah, d'où il n'osa plus sortir, tant il craignait pour ses jours. Le jeudi suivant, les Oudaïas dévalisèrent tous ceux qui vinrent au marché; puis, se jetant sur les pâturages des gens de Fez, ils s'emparèrent de leurs troupeaux et infestèrent les routes de leurs brigandages. Les habitants de Fez s'engagèrent alors par serment à ne plus reconnaître l'autorité d'Abdallah et à choisir pour souverain Sidi Mohammed ben Arbia, qui était toujours caché dans la maison d'Echchami. En conséquence ils se rendirent auprès de Sidi Mohammed, lui firent part de leur projet et conclurent un pacte avec lui. Ils s'occupèrent aussitôt de procurer au prince tout ce dont il avait besoin : chevaux, selles, armes, javelots, lances et parasol. Tout cela fut remis à Sidi Mohammed, qui fut conduit, au milieu d'un cortège, au mausolée de Maulay Idris, où il fit ses dévotions. Puis le cadi, les ulémas, les chérifs et les

---

[1] L'Oued Abou Fekrân est un des affluents de l'Oued Rdem, qui passe près de Méquinez. C'est sur les bords de ce petit cours d'eau qu'était la casbah dont il est question ici.

notables prêtèrent serment de fidélité à Sidi Mohammed, qui
sortit, accompagné de la garnison, depuis Essemmatin jusqu'à la porte de la maison d'Echchami. La formule du serment
d'obéissance du nouveau souverain fut rédigée le 15 de djoumada II de l'année 1147 (22 octobre 1736). Les ulémas
l'acceptèrent; tous ceux qui refusèrent d'y adhérer furent
emprisonnés ou furent l'objet de mauvais traitements. On
écrivit ensuite au divan des Abids à Mechra Erremel pour lui
annoncer l'avènement de Sidi Mohammed ben Ismaïl et lui
demander son acquiescement. Le divan accueillit favorablement cette proposition; il fit proclamer Sidi Mohammed ben
Arbia à Mechra Erremel et écrivit à ce sujet à Méquinez.

Le sultan Abdallah s'enfuit de Méquinez, aussitôt qu'il
connut la proclamation de son frère Ben Arbia; il se rendit au campement des Aït Idrâsen et s'y établit avec sa suite
et son escorte [1]. Quand la réponse des Abids arriva à Fez,
les habitants rouvrirent les portes de la ville et le lendemain le sultan entra dans Fez la neuve, où il reçut le serment des Oudaïas. Le jour suivant Sidi Mohammed se
rendit à Méquinez, la capitale de son royaume, où les députations des tribus, des villes et des villages lui apportèrent
leur hommage et leurs présents. La réception terminée, le
sultan distribua aux Abids tout l'argent qu'il avait, mais cela
ne put suffire au payement de la solde. Il s'appliqua alors
à enlever aux gens de Méquinez tous les grains qu'ils possédaient et, dans ce but, il fit fouiller tous les greniers et les
silos. Il s'empara également des grains que les habitants

---

[1] Le mot employé ici est مسخّر. Selon M. Jules Erckmann (*Le Maroc moderne*, Paris, 1885), les Mosakkherin sont des cavaliers qui remplissent,
au Maroc, un office analogue à celui des spahis en Algérie ou des gendarmes
en France.

des campagnes apportaient à la ville, et, si on lui signalait
quelqu'un qui en possédait, il le faisait arrêter et ne le re-
lâchait qu'après avoir obtenu la remise de tous ses grains.
Les paysans berbères, ainsi dépouillés de leur bien, se
répandirent sur les routes et exercèrent leurs brigandages
jusqu'aux environs de la capitale.

Le sultan Abdallah, qui était à Elhâdjeb chez les Berbères, entra pendant une nuit à Méquinez; il pénétra dans
les écuries, tua tous ceux qu'il y rencontra et partit après
avoir mis le feu aux paillottes. Quand Sidi Mohammed
ben Arbia apprit cela, il donna l'ordre aux Abids de l'accompagner dans une expédition qu'il voulait diriger contre
Abdallah et contre les Berbères, qui soutenaient ce prince. Les
troupes avaient à peine quitté Méquinez qu'Abdallah, informé de leur marche, s'enfuit en abandonnant ses demeures.
Les Abids pillèrent les maisons du prince et le poursuivirent
jusque dans le district de la Molouïa, sans réussir à l'atteindre. Au retour de cette poursuite, les Berbères barrèrent
la route aux Abids, les attaquèrent et les mirent en déroute.
Chacun s'enfuit emportant seulement ce qu'il put charger
sur sa monture, et l'on arriva dans le plus grand désordre
à Safrou. Là, le sultan ordonna aux Abids de saccager les
villages qui avoisinent Safrou et qui appartiennent aux
Mezdâgher, aux Senhâdja, aux Bahâlil, aux Azzâma, aux
Moudjou et aux Oulad Abbâd, en disant : « Tout ce que
vous trouverez chez ces gens-là appartient aux Berbères. »
Les Abids se mirent aussitôt à l'œuvre, ravageant tout,
pillant, tuant, faisant des prisonniers et coupant des têtes
qu'ils envoyaient à Fez, où l'on croyait que c'étaient des
têtes de Berbères. Le frère du sultan, Eloualid, accompagnait
les pillards; il s'emparait de tout l'argent des chérifs, et

6

aucun d'eux n'osait lui résister, car on ne laissait en repos
que ceux qui livraient leurs richesses : les autres étaient
emmenés à la suite de l'expédition. Ces agissements terrorisèrent les populations. Nombre de chérifs furent obligés
de suivre l'armée, et l'on pilla les biens et les maisons de
ceux qui résistèrent. Parmi ceux dont on pilla la maison, il
faut citer Maulay Omar Elmadani, qui habitait à Elaqouâs.
Lors de son arrivée à Fez, le sultan fit saisir Elhadj Mohammed bou Djida dans sa maison, et, après l'avoir fait
mettre à mort, il s'empara de toutes ses richesses et fit
vendre ses immeubles. On arrêta également Elhadj Abdelkhâleq Adil, dont les biens furent saisis. Le sultan s'attaqua
ensuite aux gens des zaouïas, qu'il dépouilla ainsi que tous
ceux qui lui étaient signalés comme ayant quelque aisance. Il
se conduisit de même à l'égard des habitants de Méquinez,
lorsqu'il revint dans cette ville, et personne n'échappa à sa
rapacité. Une terrible épreuve fut imposée à ce moment à
la population, par suite de la famine qui vint s'ajouter aux
troubles et au pillage des maisons pendant la nuit. Les gens
aisés ne dormaient ni la nuit, ni le jour, et tout le monde
s'adonna au vol.

Les Oudaïas étendaient leurs razzias jusqu'aux portes de
la ville; ils saccageaient les jardins, dévalisaient les blan-
chisseurs [1] qui étaient sur les bords de la rivière de Fez
et leur enlevaient à Masmouda le lin qui était déjà lavé;
enfin ils brisaient les serrures des fondouqs [2]. Le sultan ne
s'opposait point à tout cela et n'en prenait nul souci.
Une foule de gens moururent de faim, et le directeur de

---

[1] Il s'agit sans doute d'ouvriers qui faisaient rouir du lin.

[2] Les fondouqs servent à la fois d'hôtel et de lieu de dépôt pour les marchandises qui viennent du dehors.

l'hospice a raconté que, pendant les mois de redjeb, chaaban
et ramadan, il avait fait enterrer 80,000 personnes et
qu'un nombre plus considérable encore avait été inhumé
par les soins des familles. Le caïd de Fez, Abdelhamid Elmechâouï Echcherif pillait aussi les musulmans et envoyait
leurs dépouilles au sultan. Cet état de choses dura jusqu'au
mois de safar de l'année 1151 (juin 1738). A cette époque, les
Abids s'emparèrent du sultan Sidi Mohammed ben Arbia, de
son caïd Elmechâouï et de son conseiller spirituel Abderrahman Echchâmi; ils les chargèrent de chaînes qu'ils firent
river, puis ils expédièrent à Tafilalet des messagers pour ramener Maulay Elmostadhi, qu'ils acclamèrent à Méquinez et à
Fez et au nom duquel la prière fut faite dans les mosquées.

RÈGNE D'ELMOSTADHI BEN ISMAÏL.

Les ulémas, les chérifs et les notables de Fez allèrent
au-devant d'Elmostadhi jusqu'à Safrou; là, ils lui prêtèrent
serment d'obéissance et le conduisirent ensuite à Fez la
neuve. Le nouveau souverain nomma gouverneur de cette
ville le caïd Ahmed Elaguidi Elâyzeghi, qui se fit suppléer
par son lieutenant Chachou, puis il se rendit à Méquinez.
Arrivé dans cette ville, les Abids l'acclamèrent en présence
des ulémas et des chérifs; les députations des tribus et les
cheikhs des montagnes suivirent leur exemple et apportèrent leurs présents. Mais rien ne fut changé à la situation,
et les exactions poursuivirent leur cours. Aussitôt que les
réceptions furent terminées, le sultan écrivit au gouverneur
de Fez une lettre qui devait être lue aux habitants de cette
ville. Tous ceux qui avaient été convoqués pour entendre
cette lecture prirent la fuite, et une vingtaine de personnes
seulement se rendirent à l'appel du gouverneur. Celui-ci

les fit jeter en prison et ordonna ensuite aux habitants de payer une contribution dont il fixa la quotité à un chiffre si élevé qu'elle dépassait leurs ressources. La cause de tout cela, c'était que Maulay Omar Elmadani s'était plaint au souverain du pillage de sa maison et des dénonciations dont il avait été l'objet de la part des habitants de Fez. Le sultan lui avait alors offert le gouvernement de la ville afin qu'il pût se venger et recouvrer ce qui lui avait été pris. Mais Maulay Omar avait refusé en disant : «Il y a ici quelqu'un qui saura mater ces gens-là et découvrir parmi eux les fauteurs de désordres : c'est Ibn Ziân Elaouer.» Elmosta-dhi nomma donc Ibn Ziân, en le plaçant toutefois dans la dépendance de Maulay Omar. Celui-ci put ainsi tirer vengeance de ceux qui avaient refusé de venir à son aide pour empêcher le pillage de sa maison par Ben Arbia.

Sidi Mohammed ben Arbia, chargé de chaînes, fut, sur l'ordre du sultan, envoyé à Tafilalet, tandis que Elmechâ-ouï et Echchâmi étaient jetés dans un cachot à Fez. La maison d'Echchâmi fut pillée et lui-même subit la torture jusqu'à ce qu'il expirât. On infligea la bastonnade aux pri-sonniers de Fez jusqu'à ce qu'ils se fussent décidés à donner une partie de leur argent. Elirâqi, qui thésaurisait et qui prétendait n'avoir d'autre argent que celui déposé chez lui par Khenâtsa, la mère du sultan Abdallah, fut également arrêté; il resta en prison jusqu'au moment où il consentit à racheter sa liberté. Ibn Ziân, qui malmenait les chérifs de Fez et leur prenait leur argent, fut arrêté à son tour; on le promena par la ville sur un âne en l'obligeant à dire : «Tel est le sort réservé à ceux qui frappent les chérifs.» Maulay Omar se débarrassa de ce personnage en lui faisant trancher la tête, à la porte d'Elmahrouq; la tête fut ensuite

suspendue au-dessus de cette porte. Néanmoins, la persé-
cution contre les chérifs continua. Le sultan ordonna de
de lui envoyer tous les prisonniers de Fez, et, quand ils
furent arrivés en sa présence, il les fit tous périr. Il donna
également l'ordre de lui amener Ould Hâmi, qui était dans
le mausolée de Maulay Idris, et le fit mettre à mort aussitôt
qu'on le lui eut amené. Une députation de quatre-vingts
et quelques personnes des Beni Hasen se rendit à Méquinez
offrir des présents au sultan. Celui-ci partit ensuite, pour
une expédition à Fazâz; mais à peine arrivé là, il fut attaqué par les Berbères, qui le mirent en déroute et pillèrent tous les soldats qu'il avait avec lui : Abids, Oudaïas,
gens de Fez et autres. Le sultan était tombé malade; il avait
écrit auparavant aux habitants de Fez de pavoiser leur
ville, pensant qu'il serait vainqueur; la ville fut pavoisée,
et quelques jours plus tard, comme il était rétabli, il écrivit
de nouveau de pavoiser, et cette fois on le fit à cause de
son retour à la santé.

Rentré à Méquinez, le sultan fit périr Ghânem Elhadj
Saadoun, le caïd de Méquinez et six des enfants de Ezzâtemi, qui étaient en prison. Le sultan Abdallah, resté
chez les Berbères, voyant que les Oudaïas avaient accompagné Elmostadhi dans son expédition, alors qu'il avait
pensé qu'ils ne reconnaîtraient point l'autorité de ce
prince, lança contre eux ses Berbères, qui ravagèrent
le territoire des Oudaïas, pillèrent leurs troupeaux, saccagèrent leurs cultures et leurs demeures, et, se ré-
pandant ensuite sur les routes, détroussèrent tous ceux
qu'ils rencontrèrent, en sorte qu'il devint impossible de
voyager dans cette contrée. Zîn Elâbidîn ben Ismaïl, qui
était venu de Tafilalet à Méquinez, fut arrêté par son frère

Elmostadhi et jeté en prison. Plus tard, le sultan ordonna de
l'amener dans la salle d'audience du palais; et après l'avoir
fait rouer de coups, au point qu'il faillit en mourir, il le
fit couvrir de chaînes, et l'expédia à Tafilalet sous la conduite d'un certain chérif qui devait le mettre en prison
dans cette ville. Aussitôt qu'ils apprirent cette nouvelle, les
Abids envoyèrent des émissaires qui rejoignirent Zîn Elâbidîn à Safrou et lui rendirent la liberté. Ils le conduisirent ensuite chez les Beni Yâzegh au caïd Ahmed Elaguidi,
auprès duquel il demeura.

Le sultan donna l'ordre au bacha Ahmed Errifi de se
rendre à Tétouan, de piller cette ville, de faire périr ses
notables et de démolir ses remparts; il voulait ainsi punir
les habitants, qui ne lui avaient pas envoyé de députation.
Le bacha se mit en marche, entra dans Tétouan à la suite
d'un combat et fit mettre à mort huit notables de cette
ville, dont il rasa les remparts. Quand le sultan reçut la
lettre annonçant cette nouvelle, il assigna une somme considérable aux troupes; mais le bacha garda pour lui seul
tout l'argent qu'il reçut. Au mois de dzoulqaada, Elmostadhi
apprit que les Abids songeaient à le déposer et à proclamer
pour la troisième fois Abdallah. Il quitta alors Méquinez pour
faire un pèlerinage à Maulay Abdesselâm ben Mechich. Abdallah, accompagné d'Abids convoyeurs, se mit à la poursuite d'Elmostadhi; il l'atteignit, mais il fut vaincu dans la
lutte qui s'ensuivit. Après cela, le sultan se rendit à Tanger,
où il séjourna environ deux mois, puis il alla à Maroc, où
son frère Ennâser était son lieutenant. Dans cette dernière
ville, Elmostadhi reçut de toutes les tribus du Houz des
députations chargées de lui offrir des présents. Seules les
tribus des Abda et des Ahmer s'abstinrent de cette dé-

marche. Les Doukkâla insinuèrent alors que, si les Abda n'étaient point venus, c'est qu'ils tenaient parti pour le sultan Abdallah, et ils ajoutèrent que la province ne serait pas tranquille tant qu'on n'aurait pas châtié ces gens-là. Elmostadhi envoya aussitôt son chapelet aux Abda et leur écrivit qu'il leur accordait l'*aman*. Ceux-ci, au nombre de cent, vinrent accompagnés des descendants du cheikh Abou Mohammed Sâlah et apportèrent le manteau de ce saint personnage. Dès que ces envoyés furent arrivés en sa présence, le sultan donna l'ordre de les mettre tous à mort et de distribuer leurs chevaux et leurs armes aux Doukkâla. Quand Abdallah avait appris le départ du sultan de Tanger, il était allé se poster à Elmezemma[1] pour l'arrêter au passage, mais Elmostadhi avait réussi à passer tandis que son adversaire le guettait à Elmezemma. C'est pendant qu'Abdallah se trouvait dans cette localité que le divan des Abids résolut de le replacer sur le trône.

TROISIÈME RÈGNE DU SULTAN ABDALLAH.

Aussitôt que les Abids eurent reconnu Abdallah comme souverain, ils proclamèrent la déchéance d'Elmostadhi. Ils écrivirent ensuite aux habitants de Fez et aux Oudaïas, qui s'empressèrent de prêter serment au nouveau sultan.

On était alors en 1153 (1740). La ville de Fez se mit en fête : on brûla de la poudre, on décida qu'une députation irait offrir un présent, et les ulémas, les chérifs et les notables qui furent désignés se rendirent auprès du sultan, à Mezemma. Ils étaient accompagnés de négociants, ainsi que de pèlerins porteurs de présents, et Abdallah Elamiri, caïd

[1] Elmezemma est situé en face d'Alhucemas, îlot sur la côte du Rif, où les Espagnols ont établi un de leur présides.

de Fez, qui représentait le divan se joignit à eux. A ce même moment, le vizir d'Elmostadhi s'enfuyait de Méquinez, tandis que son frère, le cadi Aboulâqsem Elamiri, s'installait dans le harem du prince. Enfin les brigandages se multiplièrent sur les routes, et les voleurs pullulèrent aussi bien à Méquinez qu'aux alentours de cette ville.

Au mois de redjeb, le sultan Abdallah quitta Elmezemma; il vint camper à Bâb Errîh, mais n'entra point dans la partie de Méquinez qu'avait habitée Elmostadhi. Les jurisconsultes et les notables sortirent à sa rencontre; quand ils furent en sa présence, le sultan fit arrêter le cadi Aboulqâsem Elamiri, Ahmed Echcherrâdi, Elabbâs ben Rahhâl et Elmelliti; il mit un terme à la cupidité de ces personnages et les couvrit de confusion en leur disant : « Comment avez-vous osé, pendant mon absence, marier mes femmes à mon frère? » Puis, après les avoir abreuvés d'outrages, il les fit jeter en prison. Il donna ensuite la maison d'Elamiri à un des caïds des Abids et permit à chacun des autres caïds de s'emparer de la maison qui lui plairait. Tous les prédicateurs qui, dans les différentes villes, avaient fait la prière au nom d'Elmostadhi furent révoqués. Les Abids ne tardèrent pas à exercer leur rapacité à l'égard des habitants de Méquinez; la nuit ils allaient se placer devant la porte d'une maison et disaient : « Mon maître m'a donné ta maison », ou : « Mon maître m'a donné ta fille », et le propriétaire ne pouvait échapper à ces vexations qu'à prix d'argent. Jamais population n'eut à supporter d'aussi terribles exactions, car il fallait en outre fournir des réquisitions de vivres aux *mosakhkharin* et aux ouvriers qui bâtissaient à Bâb Errih. Enfin, quand les grains arrivèrent à maturité, le sultan donna l'ordre aux *mosakhkharin* de faire main basse sur les céréales des habitants de Méquinez. Vainement intervint-on à plusieurs reprises auprès du sultan, il fut inexorable et punit les plaignants.

Maulay Abdallah donna les fonctions de gouverneur de Fez à Elhadj Abdelkhâleq Adil, et celles de cadi de cette même ville à Youcef bou Inân. Ce dernier reçut l'ordre de révoquer tous les cadis, notaires et prédicateurs qui avaient exercé leurs fonctions sous le règne d'Elmostadhi. Les Oudaïas n'avaient envoyé aucune députation à Abdallah et ne lui avaient point prêté serment de fidélité; le bacha Ahmed Errifi, les gens du Rif et ceux des montagnes avaient agi de même, ce qui avait fort irrité le sultan. Plus tard, les Oudaïas prièrent la mère du souverain, Khenâtsa bent Bekkâr d'intercéder en leur faveur auprès de son fils; Khenâtsa y consentit et envoya une députation d'Oudaïas au sultan, qui fit grâce aux coupables. Abdallah avait envoyé le caïd Ahmed Elaguidi dans sa tribu et dans celle des Hayâïna en qualité d'agent chargé du recouvrement de l'impôt; à peine ce caïd était-il campé sur le territoire de cette dernière tribu que les Hayâïna l'attaquèrent et le tuèrent. Une très vive irritation s'empara du sultan lorsqu'il apprit cette nouvelle, car il considérait Elaguidi comme un des plus fermes soutiens de son empire. La désorganisation devint dès lors complète; les routes furent infestées de brigands, et partout on vit s'accroître les rapines et les troubles.

Bientôt on apprit que le bacha Ahmed s'était porté sur Alqasar et qu'il avait enlevé des richesses considérables aux habitants de la province du Gharb, ainsi qu'à tous ceux qui appartenaient à un autre parti que le sien. A cette nouvelle le sultan Abdallah envoya un corps d'Abids d'Erremla [1]

---

[1] Erremla paraît être une forme abrégée de Mechra Erremel.

camper près d'Alqasar pour protéger les populations. Aussitôt Ahmed ben Ali distribua une entrée en campagne à ses soldats et se prépara à attaquer l'armée impériale. Mais une troupe d'Oudaïas et une autre d'Abids, qui arrivèrent à son camp, lui annoncèrent que l'armée impériale s'était retirée. A cette époque, en effet, l'anarchie régnait partout aussi bien dans la population que parmi les troupes. Cela se passait en 1138 (1745).

Lors du nouvel avènement du sultan Abdallah et de la déchéance d'Elmostadhi, Zîn Elâbidîn avait éprouvé une grande joie. Il avait quitté les Beni Yâzegh pour aller d'abord à Fez, puis à Méquinez et enfin auprès du bacha Ahmed. Celui-ci le traita avec égards et prit en main ses intérêts. Il eut à son sujet divers entretiens avec les Abids et leur envoya maints émissaires pour plaider la cause de son protégé. A la suite de ces démarches, les Abids écrivirent qu'ils reconnaissaient comme souverain Zîn Elâbidîn et prièrent le bacha de le conduire au palais de Méquinez, ajoutant qu'ils étaient décidés à arrêter le sultan Abdallah et à le faire périr. Informé du danger qu'il courait, le sultan envoya prévenir sa mère Khenâtsa, qui s'enfuit aussitôt à Fez la neuve, et lui-même, le lendemain, prenait la même route et allait camper à Ras Elmâ. Là, les Oudaïas et les habitants de Fez vinrent à sa rencontre. Abdallah leur témoigna sa joie de les voir et chercha à se les concilier en leur disant : « Vous êtes mes soldats et mon arsenal[1], ma main droite et ma main gauche; je vous demande de rester unis sous une même bannière. » Il fit alors alliance avec eux, et l'on se sépara ensuite.

---

[1] Mot à mot « mon matériel ».

Après avoir écrit au bacha Ahmed qu'ils l'autorisaient à faire proclamer Zîn Elâbidîn par ceux qui étaient auprès de lui et qu'ils ratifieraient ce choix, les Abids du divan envoyèrent une escorte de caïds pour accompagner le nouveau souverain au palais de Méquinez. Le bacha Ahmed convoqua aussitôt, pour un jour déterminé, les cadis de Tétouan, de Tanger, de Larache, d'Alqasar, de Chefchaoun et d'Azrou, ainsi que les ulémas de ces villes et les notables des tribus du Fahs et des Hayâïna, et tous prêtèrent serment de fidélité à Zîn Elâbidîn.

RÈGNE DE ZÎN EÂLBIDÎN BEN ISMAÏL.

Le bacha Ahmed, accompagné des gens du Fahs, de ceux des montagnes et des villes, proclama Zîn Elâbidîn le 1er de rebia I 1158 (3 avril 1745). Les Abids conduisirent le prince à Méquinez, la capitale du royaume, et là, le nouveau souverain fut acclamé solennellement par les cadis, les jurisconsultes, les chérifs et les personnages influents. On écrivit ensuite dans toutes les provinces pour annoncer cet événement, et bientôt les députations affluèrent.

Quand Abdallah connut la nouvelle de l'entrée de Zîn Elâbidîn à Méquinez, il quitta précipitamment Ras Elmâ et alla s'établir en pays berbère. Zîn Elâbidîn convoqua les caïds du divan pour entreprendre une expédition contre Fez, parce que ni les habitants de cette ville, ni les Oudaïas n'étaient venus lui présenter leurs hommages. Leurs préparatifs terminés, les Abids se rendirent à Méquinez, auprès du sultan, et, le 15 de djoumada I, celui-ci se mit à la tête de ses troupes et alla camper à Sidi Omaïra, afin d'assiéger à la fois Fez la vieille et Fez la neuve. Le lendemain, l'armée campa dans la plaine de Safrou, et le combat s'engagea au pont d'Ibn Thathou, près de la porte d'Elmosâfirin. La population de Fez se trouva dans une situation très critique; mais, le jour suivant, la discorde se mit parmi les Abids, qui, à la suite de cette querelle, ramenèrent le sultan à Méquinez après avoir seulement incendié les meules de grains que les Oudaïas avaient à Elkhemis. Dieu avait ainsi délivré Fez de ses ennemis. A Méquinez, où l'on arriva bientôt, les Abids saccagèrent les jardins, dévalisèrent les vergers et partirent ensuite pour Erremla, tandis que Zîn Elâbidîn restait dans sa capitale.

Au mois de djoumada II, Abdallah entra dans Fez la neuve; il y fut bien accueilli par les Oudaïas et les habitants. Le même jour, il quitta la ville pour aller à Dâr Debibegh[1]. Au milieu du mois de ramadan, il reçut des caïds des Abids une lettre lui annonçant que les membres du divan avaient déposé Zîn Elâbidîn et qu'ils l'avaient de nouveau reconnu comme souverain. Cette nouvelle causa une grande joie à Abdallah; les Oudaïas et les habitants de Fez se répandirent au dehors de la ville pour se livrer au jeu de la poudre[2], et la ville fut pavoisée. On apprit bientôt que Zîn Elâbidîn s'était enfui de Méquinez.

QUATRIÈME RÈGNE DU SULTAN ABDALLAH BEN ISMAÏL.

La proclamation d'Abdallah par les Abids, faite à Mechra Erremel au mois de ramadan 1158 (octobre 1745), fut renouvelée par les Oudaïas, les gens de Fez, les Arabes et les Berbères. Jusqu'au mois de dzoulqaada le sacré, il ne survint aucun événement important; mais à cette époque

---

[1] Dâr Debibegh est une localité de la banlieue de Fez à quelques kilomètres au sud-est de cette ville.

[2] C'est le nom que les Arabes donnent à la fantasia.

on reçut avis que la masse des Abids, revenant sur sa décision, avait déposé Abdallah et envoyé chercher Elmostadhi,
qui était alors à Maroc. Abdallah s'occupa aussitôt de gagner
à sa cause les tribus arabes et berbères ainsi que les Oudaïas
et les habitants de Fez; il leur fit jurer de le défendre, de
combattre quiconque l'attaquerait et de mourir pour lui.
Sur ces entrefaites, Elhadj Mohammed Essousi arriva de
Maroc. On prétendit qu'il était venu à Fez dans le but d'engager les habitants de cette ville à reconnaître Elmostadhi.
Informé de cela, Abdallah donna l'ordre de mettre à mort
cet émissaire, ce qui fut fait.

Au commencement de moharrem 1159 (fin janvier
1746), Elmostadhi entra à Méquinez à la tête de l'armée des
Abids; il était accompagné de son vizir Amer Elamiri et de
son cadi Aboulqâsem Elamiri. Les ulémas, les chérifs et
les principaux fonctionnaires du divan vinrent lui prêter
serment de fidélité, et la nouvelle de ce serment ayant été
répandue dans toutes les directions, on vit arriver les députations des villes, des montagnes et des Arabes[1]. Comme
Elmostadhi était à Méquinez occupé à préparer une expédition et qu'il attendait l'arrivée de la colonne des Abids, qui
devait venir d'Erremla, les habitants de Fez reçurent du
bacha Ahmed Errifi une lettre qui les engageait à reconnaître Elmostadhi, mais ils s'y refusèrent. Au mois de
rebia 1, Elmostadhi vint avec l'armée des Abids camper à
Dahr Ezzaouïa. Le sultan Abdallah quitta aussitôt Dâr
Debibegh et se réfugia chez les Berbères, au campement
des Beni Idrâsen. Dès le lendemain, le combat s'engagea
entre les Abids et leurs adversaires, les Oudaïas, les gens

____

[1] Au Maroc, comme en Algérie, les tribus de race arabe n'habitent jamais
les montagnes.

de Fez, les Hayâïna, les Cherâga et les Oulad Djamâ. De part et d'autre, on perdit beaucoup de monde, et la lutte dura jusqu'au commencement du mois de rebia II. A ce moment, Abdallah arriva avec des contingents berbères fournis par les tribus des Beni Idrâsen, des Zemmour, des Aït Mâlou et des Guerouân. Ces bandes étaient si nombreuses que le Créateur seul eût pu les dénombrer. Aussi Elmostadhi et les Abids, en voyant cette multitude contre laquelle toute lutte leur était impossible, levèrent le camp pendant la nuit, et le lendemain matin il ne restait là que la trace de leur campement. Tout le monde se réjouit de cette solution obtenue sans combat.

Khenâtsa bent Bekkâr, mère du sultan, mourut au mois de djoumada I; elle fut enterrée dans le cimetière des chérifs, à Fez la neuve. Au mois de djoumada II, un conflit s'éleva entre Elhadj Abdelkhâleq Adil et Sidi Mohammed Elghâli Elidrisi. Adil se plaignit au sultan, qui ordonna d'arrêter Sidi Mohammed; mais celui-ci parvint à se réfugier dans le mausolée de son ancêtre[1]. Le sultan enjoignit alors aux habitants de Fez de le tenir étroitement bloqué, jusqu'à ce qu'il demandât l'*aman*. Sidi Mohammed sortit bientôt, et le sultan, après l'avoir accablé d'injures, le fit bâtonner, puis mettre en prison et enfin il fit massacrer tous ses compagnons. Quand la caravane des pèlerins de la Mecque partit, Abdallah lui remit, pour les déposer sur la tombe du prophète, vingt-trois exemplaires du Coran couverts d'or, parsemés de rubis et autres pierres précieuses, et deux mille sept cents pierres précieuses de diverses couleurs. Le 12 moharrem 1160 (25 janvier 1747), Ahmed

---

[1] C'est-à-dire de Maulay Idris.

Errifi campa avec ses bandes à Ghessâl tandis qu'Elmostadhi, avec une armée d'Abîds commandée par le bacha
Fâtah, campait à Djerâra. A la première nouvelle de cette
marche, les Hayâïna et les Cherâga se groupèrent autour de
Fez; ils s'installèrent dans les jardins qui entourent la ville,
se pressant les uns contre les autres et groupant leurs
tentes dans cet étroit espace, tant ils redoutaient les fureurs
d'Errifi et celles d'Elmostadhi. Tout cela causa une grande
agitation et un grand effroi dans la population. Le lendemain,
les troupes d'Errifi et celles d'Elmostadhi se dirigèrent vers
le pays des Hayâïna, pensant que cette tribu était restée sur
son territoire; mais, après avoir parcouru le pays, elles apprirent que les Hayâïna étaient massés autour de Fez. Elles
retournèrent alors sur leurs pas et gagnèrent leur campement.

Quant au sultan Abdallah, accompagné de dix de ses fidèles, il se rendit chez les Beni Idrâsen et descendit au campement d'Abdallah ben Ychchou dans la plaine d'Achâr. Là,
il renversa sa selle au milieu du campement, puis quand
tout le monde fut réuni autour de lui, il s'écria : « Sachez que
ce montagnard était un de nos serviteurs; l'argent qu'il a
gagné chez nous à cette époque l'a rendu arrogant. Il a
alors excité notre frère Elmostadhi contre nous, et maintenant il veut s'emparer de notre pays et nous couvrir de confusion. Or ce pays n'est-il pas le vôtre ? N'en êtes-vous pas
les légitimes possesseurs ? Je viens donc à vous, vous demander assistance contre ce tyran; car, plus que tous autres,
vous êtes dignes de soutenir les descendants du Prophète. »
Remontant ensuite à cheval, Abdallah reprit sa route et rentra le même soir à Dâr Debibegh. Les Berbères lui députèrent alors leur chef Mohammed Ou Aziz, et il fut convenu

qu'on marcherait ensemble contre Elmostadhi et Errifi. Les Beni Mâlou, les Beni Hakem, les Zemmour et les Guerouân, aussitôt avisés, se joignirent aux Beni Idrâsen, et leurs contingents se rendirent auprès d'Abdallah.

De son côté, Elmostadhi avait rassemblé toutes les troupes des Abda et du Rif et les avait organisées; la cavalerie occupait la plaine d'Azrât, tandis que le bacha avec ses bataillons était campé sur la colline de Tamzaït, d'où il dominait toute l'armée ennemie, les Oudaïas, les Hayâïna et les gens de Fez, qui étaient placés devant lui et dont les positions s'étendaient sur des hauteurs entre Aïn Elmoqbi et Dâr ben Omar. Tout à coup les masses berbères débouchant à Dâr ben Omar, ayant aperçu la cavalerie ennemie devant eux, poussèrent de grands cris, la chargèrent et la mirent en déroute. Quand le bacha Ahmed vit que la bataille allait être perdue, il monta à cheval et s'enfuit avec les siens, abandonnant son camp et ses bagages. Les Berbères continuèrent leur marche, tuant et renversant tout devant eux, jusqu'à ce qu'ils atteignirent le camp abandonné, où ils firent un butin considérable en étoffes, en armes et en troupeaux. Pendant l'action, le sultan Abdallah était resté à Dâr Debibegh, tandis que son fils Sidi Mohammed était avec les Oudaïas. Les Berbères qui n'avaient point pris part au combat arrachèrent le butin des mains de ceux qui le rapportaient, et pas un des Arabes qu'ils rencontrèrent ne put conserver un seul des objets dont il s'était emparé. Tel est le récit que m'a fait de cette rencontre le sultan Mohammed ben Abdallah. Le sultan Abdallah donna l'ordre à son caïd Abou Inân, intendant de la chaussure royale [1], d'aller chercher les canons, les obu-

---

[1] Voir sur ce titre et sur celui des autres officiers de la couronne: Host, *Nachrichten von Marokos und Fes.* Kopenhagen, 1781, p. 152.

siers, les boulets, les bombes et la poudre que l'ennemi avait abandonnés et qu'aucun Berbère n'avait songé à s'approprier. On rassembla ensuite les têtes des ennemis et il s'en trouva plus de huit cents, parmi lesquelles la tête de Fâtah Ennouni. Dieu venait de dissiper ainsi les angoisses des musulmans[1].

Arrivé à Tanger, Ahmed Errefi s'occupa de réparer les pertes qu'il avait subies en chevaux, armes, tentes et troupeaux. Il jura de ne pas manger de viande ni de boire de lait tant que la ville de Fez n'aurait pas été pillée comme l'avait été son propre camp. Il envoya ensuite à Elmostadhi cinquante quintaux d'argent pour la solde des soldats, deux cents chevaux, mille équipements et deux cents tentes, le tout destiné aux Abids. Il fixa en même temps un jour pour la concentration des troupes à Alqasar, puis, au commencement du mois de safar, il quitta Tanger. Dès que le sultan Abdallah apprit ce départ d'Ahmed, il ne put tarder davantage à se porter à sa rencontre. En conséquence, il envoya dire aux Berbères : «Si vous voulez la fortune, venez à moi et nous irons ensemble à Tanger.» Il fit prévenir aussitôt les Hayâïna, les Cherâga et les gens du Gharb, puis il quitta Fez et alla camper à l'Oued Sebou jusqu'au moment où ses troupes furent réunies et organisées.

De son côté, Elmostadhi s'adressa aux Beni Hasen, qui reconnaissaient son autorité et qui lui amenèrent dix mille cavaliers à Mechra Erremel. Il fixa ensuite le contingent que devaient fournir les Abids, et ce contingent vint camper avec les Beni Hasen. Aussitôt qu'Elmostadhi eut

---

[1] Il semblerait d'après ce passage que ces Berbères n'étaient pas musulmans; il n'en est rien, et l'auteur s'est servi d'une expression inexacte. Il faut ajouter pour sa justification que les Berbères sont parfois de tièdes musulmans.

appris que le sultan Abdallah avait quitté Fez avec ses troupes, il saisit l'occasion favorable qui se présentait pour se rendre à Méquinez, la capitale. Il pénétra dans la ville, pilla les maisons, et il était déjà parvenu au centre de Méquinez lorsque les habitants, revenus de leur surprise, l'attaquèrent à leur tour et le combattirent du haut de leurs maisons. Ils furent vainqueurs et chassèrent l'ennemi. Celui-ci, qui avait d'abord tué, pillé et fait des prisonniers, perdit plus de monde que les habitants de la ville, et dut s'en retourner avec les bottes de Honeïn.

Tandis que ces événements se passaient, le bacha Ahmed attendait à Alqasar l'arrivée d'Elmostadhi. Lorsqu'il apprit que le sultan Abdallah avait passé la nuit près de son camp, il se porta à sa rencontre, et les deux armées se trouvèrent en présence à Dâr Elabbâs, sur les bords de la rivière de Lokkos [1]. Le bacha fit alors dresser sa tente et donna l'ordre à ses troupes de camper. En voyant l'ennemi prendre ces dispositions, le sultan dit à ses soldats : « Ne campez point, car nous ne camperons qu'après avoir vaincu ou avoir été mis en déroute. » Là-dessus et sans autres préparatifs, les soldats du sultan chargèrent leurs adversaires et défirent tous ceux qu'ils trouvèrent devant eux, les Kholoth, les Teliq, les Bedâoua [2] et les gens du Fahs. Bientôt Ahmed Errifi, attaqué à son tour, prit la fuite. Les soldats du sultan s'élancèrent derrière les fuyards, leur tuant du monde, leur faisant des prisonniers et n'arrêtèrent leur poursuite qu'à la nuit. En revenant, ils trouvèrent le bacha Ahmed étendu mort : un des soldats l'avait reconnu. La tête du bacha fut tranchée et envoyée au sultan Abdallah, qui la fit

[1] L'Oued Lokkos est la rivière qui se jette dans l'Océan à Larache.
[2] Ces tribus sont établies au nord d'Alqasar.

aussitôt porter à Fez, où elle fut suspendue au-dessus de la porte d'Elmahrouq. Le camp d'Errifi, avec ses tentes, ses pavillons et ses montures, tomba au pouvoir du vainqueur. Le lendemain, les Kholoth, les Teliq, les Bedâoua et les gens du Fahs vinrent implorer leur pardon. Le sultan fit grâce à tous, excepté toutefois aux serviteurs de Ahmed ben Ali, à ses caïds, à ses agents et à ses secrétaires, qui furent arrêtés, maltraités et dont les biens furent confisqués.

Abdallah envoya ensuite le caïd Abdelkhâleq Adil, ainsi qu'un certain nombre de gens de Fez, pour fouiller la maison de Ahmed ben Ali. On rassembla tout l'argent contenu dans les caisses et les draps, toiles, vêtements et armes renfermés dans les magasins; puis les Rifains reçurent l'ordre d'amener les chevaux, mulets, chameaux, bœufs et moutons d'Ahmed qui se trouvaient chez les Arabes. Quand le sultan eut reçu tout cela, il le distribua aux Berbères qui avaient servi sous ses ordres et qui étaient au nombre d'environ quatre mille appartenant aux tribus des Beni Idrâsen et des Guerouân. Quant aux grains qui étaient dans les silos ou dans des couffes, ils furent abandonnés en entier aux soldats réguliers. Le sultan resta quarante jours à Tanger.

Après avoir été chassé de Méquinez, le rebelle Elmostadhi retourna à Mechra Erremel. Là, il apprit la défaite et la mort d'Ahmed ben Ali, ainsi que le départ du sultan pour Tanger. Il pressa alors les Abids et les Beni Hasen de prendre les armes et d'entreprendre une nouvelle campagne pour arrêter le sultan à son retour. Il envoya ensuite le caïd des Beni Hasen pour réorganiser les troupes et les diriger. Enfin il ordonna aux Abids de réunir leur contingent, et, aussitôt que les Beni Hasen l'eurent rejoint, il se mit en marche avec ses troupes pour aller barrer le passage

au sultan Abdallah. Des espions qui venaient chaque soir
au bivouac le renseigner, lui ayant appris que le sultan avait
passé la nuit à Dâr Elabbâs, près de l'endroit où avait eu
lieu la défaite d'Errifi, Elmostadhi, dès l'aube, fit monter
ses troupes à cheval et leur assigna leur rang de bataille :
les Beni Hasen formaient l'avant-garde. Au jour, on se
trouva en face de l'armée du sultan Abdallah, qui ignorait
la présence de ses adversaires. Dès qu'il aperçut l'ennemi,
Abdallah donna l'ordre à ses soldats de ne pas lever le camp;
puis, laissant là ses bagages, il partit entouré de ses réguliers et des contingents berbères. Les Beni Hasen, qu'il
rencontra les premiers, furent attaqués et mis en déroute.
Tandis que les Berbères poursuivaient les fuyards, le sultan,
à la tête des soldats de la province du Gharb, se porta
contre Elmostadhi et les Abids et les défit. Comme ses
soldats se mettaient à la poursuite des Abids, le sultan envoya le caïd Bou Azza, intendant de la chaussure royale,
leur dire: «O frères[1] de la province de Gharb, ne tuez pas
les Abids, contentez-vous de les dépouiller et rendez-leur
ensuite la liberté.» Ces ordres furent exécutés. Après la
poursuite qui dura jusqu'à la nuit, les troupes, chargées de
butin, revinrent auprès du sultan Abdallah, qui était dans
son camp à Dâr Elabbâs. Cette bataille fut des plus terribles :
Dieu seul sait le nombre de ceux qui succombèrent dans
cette journée. Les pertes des Beni Hasen s'élevèrent à plus
de mille hommes tués; on leur prit environ cinq mille chevaux et un nombre d'armes plus considérable encore. Quant
aux Abids, ils n'eurent qu'une cinquantaine d'hommes tués

---

[1] Au lieu du mot «frères», le manuscrit A donne un mot signifiant «oncles
maternels»; ces deux mots, qui, en arabe, peuvent facilement être confondus,
ont la même valeur : celle de «concitoyens».

dans la première charge. Elmostadhi partit avec les Beni Hasen et s'établit dans leur campement, attendant une occasion favorable de prendre sa revanche.

A la suite de cette victoire, le sultan Abdallah se rendit à Fez, où il distribua de l'argent aux Abids qui avaient combattu avec lui sous la conduite de Bou Azza, intendant de la chaussure royale : c'étaient les Abids de Taza. Il donna également une part du butin aux habitants de Fez, aux Oudaïas et aux Berbères, puis il s'installa à Dâr Debibegh, où il resta jusqu'au mois de rebia II de l'année 1159 (mai 1746). A cette époque, il reçut un certain nombre de caïds des Abids, qui, réprouvant eux-mêmes le passé, vinrent lui exprimer leur repentir et offrir leur soumission. Ils déclarèrent en outre qu'ils avaient déposé Elmostadhi et qu'ils le reconnaissaient, lui Abdallah, comme sultan. Abdallah les accueillit avec indulgence et leur dit : « Je ne puis prendre aucun engagement avec vous tant que vous n'aurez pas exterminé les Beni Hasen, leurs adhérents et leur prince. » Il entendait par ce dernier mot Elmostadhi : « Nous avons entendu, répondirent les Abids, et nous obéirons. » Le sultan leur fit alors remettre une entrée en campagne et leur enjoignit de venir le trouver à Méquinez pour, de là, aller chez les Beni Hasen, puis chez les Doukkâla, partisans d'Elmostadhi, et enfin à Maroc, qui tenait également pour ce prince, qui y avait laissé son frère Ennâser comme lieutenant. Pendant que les Abids se conformaient à ces instructions, Abdallah manda aux Hayâina, aux Cherâga, aux gens de Fez et à ceux du Gharb de se préparer à entrer en campagne et de venir le rejoindre à Méquinez. Quand les contingents de ces tribus furent réunis, ainsi que les Abids venus de Mechra Erremel, on renouvela la proclamation du souverain, et toutes les provinces furent instruites par lettres de cet événement.

CINQUIÈME RÈGNE DU SULTAN ABDALLAH.

Aussitôt après que cette cinquième proclamation eut été faite en présence de l'armée et des tribus, le sultan partit avec ses troupes et se mit en marche contre les Beni Hasen. Il suivit la route d'Elfedjdj, de façon à couper à l'ennemi le chemin de la montagne. L'armée surprit les Beni Hasen dans la plaine de Zobeïda et fondit sur eux avant qu'ils eussent eu le temps de se reconnaître. Elmostadhi prit aussitôt la fuite et eut grand peine à échapper. Le camp des Beni Hasen fut pillé; on s'empara de leurs tentes, et leurs femmes et leurs enfants furent faits prisonniers. Les hommes, pour la plupart, s'étaient enfuis à Edhdhaïa, mais, le même soir, ils revinrent faire leur soumission. Le sultan leur accorda leur pardon; il leur rendit leurs femmes, leurs enfants et leurs tentes, puis, les laissant là, il se remit en route jusqu'à ce qu'il atteignit Boulaouân [1]. Il s'installa dans la maison qu'Elmostadhi avait dans la casbah, tandis que ses troupes campaient près de là, dans la plaine de Doukkâla. Les habitants du pays avaient fui dans le Houz dès l'arrivée d'Elmosthadhi. L'armée resta dans le Doukkâla, occupée à fouiller le sol pour en retirer les grains et autres objets qui y avaient été enfouis. Quand le sol eut été bouleversé de tous côtés, on coupa les arbres et on détruisit les villages: un oiseau n'aurait pu trouver de quoi manger, ni de quoi s'abriter dans toute cette contrée. Le sultan Abdallah demeura une année entière dans la casbah; ensuite

[1] Bourg situé sur les bords de l'Oum Errebia à cent trente kilomètres environ de son embouchure, dans le district de Doukkâla.

il se transporta au pays des Dherâghna, dont les habitants
l'accompagnèrent après être venus lui faire leur soumission.
Il était encore sur le territoire de cette tribu, lorsqu'il reçut
la soumission des gens de Demnât, des Senâga[1] et autres Berbères des montagnes voisines de Demnât. Au moment où le
sultan quittait le pays des Dherâghna, son frère, Elmostadhi,
fuyait avec les Doukkâla dans la montagne des Mesfioua[2],
dont les habitants, ainsi que ceux de Maroc, reconnaissaient
l'autorité d'Elmostadhi.

Abdallah alla ensuite camper au pays de Zemrân, où
les gens des Rahâmena[3], du Sous et d'Eddir vinrent faire
leur soumission et se joindre à son armée. Ses troupes ravagèrent alors le territoire des Mesfioua et le mirent à feu
et à sang. Chaque jour elles engagèrent le combat contre
Elmostadhi, les gens de Doukkâla et ceux de Mesfioua,
qui reculèrent d'abord jusqu'à Ouargla[4], puis jusqu'à l'Oued
Ezzât, où la lutte continua; toute cette contrée fut également
ravagée et incendiée, au point qu'il devint impossible d'y
séjourner. Se voyant dans l'impossibilité de résister, manquant de vivres parce que les troupeaux des gens de Doukkâla avaient été pris ou étaient morts de faim, les gens de
Mesfioua se rendirent auprès du sultan Abdallah pour demander l'*aman;* ils portaient des corans et avaient amené
avec eux leurs enfants. «Amenez-moi Elmostadhi, leur
répondit le souverain. — Il s'est sauvé hier à Maroc,

---

[1] Les districts de Demnât et de Senâga sont à l'est de la ville de Maroc,
au pied de la chaîne de l'Atlas.

[2] Le canton de Mesfioua est au sud de la ville de Maroc.

[3] Le pays de Rahâmena est au nord de la ville de Maroc.

[4] Ouargla, dont il est parlé ici et qui se trouvait dans le voisinage du canton
de Mesfioua, n'est pas marqué sur les cartes.

répliquèrent-ils; s'il était resté parmi nous, nous vous
l'eussions sûrement amené, car il nous a été néfaste. C'est
à cause de lui que notre pays est ruiné, que nos femmes
sont déshonorées et qu'un grand nombre de nos enfants
sont orphelins. » Le sultan se montra indulgent et leur fit
grâce. Le lendemain, les gens de Doukkâla, suivis de leurs
femmes et de leurs enfants, vinrent à leur tour demander
l'*aman* : « Voici nos femmes et nos enfants, s'écrièrent-ils,
faites-en ce que vous voudrez; quant à notre fortune, elle
n'existe plus, elle a péri dans le pillage. Puissiez-vous, ainsi
que Dieu, nous faire grâce! » Abdallah leur accorda l'*aman*
et les renvoya dans leur pays. Il prit ensuite quelques
jours de repos, pendant lesquels il reçut une députation
des Eddir, qui apportèrent des présents et demandèrent
l'*aman*. Les Rahâmena et les gens du Sous vinrent prier
le sultan d'aller avec eux à Maroc, ce qu'il promit de faire.

Lorsque Elmostadhi arriva à Maroc, son frère Ennâser,
qu'il y avait laissé comme son représentant, était mort. Les
habitants de la ville en refusèrent l'entrée au fugitif, mais
ils lui remirent la succession de son frère, consistant en
chevaux, armes et hardes, et lui amenèrent la famille du
défunt. A peine Elmostadhi était-il parti que les habitants de
Maroc, accompagnés de leurs ulémas, de leurs chérifs et
de leurs notables, se rendirent auprès du sultan Abdallah.
Arrivés en sa présence, ils lui jurèrent fidélité et alléguèrent
pour leur défense qu'ils n'avaient point fait acte ouvert
d'hostilité. Ils obtinrent leur pardon et prièrent le sultan
de venir dans leur ville.

Le sultan, ayant voulu se rendre compte de l'état de ses
forces tant en troupes régulières qu'en contingents berbères,
s'aperçut qu'il n'avait plus que la moitié de son effectif, le

reste ayant déserté à cause des nombreux combats qu'il
avait fallu livrer, de la longueur du voyage et du manque
de provisions. Depuis plus de deux ans, le sultan n'avait rien
donné à ses soldats; on avait vécu sur le butin de l'ennemi;
ceux-là seuls avaient mangé qui avaient pu piller; quant
aux autres, pressés par la faim, ils avaient déserté. Lorsqu'il vit qu'il lui restait si peu de monde, Abdallah congédia les gens du Houz et ceux de Maroc et fit partir avec eux
son fils Sidi Mohammed ben Abdallah, le père de Maulay
Seliman. Ce prince devait être son lieutenant à Maroc et
s'installer dans la casbah de cette ville. Sidi Mohammed
partit alors pour Maroc, et le sultan reprit le chemin de sa
capitale. En passant à Rabat, il y laissa son fils Maulay
Ahmed, qu'il installa dans la casbah et auquel il confia le
gouvernement des Châouïa et des Beni Hasen. Il continua
ensuite sa route et arriva, au mois de rebia II de l'année
1159 (mai 1746), à la casbah d'Abou Fekrân, où il demeura.

En quittant Maroc, Elmostadhi traversa le Doukkâla, qui
avait été ruiné à cause de lui; ensuite il gagna Tâmesna, où
aucun des habitants ne fit attention à lui, puis, après avoir
passé sur le territoire des Beni Hasen, qui ne voulurent
point lui permettre de s'y arrêter, il se dirigea vers le Fahs,
les gens de Rif se tenant sur la défensive comme des ca-
méléons [1]. Il s'arrêta dans le Houz de Tanger, où il séjourna,
exerçant son autorité souveraine sur les faibles populations
du Fahs.

Quant au sultan Abdallah, il reçut une députation composée de trois cents notables des Beni Hasen qui venaient le
féliciter de son retour; à peine ces envoyés furent-ils en sa

[1] La comparaison est assez juste.

présence, qu'il les fit massacrer jusqu'au dernier. Bientôt après, un groupe de plus de cent Rifains, accompagnant la veuve du bacha Ahmed Errifi et ses deux enfants, vint apporter un présent considérable. Le sultan accepta le présent, mais il fit mettre à mort les deux enfants et leur suite et jeter la veuve en prison. Cette conduite fut l'objet de nombreux commentaires dans l'armée et dans la population.

Les Aït Idrâsen avaient ensemencé des terres dans la banlieue de Méquinez; quand les grains arrivèrent à maturité, le sultan donna ordre à ses *mosakhkharin* de les moissonner, de les dépiquer, et ensuite de les lui remettre. Il agissait ainsi parce que les gens de cette tribu n'étaient pas venus lui rendre hommage. Or ceux-ci n'étaient point venus, uniquement parce qu'ils redoutaient d'être, comme ceux qui avaient fait cette démarche, victimes de la cruauté du sultan. Abdallah écrivit ensuite au chef de la tribu Mohammed Ou Aziz (c'est-à-dire Mohammed ben Aziz), pour lui adresser de vifs reproches de ce que ni lui, ni ses contribules n'étaient venus le voir, alors que ces derniers étaient du nombre de ses partisans et qu'une vive amitié les liait l'un à l'autre, au point qu'en lui parlant, le sultan se servait souvent de ces mots : mon père [1]. En recevant cette lettre, Mohammed Ou Aziz dit à ses contribules : «Préparez un présent qu'une députation choisie parmi vous ira porter au sultan, car il nous reproche de ne point être allés le voir.» Les Beni Idrâsen refusèrent de s'associer à cette démarche, en disant : « N'avez-vous donc pas su ce qui est arrivé aux autres députations ? — Mais vous n'êtes point dans les mêmes conditions qu'eux, repartit

---

[1] C'est une marque de déférence que de se servir de cette expression en parlant à quelqu'un.

Mohammed. » Enfin Mohammed les pressa tant qu'ils finirent par accéder à son désir et qu'ils désignèrent cent
cavaliers pour l'accompagner à la casbah d'Abou Fekrân.
Quand le chambellan Abdelouahhâb Elyemmouri vit arriver
cette députation, il n'en put croire ses yeux[1]; cependant,
comme il ne pouvait les renvoyer maintenant qu'ils étaient
à la porte du palais, il informa le sultan de leur présence.
Celui-ci ordonna de les introduire et prit place sur son
trône. A peine les députés étaient-ils entrés que les bour-
reaux du prince, ses *mosakhkharin* et ses gardes pénétrèrent
dans la salle d'audience et les entourèrent. Quand ils se
furent assis sur l'invitation du sultan, celui-ci s'adressa en ces
termes à Mohammed Ou Aziz : « Ces gens-ci se sont écartés
du droit chemin; ils ont semé la corruption sur la route
des musulmans; énumère-leur les nombreux méfaits et les
déprédations dont ils se sont rendus coupables à l'égard des
rois et de leurs armées et qui leur ont fait mériter la mort
et la perte de leurs biens. Si maintenant je reviens à d'anciens errements auxquels j'avais renoncé, la faute en est à
eux seuls. Je veux mettre face à face ce bouc noir et ce bélier blanc; l'un deux périra, et alors je serai débarrassé de
ses fureurs; quant à l'autre, je saurai le contenir. »

Le sultan ordonna ensuite de saisir les envoyés et de les
lier avec de fortes cordes; puis il donna l'ordre à Mohammed Ou Aziz de se retirer : « Sire, s'écria Mohammed, je
ne suis point de ceux qui trahissent leurs engagements, et,
j'en jure par Dieu, je ne partirai qu'avec mes compagnons.
C'est moi qui vous les ai amenés, quoiqu'ils m'eussent
annoncé tout ce qui vient d'avoir lieu; je ne puis donc les

---

[1] L'expression arabe signifie littéralement : « il tomba dans sa main », et
correspond à la locution familière : « les bras lui en sont tombés ».

abandonner. » Puis, voyant ce qui venait de se passer, il ajouta : « O Abdelouahhâb, que peut-on espérer de bon d'un homme qui donne à un autre le titre de père et qui refuse d'accueillir son intercession en faveur de sa tribu ? »

Mis en liberté, les compagnons de Mohammed quittèrent le palais et, sautant sur leurs montures, ils partirent pour leur pays. Quand ils se furent éloignés, ils dirent à leur chef : « Nous étions morts et nous voici ressuscités. Nous connaissons maintenant la perfidie de cet homme que tu nous a contraints d'aller voir; aussi faut-il que nous nous vengions. Ne t'oppose pas à notre dessein. — Faites comme il vous plaira, répondit-il. » Aussitôt arrivés chez eux, les envoyés convinrent de se mettre en campagne trois jours après, et il fut décidé que l'on brûlerait la tente de quiconque dans la tribu refuserait de marcher. Là-dessus on se sépara, et l'on convia toutes les fractions de la tribu à prendre part à l'expédition; toutes furent exactes au rendez-vous. Le sultan Abdallah, qui ne s'attendait à rien, fut tout surpris à la vue soudaine des étendards de la tribu, qui apparurent du côté d'Elhâdjeb. Il donna l'ordre de faire monter ses femmes sur des mules, d'emporter tout ce qu'il possédait et de disposer en bataille les gardes Abids, qui étaient au nombre de douze mille. Puis il envoya ses femmes sous la garde d'une *reha*, c'est-à-dire de mille hommes (la grande *reha* était de dix mille); une seconde *reha* suivit la première et, s'étant placé lui-même au centre avec sa cavalerie, il disposa en arrière les autres *reha*. L'agression des Berbères fut si rapide qu'on n'eut pas le temps de charger tous les trésors et qu'on dut les abandonner en monceaux. On se mit en marche en côtoyant la rivière, et bientôt les Berbères, arrivant de tous côtés, se précipitèrent sur le convoi. Les gardes répondirent à cette attaque par un feu de peloton, la cavalerie en fit autant, et chaque décharge abattit de quarante à cinquante hommes. Le combat dura tout le jour et ne cessa qu'au moment où le convoi entra dans la casbah par la porte d'Elqazdir. Les Abids avaient perdu environ trois cents hommes et les Berbères cinq cents. Ces derniers, ayant échoué dans leur entreprise, transportèrent leurs morts dans la casbah d'Abou Fekrân, où, après les avoir ensevelis dans un double linceul, ils les enterrèrent.

Quand les Abids furent réunis à leurs frères de Méquinez, ils leur firent part de ces paroles dites par le sultan Abdallah à Mohammed Ou Aziz : « Je veux mettre face à face ce bélier et ce bouc. » Ces mots, passés de bouche en bouche, causèrent parmi les Abids une vive émotion. Ils écrivirent au divan pour lui annoncer ce qui s'était passé et lui rapporter le propos du sultan; ils demandèrent en même temps conseil sur la conduite qu'ils devaient tenir. Prévenu par un des notables des Abids de ce qui avait été dit et de ce qui avait été écrit au divan, le sultan Abdallah envoya aussitôt une lettre aux Oudaïas. Dans cette lettre qu'il fit porter par un émissaire, le sultan disait : « Si vous tenez à Abdallah, le fils de votre sœur, montez immédiatement à cheval et venez à lui. » Dès que l'émissaire fut arrivé, quatre cents Oudaïas montèrent à cheval au moment de l'asr[1] et accoururent auprès du sultan. Celui-ci avait fait charger ses trésors, ses femmes, ses meubles et ses bagages qui furent prêts au coucher du soleil; puis il fit seller son

---

[1] L'asr est le moment intermédiaire entre midi et le coucher du soleil; l'heure de l'asr varie donc suivant les saisons de deux heures et demie à trois heures et demie.

cheval, et quand, peu après le crépuscule, les Oudaïas arrivèrent à la porte d'Elqazdir, il fit sortir ses femmes et ses
bagages et se mit en route. On marcha toute la nuit, et le
soleil n'était pas levé lorsqu'on arriva à Fez la neuve.

Quant aux Abids du divan, ils s'étaient réunis et avaient
décidé de quitter Mechra Erremel pour se rendre à Méquinez et y rejoindre ceux de leurs frères qui étaient dans cette
ville. Ils écrivirent aussitôt aux gens de Méquinez pour leur
dire de ne rien entreprendre contre le sultan avant leur
arrivée, qui devait avoir lieu trois jours après. Ils se pré-
parèrent ensuite au voyage et emmenèrent avec eux leurs
enfants et leurs bagages, laissant toutefois les objets trop
encombrants pour un second voyage. Quand les Beni Hasen
apprirent le départ des Abids, ils se portèrent à leur rencontre, pillèrent leur camp et assaillirent tous les traînards
qu'un lourd bagage avait fait rester en arrière. Puis ils continuèrent à les harceler, dépouillant tous ceux qu'ils pouvaient atteindre, jusqu'à ce que la colonne fût débandée.
Lorsque les Abids arrivèrent à Méquinez, ils se répandirent
dans les maisons, dans les marchés, sur les places, dans les
écuries[1], dans la casbah de Hedrach, à la porte de Merah,
à la porte d'Ibn-Elqâri et s'établirent partout où ils trouvèrent place. Ceci se passait en 1160 (1747).

Lorsqu'il s'était révolté, ainsi que ses Berbères contre le
sultan Abdallah, Mohammed Ou Aziz avait écrit aux gens
de Fez pour les informer de ce qui venait de se passer. Ceux-
ci avaient répondu : « Nous sommes avec vous. » Mohammed
Ou Aziz avait écrit dans le même sens au caïd Elhabib,
aux gens du Gharb et aux Hayâïna, qui tous avaient fait la

---

[1] Il s'agit de grandes écuries construites par le sultan Ismaïl.

même réponse. Les Berbères se mirent donc à attaquer les Oudaïas et à piller leurs troupeaux, et les Oudaïas agirent de même à l'égard des gens de Fez. Ceux-ci fermèrent alors les portes de la ville et déclarèrent hautement qu'ils avaient déposé le sultan Abdallah et qu'ils entraient en hostilités contre lui. La lutte dura ainsi jusqu'au moment où arriva à Fez un courrier envoyé par les pèlerins. Les habitants de la ville demandèrent assistance aux Berbères, qui fournirent cinq cents cavaliers pour aller chercher les pèlerins à Taza. Cette escorte se mit en route et rencontra les Hayâïna, qui firent alliance avec elle et l'accompagnèrent à Taza. Les deux troupes ramenèrent les pèlerins à Fez, où ceux-ci firent leur entrée par la porte d'Elfotouh, et allèrent ensuite camper à Ezzitoun. Pendant qu'une partie de ces pèlerins était entrée dans la ville pour divers soins, les Oudaïas attaquèrent ceux qui étaient restés au camp d'Ezzitoun et les mirent en déroute. Les Hayâïna et les autres Berbères se retirèrent alors chacun dans leur pays. Les Oudaïas coupèrent les têtes des ennemis qu'ils avaient tués : il y en avait trente. On les envoya au sultan Abdallah, qui donna l'ordre de les suspendre aux murs de la casbah des Cherâga.

La situation des gens de Fez continuait à être critique. Mohammed Ou Aziz écrivit alors au caïd Elhabib et aux gens du Gharb d'entreprendre une expédition contre le sultan Abdallah et contre les Abids et les Oudaïas que ce dernier avait avec lui. Cette expédition organisée se mit en marche et vint camper à Dahr Ezzaouïa, tandis que Mohammed Ou Aziz avec ses Berbères s'était établi à Dâr Debibegh. On était alors en 1160 (1747). Le lendemain de son arrivée, Elhabib monta à cheval et, suivi des gens

du Gharb, du Kholoth et des Teliq, il se rendit à Dâr Debibegh. Les Berbères profitèrent de ce mouvement pour marcher droit au camp des gens du Gharb, et après l'avoir pillé
ils se dirigèrent vers Essâïs. Apprenant ce qui venait de se
passer dans leur camp, les gens du Gharb traversèrent la
rivière de Fez et regagnèrent leur pays. On assure que
le sultan Abdallah avait envoyé pendant la nuit de l'argent
à Mohammed Ou Aziz et à ses Berbères pour obtenir d'eux
qu'ils dispersassent ce rassemblement de troupes. Le pillage du camp avait été le stratagème employé à cet effet.
Les gens de Fez se décidèrent alors à demander la paix et à
offrir au sultan de le reconnaître. Celui-ci leur envoya dire
de se présenter devant lui. Une députation, composée des
chérifs, des ulémas et des notables, se rendit à Fez la neuve.
Quand ces envoyés furent introduits en sa présence, le sultan leur adressa de vifs reproches avec injures et menaces
et leur dicta ses conditions. Entre autres conditions, il leur
proposa de lui livrer les grains que les Arabes conservaient à Fez, de détruire les maisons que ces derniers y
possédaient, pour les rebâtir ensuite avec les matériaux de
démolition à Dâr Debibegh, ou, s'ils le préféraient, d'être in-
corporés dans son armée soit pour le service des garnisons,
soit pour le service de marche. Avant de répondre, les
envoyés demandèrent à conférer avec leurs commettants;
mais, à peine rentrés à Fez, ils fermèrent les portes de la
ville et déclarèrent qu'ils ne feraient rien de ce qui leur
avait été demandé. La lutte continua, et les gens de Fez envoyèrent à Elmostadhi un délégué chargé de le ramener de
Tanger pour le proclamer souverain. Elmosthadi renvoya
le délégué avec une simple promesse.

Le 7 du mois de dzoulhidjdja, les habitants de Fez s'emparèrent des caftans[1] qui appartenaient au sultan Abdallah et qui étaient déposés au fondouq d'*Ennedjdjârin*[2] sous la garde d'Adil : il y en avait trois mille. Ils se les partagèrent et les revêtirent pour la fête de l'Aïd Elkebir. Elhadj Elkheyyâth Adil fut arrêté; on voulait le contraindre à livrer l'argent du fisc qu'il détenait, mais il réussit à obtenir sa liberté en payant une rançon de 3,000 mitsqâls. Sur ces entrefaites, les Beni Hasen vinrent se plaindre au sultan de ce que les gens du Gharb, en revenant de Fez, les avaient attaqués et leur avaient enlevé leurs troupeaux. Le sultan Abdallah écrivit aussitôt aux Abids de partir en campagne avec les Beni Hasen, et les Oudaïas reçurent l'ordre de se joindre à eux. Quand ils apprirent ces préparatifs, les gens du Gharb, les Kholoth et les Teliq prirent la fuite et se réfugièrent à Larache où ils se fortifièrent. Là, ils furent assiégés et, la guerre ayant duré trois mois, ils perdirent leurs bœufs et leurs moutons par suite de la sécheresse. Le sultan leur envoya alors un Coran et un chapelet, qui leur furent apportés par un détachement d'Oudaïas. Les tribus, après avoir promis un présent, se rendirent avec les Oudaïas auprès du sultan Abdallah, qui usa de clémence à leur égard et donna au caïd Elhabib le commandement de toutes les tribus des montagnes. Quant à l'armée du sultan, elle quitta Larache où elle était et alla camper devant Alqasar; les habitants de cette ville pourvurent à la nourriture des hommes et des chevaux. Malgré cela les troupes entrèrent le lende-

---

[1] Les souverains musulmans ont toujours une grande quantité de caftans ou de manteaux en réserve pour les distribuer aux personnes qu'ils reçoivent et auxquelles ils veulent donner une marque de leur satisfaction. Ce don constitue une sorte de décoration.

[2] Le fondouq des menuisiers.

main dans la ville et la mirent à sac : les maisons furent
pillées, les femmes enlevées et pendant six jours on se porta à
tous les excès; aussi ne resta-t-il bientôt rien dans cette ville
qui méritât de porter un nom. La colonne rentra ensuite
à Mechra Erremel, tandis que le sultan était à Eloudjoud.

Au mois de djoumada II de l'année 1161 (juin 1748), le
sultan se rendit à Méquinez; il avait dessein d'entreprendre
une expédition contre les Berbères, mais personne ne répondit à son appel. Cette même année, des bandes de Berbères se portèrent du côté de Fez; elles razzièrent les troupeaux des Oudaïas, saccagèrent leurs champs de culture et
leurs potagers, et campèrent ensuite sous les murs de la
ville. D'autres bandes des mêmes tribus apportèrent alors
des grains, du beurre, de la laine; elles amenèrent des moutons et des bœufs, le tout pour en faire commerce. Un
marché fut installé; il dura dix jours sans que personne le
troublât, et depuis ce moment ce marché eut lieu régulièrement tous les mois. Les Berbères y apportaient leurs denrées et s'en retournaient après les avoir vendues ou échan-
gées.

On reçut de Tanger la nouvelle que les Rifains avaient
arrêté Elmostadhi, lui avaient enlevé tout ce qu'il possédait,
argent, chevaux, etc., et qu'ils avaient également dévalisé
tous les partisans de ce personnage, parce qu'il avait fait
arrêter le caïd Aldelkerim, frère du bacha Ahmed ben Ali
Errifi, et lui avait pris son argent et ses armes. Après s'être
ainsi vengés, les Rifains rendirent la liberté à Elmostadhi.
Celui-ci écrivit alors à son frère Abdallah pour s'excuser sur
sa conduite passée et demanda qu'on lui fixât un endroit où
il pourrait s'établir. Le sultan lui répondit : « Tu ne m'as fait
aucun mal; tu n'as cherché, comme moi, qu'à recouvrer le

trône de ton père, et en cela tu n'as rien fait de répréhen-
sible. Si maintenant tu veux, comme moi, vivre sans éclat,
établis-toi à Arzille; cela vaudra mieux que Dâr Debibegh
où je suis. Si, au contraire, tu recherches le pouvoir, c'est
ton affaire, et quant à moi, je suis prêt à te l'abandonner. »
Elmostadhi se mit en route pour Arzille, où il s'établit; il
s'installa dans la maison d'Elkhidr Ghilân, après l'avoir fait
restaurer. Cédant ensuite aux instigations de certains aven-
turiers qui l'entouraient, il s'occupa activement de vendre
des céréales aux infidèles. Quand le sultan Abdallah apprit
cela, il écrivit à son fils Sidi Mohammed, son lieutenant à
Maroc, de faire expulser Elmostadhi. Sidi Mohammed envoya
son vizir Idris ben Elmachaar avec cent cavaliers auprès
d'Abdallah Essofiâni; celui-ci prit avec lui cinq cents cavaliers de sa tribu et accompagna le vizir. On chassa Elmostadhi de la ville d'Arzille, on s'empara de tout ce qu'il possédait, armes, poudre et meubles, et on l'emmena, ainsi que
ses femmes et ses enfants, à Fez, où on les installa dans
le mausolée de Abou Becr Ibn Elarbi. Elmostadhi envoya
son fils auprès du sultan Abdallah, son frère, qui était à
Dâr Debibegh, pour se plaindre de la conduite de Sidi Mohammed à son égard. Abdallah répondit : « Dis à ton père
que Mohammed est plus puissant que lui et que moi et que
je n'ai aucun pouvoir sur mon fils. Que ton père aille donc
au pays de son père et de ses ancêtres et qu'il y demeure
(il voulait dire à Tafilalet), car ni lui ni moi n'avons plus
longtemps à vivre. »

Elmostadhi partit pour Safrou, où il laissa sa famille dans
la maison d'Ettihami bel Djouthi. Quand Idris ben Elmon-
tasir apporta les bagages d'Elmostadhi au sultan Abdallah,
celui-ci prit la poudre et quelques autres objets et dit au

gouverneur de Fez d'écrire à Elmostadhi d'envoyer chercher ses bagages. Elmostadhi envoya quelqu'un les prendre pour les remettre à sa famille à Dâr Echcheurfa.

Le sultan Abdallah, revenu à Fez, y avait établi sa résidence. Les Berbères infestèrent alors les routes; ils poussèrent leurs incursions jusqu'aux pâturages qui avoisinaient Méquinez et détroussèrent tous ceux qui se rendaient dans cette ville. Quand les Abids sortaient pour les combattre, les Berbères prenaient la fuite et profitaient du moindre relâchement dans la surveillance pour recommencer leurs déprédations. Les approvisionnements devinrent difficiles, et les Berbères enlevèrent les enfants jusque dans les tentes et dans les jardins. Ils bloquèrent si étroitement la ville que les Abids leur envoyèrent demander la cessation des hostilités. Mais les Berbères refusèrent, en disant qu'ils agissaient ainsi d'après les ordres du sultan. En apprenant cette réponse, les Abids se réunirent et dirent : « Il est indubitable que ces ordres viennent du sultan Abdallah. Il aura excité ces Berbères contre nous, lorsqu'il a vu que nous avions refusé de marcher contre eux, en disant qu'il nous fallait attendre, avant de partir, l'arrivée de nos frères, des tribus et des Oudaïas. » Ils décidèrent alors d'arrêter le sultan et de le déposer. Informé de cette résolution, le sultan s'enfuit de Méquinez pendant la nuit et alla à Dâr Debibegh. Les Abids le déposèrent aussitôt et proclamèrent son fils Sidi Mohammed. Grâce à la déposition d'Abdallah, la paix fut conclue avec les Berbères. Les Abids se rendirent à Maroc pour prêter serment de fidélité à Sidi Mohammed. Le prince se mit en colère quand on lui lut la formule du serment, et il la repoussa en disant : « Je ne suis que le serviteur de mon père; par Dieu ! je ne puis m'entendre avec vous sur ceci. » Il les renvoya donc sans accepter leur démarche; mais, de retour à Méquinez, les Abids continuèrent à faire faire la prière publique au nom de Sidi Mohammed dans la capitale et à Zerhoun.

Le sultan Abdallah fit la paix avec les habitants de Fez. Il s'excusa auprès d'eux et leur jura que jamais il n'avait donné l'ordre de les combattre ni de leur faire aucun mal. « Tout cela, dit-il, provenait des Oudaïas, qui dévastaient leur pays. » Il congédia ensuite les envoyés de Fez, après leur avoir distribué des cadeaux. Les habitants ouvrirent alors les portes de la ville, après avoir soutenu un siège de vingt-sept mois. Puis la paix fut faite avec les Oudaïas sur le tombeau de Maulay Idris. Ceci avait lieu en 1161 (1748). En 1162 (1749), le sultan Abdallah reçut de son fils Sidi Mohammed un cadeau d'environ trente quintaux. Au mois de chaaban, il donna cinq dinars à chacun des Abids qui étaient avec lui, en leur disant: « Informez vos frères de Méquinez que tous ceux d'entre eux qui viendront ici recevront pareille somme. » Il espérait ainsi les attirer à lui. Quand ces paroles leur furent transmises, les Abids mandèrent aux Berbères de Sâïs de tuer tous ceux des Abids qu'ils rencontreraient se dirigeant vers Fez. Cette dernière mesure fit plaisir aux habitants de Méquinez, qui étaient heureux de la déposition du sultan. Au moment où cette inimitié se manifestait entre les Abids et Abdallah, Mohammed Ou Aziz vint, avec une députation de Berbères, trouver le sultan et conclure la paix avec lui. Celui-ci donna 10,000 dinars à ces Berbères et leur fit encore remettre pareille somme lorsqu'ils revinrent à l'époque de la fête[1]. Les Oudaïas et les gens de Fez

---

[1] Il s'agit vraisemblablement de l'Aïd Esseghir.

reçurent également 10,000 dinars. Le sultan agissait ainsi pour exciter le dépit des Abids, qui l'avaient déposé.

En 1163 (1750), il ne plut pas dans le Maghreb et les vivres devinrent cher. La peste fit son apparition. Le pays fut très troublé, car les Berbères, n'ayant plus à redouter la répression du sultan, se répandirent sur les routes, portant partout la dévastation et le désordre. La déposition du sultan par les Abids avait détruit tout gouvernement régulier. Cette même année, Sidi Mohammed vint de Maroc rendre visite à son père. Quand il arriva à Méquinez, il s'aperçut qu'on faisait la prière publique en son nom. Il eut à ce sujet une vive discussion avec les habitants et les blâma sévèrement, en leur disant : «Je ne suis rien pour vous et n'encours point la responsabilité de ce que vous faites. Je ne suis qu'un serviteur de mon père, comme je vous l'ai dit déjà quand vous êtes venus me trouver à Maroc, et pourtant vous persistez dans votre erreur. » Les habitants de Méquinez cessèrent de faire la prière au nom de Sidi Mohammed aussi bien à Méquinez qu'à Zerhoun et rédigèrent un nouveau serment de fidélité au sultan Abdallah ben Ismaïl. Les caïds et les notables accompagnèrent Sidi Mohammed et apportèrent à son père le texte de ce serment.

SIXIÈME RÈGNE DU SULTAN ABDALLAH.

Lorsque Sidi Mohammed arriva auprès de son père, les Oudaïas, les gens de Fez et du Houz sortirent à sa rencontre. Il s'arrêta alors avec son armée, qu'il avait amenée de Maroc; elle s'élevait à environ quatre mille Abids, qui lui avaient été fournis par les Abda, les Rahâmena, les gens du Sous et ceux du Doukkâla. Le sultan Abdallah, à la tête de son cortège, se porta au-devant de l'armée de son fils. Dès que son père parut, Sidi Mohammed mit pied à terre, se prosterna devant lui et lui baisa le pied. Il intercéda ensuite en faveur des Abids; le sultan lui accorda leur grâce et fit sa paix avec eux. Ce fut un jour de grande liesse; toute la population de Fez et du Houz accourut au camp; on pavoisa la ville et l'on tira des salves d'artillerie. Aussitôt après cette réception, le sultan prit congé de son fils et lui dit : « Ne passe pas la nuit ici; les Berbères sont traîtres et rusés : s'ils savent ce que tu as fait et avec qui tu es venu, ils se jetteront sur ceux que tu as amenés et t'infligeront ainsi un affront. Retourne donc immédiatement à Méquinez. » Sidi Mohammed se mit en marche aussitôt et, au lieu de camper à l'Oued Ennedja [1] et d'y passer la nuit, il continua sa route de nuit jusqu'à Méquinez. De là, il rentra à Maroc.

Au moment de l'Aïd [2], les caïds des Abids, accompagnés d'un groupe de Guerouân et d'un autre de Beni Idrâsen, se rendirent auprès du sultan Abdallah et passèrent les fêtes avec lui. Au moment de les congédier, le sultan donna à Mohammed et aux gens des Beni Methir [3] et des Guerouân qui étaient avec lui 20,000 mitsqâls, mais il ne donna rien aux caïds des Abids, qui s'en retournèrent désappointés. En 1164 (1751), Sidi Mohammed envoya ses compagnons porter un présent à son père. Celui-ci bénit son fils et lui adressa des éloges; puis il donna 10,000 douros [4] aux Oudaïas et 3,000 douros aux Abids qu'il avait auprès de lui. Il agit ainsi parce qu'il avait appris que les Abids, qui n'avaient

---

[1] Affluent de l'Oued Mikkès, qui lui-même est tributaire du Sebou.
[2] Probablement l'Aïd Esseghir.
[3] Tribu à l'ouest de Méquinez.
[4] Le douro espagnol valait environ 5 fr. 50 cent.

point eu part à ses largesses, s'étaient rendus à Maroc auprès de son fils Sidi Mohammed et s'étaient plaints à lui de
l'isolement dans lequel le sultan les tenait pour pactiser
avec les Berbères, les ennemis du gouvernement. « Nous
sommes venus à toi, lui dirent-ils, pour te proposer cette
alternative : ou tu seras notre souverain, ou bien nous pro-
clamerons ton oncle Elmostadhi. » Sidi Mohammed leur répondit : « Je ne serai pas souverain et ne veux plus entendre
parler de cela. » Il les calma ensuite, en leur donnant de
l'argent et il leur remit une lettre pour son père. Dans cette
lettre, il faisait appel à la bienveillance du sultan en faveur
des Abids, lui rappelant, en outre, qu'il n'avait pas tenu
compte de sa précédente recommandation. Il avait envoyé
cette lettre par un de ses serviteurs qui avait accompagné
les Abids.

En 1165 (1752), le sultan apprit que les habitants de
Tétouan avaient assassiné leur caïd Elhadj Mohammed Et-
temimi. « Vous aviez vous-mêmes choisi cet homme pour
caïd, dit-il aux gens de Tétouan qui vinrent le trouver,
et vous l'avez assassiné. Choisissez qui vous conviendra. »
Ils présentèrent alors Mohammed ben Elhadj Omar Elouqqâch au sultan, qui le nomma caïd, puis ils rentrèrent
dans leur pays avec leur nouveau chef. Immédiatement
après cela, arriva un ambassadeur espagnol apportant
100,000 douros et un présent proportionné à cette somme.
Ce présent consistait en étoffes de soie, en drap, en toile,
en curiosités et en vases. L'ambassadeur venait pour déli-
vrer les prisonniers de sa nation qui étaient au pouvoir du
sultan Abdallah. Celui-ci accepta l'argent et dit ensuite à
l'ambassadeur : « J'attendrai que vous ayez d'abord renvoyé
les musulmans qui sont prisonniers chez vous. » Il distribua

une partie de cet argent et donna à chacun des Abids et à chacune de leurs femmes 2 réaux [1]. Le nombre des Abids qu'il avait auprès de lui était de deux mille deux cents.

En 1166 (1753), les Abids de Méquinez se rendirent auprès du sultan. Ils étaient accompagnés d'un envoyé de Sidi Mohammed, porteur d'une lettre adressée par son maître au sultan. Celui-ci pardonna aux Abids et leur donna 20,000 douros. En 1167 (1754) eut lieu un terrible tremblement de terre, qui détruisit Méquinez et Zerhoun; un grand nombre de personnes périrent sous les décombres. En 1168 (1755), les habitants de Fez se mirent à acheter une grande quantité de chevaux. Chaque jour ils sortaient de la ville et allaient à la porte d'Elfotouh s'exercer à l'équitation, à la manœuvre et au tir à feu. Ils voulaient ainsi abaisser l'orgueil des Oudaïas, qui leur étaient supérieurs dans les exercices à cheval. En 1169 (1756), les caïds des Abids de Méquinez se rendirent auprès du sultan. Quand ils furent en sa présence, ils déclarèrent qu'ils ne s'en iraient point tant que le sultan ne les accompagnerait pas dans la capitale. «Comment irais-je avec vous, répondit-il, alors que vous avez parmi vous un tel et un tel qui jouissent d'une grande influence? Cela ne saurait être.» Aussitôt que les Abids furent rentrés dans leur camp et que la nuit fut venue, ils se mirent à tuer tous ceux que le sultan leur avait désignés. Le lendemain, ils apportèrent les têtes de ces personnages au sultan. Il y avait entre autres la tête du caïd Mohammed Esselâouï, celle du caïd Zeghboul et celle du caïd Seliman ben Elasri. Ils les présentèrent au sultan, en lui disant le nom de chacune d'elles. «Tout va bien mainte-

---

[1] Le mot réal désigne d'une manière générale toutes les monnaies d'argent. Il est probable qu'il s'agit ici du douro.

nant », dit le sultan. Il ordonna ensuite de remettre quarante quintaux aux Abids et leur dit : « Dès que j'aurai terminé mon œuvre [1], je viendrai vers vous. » Là-dessus, il les congédia. Cette année-là, le sultan reçut la visite de son frère Maulay Ali Elmekhlou, qui était chez les Ahlâf. Il lui donna de l'argent et des objets pour une valeur de 10,000 mitsqâls, puis il lui offrit le choix entre la résidence de Méquinez et celle de Sidjilmasa. Maulay Ali ayant choisi Méquinez, le sultan l'envoya dans cette ville et lui assigna les droits sur les denrées et les produits des terres domaniales qui se trouvaient aux environs de cette ville. Lors de la saison des pluies, quand les populations eurent achevé les labours, les Abids se saisirent de Maulay Ali et l'expédièrent au sultan, en lui disant : « Cet homme trouble notre pays. » Le sultan le fit mettre en liberté et l'envoya à Sidjilmasa.

A cette époque, le caïd Mohammed Elouqqâch vint apporter un magnifique présent de 100,000 douros, de diverses marchandises et de chrétiens qui avaient été faits captifs par ses galiotes. Le sultan Abdallah reçut ce caïd avec de grands honneurs et il le congédia après lui avoir donné deux femmes [2] de son harem. Cette même année, les Berbères attaquèrent les Oudaïas, pillèrent leurs troupeaux et saccagèrent leurs récoltes; dans cette expédition, leur chef Mohammed Ou Aziz mourut. De leur côté, les Beni Methir et leurs alliés attaquèrent les Guerouân, qui vinrent camper à Dâr Debibegh, et demandèrent au sultan de les

---

[1] L'œuvre dont veut parler le sultan est celle de la destruction de la puissance qu'avaient acquise les Abids et les tribus arabes qui fournissaient les troupes régulières.

[2] Le don d'une des concubines de son harem est la plus grande faveur qu'accorde le souverain marocain à l'un de ses hauts fonctionnaires.

protéger. Maulay Abdallah invita les Oudaïas à contracter alliance avec les Guerouân et à leur venir en aide. Les nouveaux alliés vendirent leurs troupeaux et allèrent combattre les Beni Idrâsen. Dans l'action qui s'engagea, les Beni Idrâsen furent défaits et mis en fuite; leur camp fut pillé et ils perdirent environ cinq cents hommes. Le reste se réfugia sur le territoire des Cherâga, où il demeura. Telle fut l'origine de l'alliance contractée entre les Oudaïas et les Guerouân sous les auspices du sultan Abdallah, en 1170 (1756-1757). Quant à Elmostadhi, aussitôt arrivé à Safrou, il manda aux Aït Yousi de venir à son camp, et là il leur demanda de l'assister dans ses projets. « Il faut d'abord répondirent-ils, que vous obteniez l'appui des Guerouân et des Beni Methir, car nous sommes résolus à marcher avec eux. » Ces démarches n'ayant pas abouti, Elmostadhi envoya chercher sa famille et ses bagages, qui étaient à Fez, puis il partit pour Sidjilmasa, où il demeura jusqu'à sa mort survenue en 1173 (1759-1760).

DE LA VICE-ROYAUTÉ QUE SIDI MOHAMMED BEN ABDALLAH EXERÇA À MAROC DU VIVANT DE SON PÈRE.

En 1169 (1756), lorsqu'il fut envoyé par son père à Maroc, Sidi Mohammed s'établit dans la casbah, qui tombait en ruines et qui ne renfermait plus que les palais déserts et ruinés des princes Saadiens [1]. Il dressa ses tentes sur cet emplacement et s'occupa d'y faire creuser les fondations de son palais. A peine avait-on commencé les constructions que les barbares Rahâmena, qui saccageaient et ruinaient les environs de la ville, empêchèrent de les continuer,

[1] Les historiens arabes désignent la première branche des chérifs sous le nom de *dynastie Saadienne*.

parce que, ce lieu servant de repaire à leurs brigands, ils voulaient qu'il restât inhabité. Ayant appris ensuite que le sultan Abdallah avait dû fuir à Fez, à cause des démêlés qu'il avait eus avec les Berbères et les Abids, les Rahâmena chassèrent Sidi Mohammed de Maroc. Celui-ci partit pour Asfi[1], mais en route il rencontra les Abda et les Ahmer, qui lui témoignèrent un grand respect, et après avoir fait une fantasia en son honneur, ces tribus le conduisirent à Asfi. Arrivé là, Sidi Mohammed s'établit dans la casbah de la ville, où l'on vint lui apporter des présents. Les notables d'Asfi lui amenèrent leurs enfants pour qu'il les prît à son service, tandis que les habitants de la ville, les négociants chrétiens et juifs lui offraient leurs cadeaux. Le prince déclara le port d'Asfi ouvert à l'exportation.

Quand les gens de Rabat et de Salé apprirent la façon dont les Rahâmena avaient chassé Sidi Mohammed de Maroc, ils se sentirent entraînés à agir de même à l'égard de leur vice-roi Maulay Ahmed. En conséquence, ils assiégèrent la casbah, où se trouvaient le vice-roi et les Abids qui tenaient garnison dans cette place depuis l'époque du sultan Ismaïl. Ils bloquèrent étroitement la place, lui coupant les vivres et l'eau, et obligèrent les assiégés à demander l'*aman*. Maulay Ahmed sortit de la casbah et se rendit à Asfi auprès de son frère. Quant aux Abids, les gens de Rabat les dispersèrent dans les diverses parties de la ville, afin d'annihiler ainsi leur influence.

Enrichi par le commerce du port d'Asfi, Sidi Mohammed organisa une armée qu'il recruta chez les Abda et les Ahmer, auxquels il adjoignit ensuite des contingents pris parmi les

---

[1] Asfi ou Safi est un petit port de la province d'Abda. Sa population s'élève à peine à 10,000 âmes.

tribus voisines. Alors les gens du Hâha et des Chiâdhma[1]
vinrent lui apporter des présents et se ranger sous son autorité. Quand les Rahâmena apprirent cela, ils se repentirent
de ce qu'ils avaient fait, et leurs notables, s'étant réunis,
se rendirent à Asfi avec des présents. Introduits en présence
de Sidi Mohammed, ils présentèrent leurs excuses et essayè-
rent de justifier leur conduite en attribuant tout ce qui
s'était passé aux manœuvres de quelques intrigants. Le
prince s'étant montré indulgent et leur ayant pardonné, ils
jurèrent au nom de Dieu que, dussent-ils rester à sa porte
une année entière, ils ne s'en iraient pas sans l'emmener
avec eux. Il fut impossible à Sidi Mohammed de résister à
ces sollicitations. En conséquence, il ordonna à son armée
de faire ses préparatifs, puis il partit accompagné de mille
cavaliers des Abda et des Ahmer et d'une suite personnelle
de cinq cents cavaliers. On se mit en marche vers Maroc,
et, arrivé là, Sidi Mohammed s'installa dans la casbah. Les
habitants de Maroc et des députations d'Eddir et du Sous
lui apportèrent des présents, tandis que les Rahâmena, riva-
lisant de zèle avec les Abda, lui remettaient leurs enfants
pour qu'il les prît à son service. Avec ces jeunes gens et les
tribus du Houz, le prince créa un corps d'armée. Il reçut
ensuite les Abids du Doukkâla, qui, depuis qu'ils avaient
quitté Mechra Erremel, s'étaient établis à Salé. Il les installa à l'intérieur de la casbah dans des paillottes qu'ils y
construisirent. Des Abids de Méquinez, célibataires et ma-
riés, qui se rendirent auprès de Sidi Mohammed, furent employés par lui au service de son palais. Il fit reconstruire les
murailles de la casbah, qui étaient en ruines, et édifier la

---

[1] Le Hâha et le Chiâdhma sont deux provinces du sud-ouest de Maroc.

mosquée dans le voisinage de son palais. Lorsque les remparts de la casbah furent terminés, il isola cette citadelle de la ville et lui donna des portes particulières. Il continua ainsi à construire et à planter, puis il organisa son armée qui compta bientôt quatre mille cavaliers. Il réunit en outre quinze cents Abids et nomma leurs caïds, qui furent chargés des diverses fonctions de son gouvernement[1]. Ayant ensuite donné aux Abids les moyens de bâtir des maisons, il fit détruire leurs paillottes et leur fit construire des chapelles dans l'intérieur de la casbah. Enfin il restaura la mosquée d'Elmansour qui était dans la casbah et fit édifier la grande mosquée de Bedima[2], ainsi que des medresas et des bains.

La première expédition de Sidi Mohammed contre le Sous eut lieu en 1169 (1756); il pacifia le pays, y nomma des chefs et revint ensuite. En 1170 (1757), il alla dans le Hâha à cause du thaleb Essâlah, qui s'était emparé du pouvoir à Agadir et qui percevait à son profit les revenus de ce port. Arrivé à Agadir, Sidi Mohammed fit arrêter ce gouverneur, confisqua ses biens et le fit ensuite égorger dans la prison où il l'avait fait enfermer. Au retour, le prince dirigea une expédition contre Tâmesna pour réprimer les brigandages des Châouïa, qui infestaient les routes. Il pilla cette tribu, lui tua du monde et fit des prisonniers, qu'il chargea de chaînes et qu'il envoya ensuite à Maroc, où ils furent jetés en prison. Puis il gagna Salé et vint camper devant Rabat. Les habitants de cette dernière ville lui apportèrent des présents; mais Abdelhaqq Fennich, commandant de Salé, fit fermer les portes de cette ville. Sidi Moham-

---

[1] A cette époque le pouvoir était en grande partie aux mains des Abids, qui occupaient toutes les fonctions importantes de l'empire.

[2] Je ne suis pas sûr de la lecture de ce nom.

med franchit alors la rivière à gué et, laissant de côté Salé, il partit pour Alqasar. Là, les Abids de Méquinez, commandés par leur chef le bacha Ezziâni, se présentèrent au prince et passèrent la nuit dans son camp. Le lendemain, Sidi Mohammed se remit en route: Quand il arriva à Ettâïcha, il s'y arrêta et fit mander en sa présence les caïds des Abids. Dès qu'ils furent réunis, il mit à mort le bacha Ezziâni et le caïd Youcef Essellâh et nomma le bacha Saïd ben Elayyâchi chef des Abids. Il renvoya ensuite les Abids à Méquinez en leur disant : « Allez retrouver mon maître, qui est aussi le vôtre; car, pour moi, je ne suis qu'un de ses sujets. » Sidi Mohammed se rendit alors à Tétouan, puis, après avoir passé devant Ceuta, il revint successivement à Tanger, à Larache, à Salé, et enfin à Maroc. Il conserva son commandement jusqu'au mois de safar 1171 (octobre 1757), époque à laquelle il apprit la mort de son père le sultan Abdallah, qui fut enterré au cimetière des chérifs. Dieu lui fasse miséricorde !

RÈGNE DU SULTAN SIDI MOHAMMED BEN ABDALLAH BEN ISMAÏL, PÈRE DE MAULAY SELIMAN.

Dès que la nouvelle de la mort du sultan Abdallah fut connue, les habitants de Maroc proclamèrent Sidi Mohammed. Des députations des tribus arabes du Houz, des tribus d'Eddir, de celles du Hâha et du Sous vinrent aussitôt apporter des présents et prêter serment de fidélité au nouveau souverain. Après elles, ce fut le tour des habitants des places fortes et des montagnes, puis celui des habitants de Fez, des ulémas et des chérifs de cette ville, des Oudaïas, des Abids, des habitants de Méquinez et des tribus du Gharb arabes et berbères. Personne ne se refusa à prêter serment de fidélité à Sidi Mohammed. Le sultan distribua des cadeaux aux députations; il donna aux Abids et aux Oudaïas des armes, des chevaux et des vêtements en grand nombre, et il les congédia tous ensuite. A peine ces réceptions étaient-elles terminées que le sultan prépara une expédition contre le Gharb. Il manda aux tribus de se joindre à lui, et quand elles l'eurent fait, il quitta Maroc et arriva bientôt à Méquinez, où il logea dans le palais impérial. Il distribua aux Abids l'argent de leur solde, il donna des gratifications aux chérifs, aux jurisconsultes et aux thalebs, puis il se rendit à Fez. La population de cette ville, les Oudaïas et les habitants du Houz se portèrent à sa rencontre jusqu'à Essefâsifa, où il campa avec son armée, et, comme ce jour-là était un vendredi, il alla assister à la prière publique dans Fez la neuve. Toute la population de Fez vint se mêler aux soldats de l'armée, qui occupait toute la plaine, et là chacun put, sans en être empêché, s'approcher du prince et baiser ses vêtements.

Arrivé dans la ville, le sultan eut une entrevue avec les ulémas; il les interrogea l'un après l'autre et les connut ainsi personnellement. Lorsqu'il sortit de la mosquée, il alla faire ses dévotions sur la tombe de son père; il répandit des aumônes et donna l'ordre d'organiser sur cette tombe un service de prières matin et soir. Entrant ensuite au palais du gouvernement, il rendit visite à celles de ses sœurs qui s'y trouvaient et leur adressa ses compliments de condoléances. Il revint après cela à son camp, où il passa la nuit. Le lendemain, il se rendit à cheval à Dâr Debibegh; là, se trouvait réunie la succession de son père, consistant en argent, armes, tapis, chevaux et selles; il examina ces objets, les fit mettre en ordre, et, quand il en eut terminé l'inventaire, il laissa le tout en cet endroit : l'argent fut confié à la garde de son nègre, le caïd Allâl ben Saoud, et le reste au caïd Berba[1]. La surveillance générale de ce dépôt fut exercée par son chambellan, le caïd Abdelouahhâb Elyemmouri. Après quelques jours de repos, le sultan fit transporter à son camp l'argent et les objets laissés par son père et les confia à ceux de ses serviteurs qu'il avait désignés. Il donna aux compagnons de son père, pour qu'ils se la partageassent, une certaine somme d'argent et recommanda à ses gens de respecter et de traiter avec égards ces anciens serviteurs. Il les prit d'ailleurs à son service : ceux d'entre eux qui montrèrent quelque mérite restèrent auprès de lui et devinrent ses familiers; quant aux autres, il les mit bientôt de côté et les éloigna de sa personne.

Le sultan maintint dans leurs fonctions tous les chefs des tribus, les caïds des Abids et les gouverneurs des villes. Seul Elouqqâch, le caïd de Tétouan, fut révoqué. Ce personnage, redoutant les conséquences de ses méfaits précédents, s'enfuit avec sa famille au mausolée de Maulay Abdesselâm[2]. Quand les habitants de Tétouan vinrent se présenter au sultan, celui-ci leur donna pour gouverneur son secrétaire Abdelkerim ben Zâkour, qui était un *hadhri*[3] comme eux et qu'il avait précédemment nommé à Larache; Larache reçut un autre gouverneur. Sidi Mohammed nomma au commandement de Fez Elhadj Mohammed Essoffâr, un des trois gouverneurs de cette ville à l'époque de l'inter-

---

[1] Ce nom n'est peut-être pas exact, car le copiste l'a marqué du mot كذا «sic».

[2] Ce mausolée est situé à peu près à moitié chemin de Ouezzân à Tétouan.

[3] «Citadin». Il existe une assez vive antipathie entre les citadins et les habitants des campagnes.

règne [1]. Le sultan resta deux mois à Fez; pendant ce temps il réorganisa le Maghreb, fortifia les places de guerre et assura la défense du pays. Il partit ensuite pour Méquinez et de là se rendit chez les Ghomâra [2], à cause du marabout El Arbi Abou'ssokhour Elkhamsi, qui jouissait d'un grand crédit dans cette tribu et qui annonçait à tous que le règne du sultan ne durerait pas. Sidi Mohammed fit périr ce marabout et envoya sa tête à Fez; il donna le commandement de la tribu au bacha Elayyâchi, en lui assignant Chefchaoun comme résidence. Il continua ensuite sa route et arriva à Tétouan, où il fit bâtir le fort qui s'y trouve actuellement, ainsi que la maison située au port de Martil [3]; puis il se rendit à Ceuta. Arrivé devant cette ville, il s'arrêta pour examiner les ouvrages qui défendaient la place; il reconnut qu'un homme sensé ne devait pas songer à s'en emparer, et se contenta d'ordonner à ses troupes d'envoyer une décharge de mousqueterie à poudre; les infidèles répondirent par une volée d'artillerie à boulet qui fit trembler les montagnes. Poursuivant sa marche, le sultan arriva à Tanger. Avant d'atteindre cette ville, tous les Rifains, conduits par leur caïd Abdessâdeq, fils du bacha Ahmed, s'étaient portés sur son passage; le sultan les accueillit avec bienveillance et leur fit distribuer de l'argent et des vêtements. Il donna l'ordre au caïd Abdessâdeq de faire construire des galiotes à Martil et il envoya son frère Abdelhâdi pour surveiller ces travaux. Sidi Mohammed se rendit ensuite à Larache, où il s'arrêta; la ville était déserte, il n'y restait qu'environ deux

---

[1] On donne ce nom à la période tourmentée qui s'étend de la mort d'Ahmed Eddhehebi (1729) à l'avènement de Sidi Mohammed (1757).

[2] Les Ghomâra habitent le littoral du Rif qui avoisine la ville de Badis.

[3] Port de Tétouan à l'embouchure de l'Oued Martil.

cents Rifains, placés sous la protection des caïds du Gharb,
Elhabib et Essofiâni. Il envoya dans la place une garnison
composée d'Abids de Méquinez et d'Abids de Mehedia qu'il
plaça sous les ordres de Abdesselâm Ould Ali Ou Addi. Puis
après avoir donné aux deux cents Rifains des armes et des
vêtements, le sultan partit pour Salé. Là, il campa sous les
murs de Rabat; il ordonna à Abdelhaqq Fennich de construire
un débarcadère dans le port de Salé, et à Ali Martil d'en
construire un autre dans le port de Rabat. Le raïs Elarbi Elmestiri fut nommé caïd de Rabat. Le sultan donna
aussi l'ordre de construire deux vaisseaux : l'un pour Salé,
l'autre pour Rabat. Jusqu'alors, ces deux villes n'avaient pos-
sédé qu'un seul navire qui avait été construit à frais communs
pendant l'époque de l'interrègne. Les négociants chrétiens
d'Asfi furent invités à fournir tous les agrès de ces navires :
ancres, mâts, vergues, voiles, câbles, poulies, tonneaux, en
un mot tout ce qui est nécessaire à un navire en marche.

Le sultan rentra ensuite à Maroc. Il renvoya dans leurs
foyers les Abids et les Oudaïas qui étaient avec lui et donna
l'ordre aux Abids d'Elmelouqia d'aller s'établir auprès de
leurs frères de Méquinez. L'entrée du prince à Maroc eut
lieu à la fin de moharrem de l'année 1172 (septembre 1758).
Dans cette ville, le sultan reçut les Beni Idrâsen, qui venaient
se plaindre de ce que les Gerouân les avaient chassés de
leur pays, aidés en cela par les Oudaïas. Il écrivit au gouverneur de Méquinez d'établir les Beni Idrâsen dans la banlieue
de cette ville, de leur faire contracter une étroite alliance[1]

---

[1] Le texte porte un mot qui signifie «traiter ou reconnaître quelqu'un
comme son frère». Cette sorte de fraternité établie entre musulmans fut mise en
pratique par Mahomet lui-même, qui choisit pour frère Ali ben Abou Taleb.
(Cf. Noël des Vergers, *Vie de Mohammed,* Paris, M DCCC XXXVII, p. 36.)

avec les Aït Yemmour, de façon à ne former qu'un seul clan et de leur prêter assistance, parce qu'ils étaient ses partisans comme ils avaient été ceux de son père. Le gouverneur ayant allié les Idrâsen aux Aït Yemmour, ces deux tribus furent placées sous la direction du vice-gouverneur de Méquinez, Elhadj Ali Esselâouï, qui avait été appelé de Tâdela à Méquinez. Comme les Guerouân ne laissaient point en repos les Beni Idrâsen et qu'ils les combattaient de nouveau, le gouverneur de Méquinez informa le sultan de ce qui se passait et il ajouta que les Oudaïas favorisaient ces attaques et y prenaient part. Le sultan donna l'ordre au gouverneur d'aller avec les Abids au secours des Beni Idrâsen. De leur côté, les Oudaïas quittèrent Fez pour se porter à l'aide des Guerouân. Arrivés avec l'armée des Guerouân à Isbouqen, ils marchèrent ensemble contre les Beni Idrâsen. La rencontre eut lieu sur les bords de l'Oued Islen et Dieu accorda la victoire aux Aït Idrâsen, qui tuèrent environ cinq cents de leurs adversaires et pillèrent leur camp ainsi que celui des Oudaïas qui étaient avec eux. Les têtes des notables d'entre les Oudaïas furent coupées et suspendues à la porte neuve de Méquinez. Quand la nouvelle de ce combat parvint au sultan, il fut très irrité contre les Oudaïas et conçut le projet de se venger d'eux.

En 1173 (1758-1759), le sultan révoqua de ses fonctions le cadi de Maroc, Abdelaziz Abou Abdeli; il le jeta en prison, le ruina complètement et s'empara de ses magasins et de ses jardins. La cause de cette disgrâce fut que ce cadi était un homme inique et intraitable; pour lui, l'opinion des jurisconsultes de son époque, pas plus que l'avis de ses collègues, n'avait aucun poids, et il n'acceptait pas qu'on infirmât ses jugements, même lorsqu'ils étaient en contradiction avec les textes de loi ou avec la jurisprudence. Un jour, le sultan envoya un de ses secrétaires assister en son nom au règlement d'une affaire. Il avait en outre donné l'ordre à certains ulémas qu'il avait désignés d'être présents à cette audience, et, parmi eux, se trouvait le très docte, le chérif Maulay Abdallah ben Idris Elmodjerreb. Cet uléma avait été appelé à Maroc par le prince des croyants, qui l'avait nommé professeur, imam et prédicateur à la mosquée d'Elmouâsin. L'audience, suivant l'ordre du sultan, fut tenue dans cette mosquée. Dès que les magistrats eurent pris place et que les deux parties en cause furent en présence, le cadi, selon son habitude, trancha le différent de lui-même sans consulter personne et sans tenir aucun compte des personnages qui l'entouraient. Maulay Abdallah, dont il vient d'être parlé, dit alors au cadi : « O Abdelaziz, écoutez : les paroles d'un cadi ont une portée que n'ont point celles d'un savant[1]. Or, dans l'affaire que vous venez de juger, non seulement votre sentence n'est pas exactement motivée, mais elle est en contradiction avec les textes. » Puis il cita les textes avec les déductions qu'ils comportaient, en invitant les témoins instrumentaires à constater son nouveau jugement. Le cadi resta tout stupéfait et les jurisconsultes présents, redoutant quelque incartade de sa part contre le chérif qui venait de parler se retirèrent en toute hâte. Aussitôt que le sultan fut avisé de ce qui s'était passé dans cette audience, il déclara exécutoire la sentence du chérif, auquel il donna des marques de sa faveur. Quant au

---

[1] En d'autres termes : une appréciation erronée émanée d'un magistrat a des conséquences immédiates qui peuvent causer un préjudice à raison des fonctions dont il est investi ; une erreur dans une discussion entre savants n'a pas les mêmes inconvénients.

cadi, il le révoqua et s'empara de tous ses biens. Il voulait donner le jardin du cadi à Maulay Abdallah, mais celui-ci refusa et écrivit au sultan une lettre dans laquelle il disait : « En s'emparant des biens du cadi, le prince des croyants a agi équitablement, car cette prise de possession au nom du Trésor public est conforme aux textes des jurisconsultes, ainsi qu'on peut le voir dans Ibn Selmoun[1], Elhattâb et autres. Mais en ce qui concerne le jardin, Abdallah, en sa qualité d'étranger au pays, ne saurait l'occuper, et il doit se contenter de ses fonctions à la mosquée d'Elmouâsin. » Quelque temps après cela, le cadi partit en pèlerinage, et, quand il demanda l'autorisation d'accomplir ce devoir pieux, le sultan lui donna un subside de 1,000 douros, puis à son retour il lui rendit ses fonctions de cadi, mais en lui adjoignant comme collègues d'autres magistrats, tels que Abdelaziz ben Hamra, Ibn Elhattâb, Abou Becr Echchenguiti et autres. Depuis ce moment jusqu'à sa mort, le cadi ne revint jamais à ses anciens errements. De nombreux jurisconsultes de Maroc lui furent successivement adjoints. Quand le sultan alla dans le Gharb, il révoqua le cadi Abdelqâder ben Kheris dans des circonstances analogues et le remplaça par Youcef bou Inân. Pour ce qui est des cadis des villes, des tribus et des villages, tous les ans il en révoquait quelques-uns, et bientôt il y en eut une vingtaine qui se tinrent à la porte de son palais[2].

Au mois de safar 1174 (septembre 1760), après avoir

---

[1] Ibn Selmoun (Abdallah ben Abdallah ben Ali), mort en 741 (1340-1341), est l'auteur du formulaire d'actes le plus autorisé parmi les musulmans du nord de l'Afrique.

[2] La révocation d'un fonctionnaire est rarement définitive en pays musulman ; aussi le palais du souverain est-il constamment assiégé par une foule

préparé une expédition contre le Gharb, le sultan quitta
Maroc et arriva à Méquinez. Les Oudaïas lui envoyèrent
alors pour intercéder en leur faveur une députation de
femmes âgées. Dès qu'elles furent arrivées à Sâis en présence du sultan, ces femmes fondirent en larmes et implorèrent sa clémence. Le sultan leur fit donner des montures
et les renvoya après leur avoir distribué quelque argent,
puis il alla camper à Essefâsifa. Là, les habitants de Fez et
les Oudaïas vinrent à sa rencontre; il les accueillit avec bienveillance et ne leur adressa aucun reproche. Le lendemain,
selon la coutume, les habitants de Fez apportèrent la *difa*[1].
Sidi Mohammed avait décidé de tenir ce jour-là une audience
à Dâr Debibegh, afin de recevoir les soldats et les tribus qui
lui offraient des présents. Quand la difa fut apportée à Dâr
Debibegh, le sultan invita les Abids et les Oudaïas à entrer
pour prendre part au repas; puis, quand ils furent entrés,
il entra à son tour et ferma la porte. Il fit saisir tous les
assistants, qui furent aussitôt garrottés et étendus sur le dos,
prêts à être égorgés; mais, à ce moment, le sultan se sentit
pris de compassion et leur fit grâce. Le repas achevé, il
enjoignit à ses troupes de piller le camp des Oudaïas à
Lemtha, ce qui fut accompli en un clin d'œil, car le soleil
n'était pas couché que tout était enlevé et que l'on avait
fait place nette. Les Oudaïas restés à Fez la neuve fermèrent
les portes de la ville et montèrent sur les remparts; quant
aux autres, ils s'enfuirent pendant la nuit pour chercher un
asile, les uns à Fez, les autres à la zaouïa d'Elyousi. Le

de solliciteurs qui guettent une occasion favorable de se faire réintégrer dans
des positions qui leur ont été enlevées à la suite de trop nombreuses exactions.

[1] La *difa* est le repas que l'on offre aux hôtes de passage.

lendemain matin, du haut des remparts, les Oudaïas demandèrent l'*aman* pour sortir de la ville; le sultan accéda
à leur demande. Ils conduisirent alors leurs enfants dans
Fez la basse, tandis que le sultan établissait à Fez la haute
un corps de 1,000 Abids, qui firent venir leurs enfants de
Méquinez : ce détachement fut placé sous les ordres du caïd
Allâl ben Saoud. Le sultan fit mettre en liberté le caïd Qaddour ben Elkhidhr, ainsi que quatre des personnages considérables de la ville, et leur donna l'ordre de dresser la liste
des perturbateurs. Le nombre des plus mauvais et des plus ar-
dents fauteurs de désordres qui figurèrent sur cette liste fut
de cinquante. On les chargea de fers, en les accouplant
deux à deux, et chaque couple fut hissé sur un chameau. On
les conduisit ainsi dans la prison de Maroc, en ayant soin de
les montrer dans toutes les tribus chez lesquelles on passa.
Le sultan ordonna à Qaddour ben Elkhidhr de mettre en
liberté quatre cents individus qui étaient portés sur sa liste
et d'en dresser une nouvelle de six cents de façon à obtenir
le chiffre de mille. Puis, les autres rebelles ayant été renvoyés dans leurs tribus, les mille premiers furent enrôlés
et placés sous le commandement de Qaddour. Celui-ci reçut
l'ordre de conduire ces hommes à Méquinez et de les loger
à Elaroua [1], qui formait une sorte de citadelle indépendante;
là, ils devaient être soumis à la seule juridiction du sultan
et exercés au maniement des armes. Qaddour quitta Fez,
emmena ses hommes à Méquinez, les installa à El-Aroua, où
ils bâtirent leurs paillottes, tandis que leur caïd logeait dans
la maison qu'occupait le gouverneur d'El-Aroua, sous le
règne du sultan Ismaïl. Sidi Mohammed leur fit ensuite

[1] C'est le nom qu'on donnait aux grandes écuries bâties par le sultan Ismaïl à Méquinez.

remettre des armes, des vêtements et des chevaux. Il ne leur demanda aucun compte du passé, et, par la suite, la situation de ces gens devint prospère.

Sidi Mohammed s'attaqua ensuite aux chefs qui n'avaient point cessé d'exercer leur tyrannie et qui continuaient vis-à-vis de lui la conduite qu'ils avaient tenue à l'égard de son père à l'époque de l'interrègne. Il fit arrêter tout d'abord le caïd du Gharb, le bacha Elhabib; il le jeta en prison et envoya prendre possession de ses biens et de ses troupeaux. Sa maison fut démolie, et les matériaux, transportés à Larache, furent employés à des constructions dans cette ville. Enfermé en prison, le bacha Elhabib se laissa mourir de faim. Dieu nous préserve d'un semblable destin ! Le sultan ordonna également d'arrêter le caïd de Salé, Abdelhaqq Fennich, qui lui avait interdit l'accès de cette ville en en faisant fermer les portes à l'époque où il y était venu comme vice-roi. Plus tard, lorsque, grâce à Dieu, Sidi Mohammed était monté sur le trône, il n'avait d'abord adressé pour ce fait aucun reproche à Abdelhaqq et il lui avait conservé son commandement. Mais ce caïd, continuant le cours de ses méfaits, fit périr injustement un des notables de la ville. Le sultan enjoignit aux parents de la victime qui vinrent se plaindre de tuer le caïd, et, ceux-ci n'ayant pu l'atteindre, il ordonna aux gens de l'entourage d'Abdelhaqq de tuer leur maître, ce qu'ils firent à coups de manche de hache. Le sultan envoya saisir toutes les richesses du caïd et on vendit ses propriétés, ainsi que celles que ses frères possédaient à Salé. Quant à ces derniers, on les transporta à Larache, où ils furent jetés en prison. Quelque temps après le souverain leur fit grâce : il les mit en liberté et les répartit dans les différentes villes du littoral à Tanger, à Larache, à Rabat, à Maroc et à Mogador[1]. Il leur donna de belles maisons, des terres en rapport et des pensions considérables, si bien qu'ils acquirent sous ce règne une puissance et une considération auxquelles aucun de leurs ancêtres n'avait pu atteindre et dont personne ne jouit à cette époque. Ce fut parmi eux que, durant son règne, Sidi Mohammed choisit les chefs de l'artillerie, et les directeurs chargés des engins de guerre, canons, mortiers, poudre, etc., dans les différentes places fortes.

Le sultan révoqua ensuite le caïd de Tâmesna, Ould El-medjâthia, ainsi que celui de Tâdela, Errâdhi Elourdighi. Il confia le commandement de ces deux places à son vizir Sidi Mohammed ben Haddou Eddoukkâli, qu'il avait précédemment nommé gouverneur du Doukkâla, à l'époque où il avait fait arrêter Elarousi, le gouverneur de cette province. Gardé en prison pendant quelques années, Elarousi fut ensuite relâché et nommé au gouvernement de la ville de Chefchaoun et de son district. La sévérité du prince rendit plus circonspects les fonctionnaires qui ne songeaient jusquelà qu'à amasser des richesses. Le sort des populations et celui de l'armée furent encore améliorés par le soin que prit le souverain de n'investir des fonctions publiques que ceux qui en étaient dignes. Toutes ces mesures prises, le sultan rentra à Maroc.

En 1176 (1762-1763), au cours d'une expédition, le sultan rencontra sur sa route, près de Tâdela, les Achgren; il les pilla, leur tua du monde et leur fit des prisonniers. Il alla ensuite chez les Ghelda, tribu des Châouïa; il les

---

[1] Le nom de Mogador, en arabe, est Soueïra, que l'on écrit tantôt par un س, tantôt par un ص.

surprit, en tua un certain nombre et fit une grande quantité de prisonniers qu'il envoya chargés de chaînes à Maroc.
En 1177 (1763-1764), il retourna dans le Gharb, à cause
des déprédations qu'y commettaient les Hayâïna. Lorsqu'il
arriva à Fez, ses troupes razzièrent les Beni Askâtou et les
Beni Saden, puis elles allèrent piller les Hayâïna, qui s'enfuirent dans la montagne de Ghiyâtsa. Le sultan se mit à
leur poursuite, en suivant la route de Taza, pénétra dans le
pays des Ghiyâtsa, où il défit les Hayâïna, qui demandèrent
et obtinrent l'*aman*. De là, il revint dans le pays des Hayâïna,
qu'il ruina de fond en comble. Après avoir passé les jours
de la fête dans cette contrée, le sultan retourna à Fez, où il
laissa comme vice-roi son cousin paternel Idris ben Elmon-
tasir; il lui donna en outre le commandement des tribus
montagnardes.

Lorsqu'il arriva à Méquinez, Sidi Mohammed fit arrêter
et jeter en prison les enfants d'Adil, et cela à cause d'une
somme d'argent qu'ils devaient à son père et dont il avait lui-
même fourni une partie. Il ordonna ensuite de constituer
hobous[1], en faveur de toutes les mosquées du Maghreb, la
bibliothèque ismaïlienne, qui contenait plus de douze mille
volumes. Comme il arrivait à Maroc, le sultan reçut une
députation des notables de Mesfioua comprenant cent cinquante cavaliers; il les fit tous massacrer et envoya ses troupes
saccager leur pays. Cette tribu avait été la plus turbulente
de toutes. Depuis le jour où le sultan avait été nommé
par son père vice-roi du Maroc, il avait essayé de remédier
au mal, mais aucun remède n'avait été efficace. Le sultan
quitta Maroc et se rendit à Méquinez : il fit une expédition

---

[1] Bien de mainmorte.

contre les Sïin des Aït Zemmour; il pilla leurs tentes, s'empara de leurs troupeaux et dispersa leur population. Arrivé ensuite à Méquinez, il donna l'ordre aux tribus de verser les impôts *zekat* et *achour* [1] : les tribus des environs de Fez devaient les remettre dans les greniers de cette ville, tandis que celles des environs de Méquinez les remettraient dans les greniers de cette dernière cité. Le sultan demeura à Fez jusqu'au commencement du printemps; à ce moment il alla attaquer les Mermoucha, dont il pilla les tentes; il s'empara de leurs troupeaux, détruisit leurs châteaux et leur tua un grand nombre d'hommes. Jusque-là cette tribu avait toujours vaincu ceux qui avaient lutté contre elle; mais le sultan, en venant en personne à la tête de ses Abids, avait enfin réussi à la disperser. De là, Sidi Mohammed se dirigea sur Taza, et, après avoir rendu la paix à cette ville et à son territoire, il revint à Méquinez. Ce fut dans cette expédition que mourut le caïd des caïds, Sidi Mohammed ben Haddou Eddoukkâli; il fut enterré auprès du mausolée d'Abou Becr ben Elarbi : il eut pour successeur dans ses fonctions Mohammed ben Ahmed, cousin paternel du sultan.

En 1177 (1763-1764), le sultan donna l'ordre de construire le mausolée de Sidi Ali ben Herzhoum. A cette même époque, Ahmed Elkhidhr se révolta dans le Sahara; il troubla et désola cette contrée par de nombreux combats. Il prétendit d'abord être Maulay Abdelmalek, qui était mort; plus tard, il se contenta de dire qu'il en était l'émanation [2]. Le sultan manda aux Arabes de cette contrée de mettre à

---

[1] Le *zekat* est prélevé sur les produits de l'élevage, tandis que l'*achour* est l'impôt supporté par les produits de la culture.

[2] Le texte porte داعينه.

mort cet imposteur; ceux-ci le tuèrent et envoyèrent sa tête
au souverain. En 1178 (1764-1765), eut lieu le mariage
de Maulay Ali, fils du sultan, avec la fille de son oncle
paternel, Maulay Ahmed, et celui de Sidi Mohammed ben
Ahmed, neveu du sultan, avec la fille de ce dernier. Ces
noces furent célébrées avec une grande pompe, et nombre
d'habitants du Maghreb y assistèrent et apportèrent leurs
cadeaux. Les fêtes terminées, le sultan se rendit au port de
Mogador, où il fonda une ville dont il fixa lui-même l'emplacement et dont il traça le plan. Il y laissa des ouvriers
et partit. A son retour, il alla faire un pèlerinage à Aghmât[1],
qu'il donna en fief au fils d'Enneqsis. Il resta là un certain
temps à visiter les plaines qui entourent la ville en compagnie de jurisconsultes et de secrétaires; ce fut à ce mo-
ment-là qu'il reçut en cadeau, du cadi d'Aghmât, le célèbre
bélier[2].

Au mois de dzoulqaada de cette même année, des vaisseaux français mouillèrent devant Salé et lancèrent sur la ville
des boulets et des bombes. La population s'enfuit dans les
jardins en emmenant les enfants. Le bombardement dura
trois jours; après cela, les Français levèrent l'ancre. En 1179
(1765-1766), ils vinrent mouiller devant Larache; ils bom-
bardèrent la ville et la détruisirent. Les habitants avaient
déserté la ville et s'étaient réfugiés dans les bastions. Les
Français, montés sur des chaloupes armées, pénétrèrent
dans le port et incendièrent les navires qui s'y trouvaient.
Puis ils remontèrent la rivière pour atteindre un navire qui
était resté là. Les musulmans se postèrent alors à l'entrée

---

[1] Aghmât est sur le territoire des Mesfioua au sud de la ville de Maroc.
[2] Il s'agit de quelque animal phénomène.

du port, et, lorsque les gens du Sahel et les Beni Djerfedh[1]
eurent combattu l'ennemi auprès du navire et l'eurent repoussé, ils cernèrent les Français et leur barrèrent le passage. Ils abordèrent ensuite leurs barques à la nage et tuèrent
ou firent prisonniers tous les mille hommes qui s'y trouvaient : pas un seul n'échappa[2]. Plus tard, le roi d'Espagne
s'entremit dans cette affaire et obtint le rachat des prisonniers moyennant une somme considérable.

Cette année-là (1179), Maulay Ali, fils du sultan, fut
nommé vice-roi de Fez et eut en outre le commandement
de toutes les tribus montagnardes et du Rif. Une expédition fut dirigée par le sultan contre le Garet[3] et le Rif; elle
passa par Tétouan et par le pays de Ghomâra dont toutes
les tribus furent exterminées, excepté celle de Kebdâna. Le
sultan revint par la route de Taza. En 1180 (1766-1767),
il se rendit à Méquinez, où il fit arrêter Abdessâdeq Errifi, ainsi que cent personnes du Rif, et les jeta en prison.
Il alla ensuite à Tanger pour s'emparer des richesses d'Abdessâdeq et de ses Arabes. Il fit transporter la tribu de ce
personnage et ses partisans à Elmehedia, où ils demeurèrent
sous les ordres du caïd Mohammed ben Abdelmalek. Il
établit à Tanger une garnison de mille cinq cents Abids qui,
se trouvant ainsi en nombre égal à celui des Rifains restés
dans cette ville, ôtèrent à ceux-ci toute velléité de se révolter contre lui. Ce fut en 1181 (1767-1768) qu'eut lieu
l'affaire de l'imposteur Kelkh. Ce personnage en imposa aux
populations en leur disant : «Je vous ferai entrer dans le

---

[1] Les Beni Djerfedh sont établis entre Tanger et Alqasar.

[2] Cette expédition est celle qui fut commandée par du Chaffaut.

[3] Province située sur la rive gauche de la Molouïa, près de l'embouchure
de cette rivière.

trésor public, et vous prendrez ce qu'il contient. » Séduite
par de faux miracles, la population suivit l'imposteur, qui
entra à Maroc à la tête d'une foule considérable qui criait
de toutes ses forces : «Sellekh, Kellekh[1]. » Profitant du
trouble des habitants, les émeutiers traversèrent la ville et
se dirigèrent vers la casbah. Averti aussitôt, le sultan envoya
des hommes de sa garde se saisir de l'imposteur, et tous les
émeutiers prirent immédiatement la fuite; Kelkh fut amené
au sultan, qui le fit mettre à mort. Cette affaire fut vérita-
blement extraordinaire.

Cette même année, le sultan ottoman Mustapha[2] envoya
par Elhadj Abdelkerim Arghoun un présent qui consistait
en un navire chargé de canons, de mortiers, de bombes et
de boulets; des corsaires firent une descente à Larache, et le
gouverneur de l'Oued Zân, Maulay Etthaieb, mourut.

En 1182 (1768), Sidi Mohammed envoya en pèlerinage
son fils Maulay Ali; il le fit accompagner par son frère Abdesselâm, qui était tout jeune[3]; Maulay Ali emmena avec
lui la fille du sultan, fiancée au sultan Serour, chérif de la
Mecque. Son trousseau valait plus de 100,000 dinars en
or, sans compter les perles et les pierres précieuses. La caravane emporta des présents pour les deux villes saintes[4],
les principaux fonctionnaires, les chérifs, les ulémas, les
neqibs, les personnages du Hedjaz et du Yémen et les jurisconsultes des villes de ces pays. Enfin le sultan envoya des per-

---

[1] Peut-être faut-il lire : «Sellekh Kelkh», qui signifieraient : «Écorche, ô
Kelkh ! »

[2] Mustapha III.

[3] C'est-à-dire qu'il n'était pas pubère, et par conséquent qu'il n'avait pas
l'âge voulu pour accomplir le pèlerinage de la Mecque.

[4] La Mecque et Médine.

sonnages importants du Maroc, des fils d'émirs, des cheikhs
de tribus et un grand nombre de ses serviteurs et de ses gens
avec des chevaux de prix et des armes. Dans tout l'Orient,
on parla de ces magnificences, et l'arrivée à la Mecque fut
un véritable événement, auquel assistèrent tous les pèlerins.

Le sultan se rendit cette année-là à Elbridja[1]; il campa
sous les murs de la place et fit dresser contre elle ses canons
et ses mortiers. Elhadj Seliman Etturki, chef du tir, qui
avait instruit les canonniers de Rabat, dirigea cette opération. La canonnade s'engagea, et bientôt Dieu donna la victoire aux musulmans. Le butin fut considérable et certains
soldats trouvèrent là la fortune. Le sultan repeupla la ville
avec des habitants du Doukkâla, dont c'était d'ailleurs le
pays, et il y laissa une garnison recrutée dans son armée.

En 1183 (1769), le sultan dirigea une expédition contre
Tâdela, dont les habitants turbulents étaient toujours en
guerre; il pilla leurs biens, dispersa leurs troupes et leur
donna pour gouverneur Ould Errâdhi. Celui-ci les pressura
si bien qu'il les réduisit à la misère et qu'ils ne pouvaient
même plus se rendre d'un lieu à un autre, faute de
moyens de transport. En 1184 (1770), une expédition eut
lieu contre les Guerouân, qui ravageaient le pays. Le sultan
les attaqua à Guerguira, leur tua environ cinq cents hommes
et pilla leurs richesses. Réduits à mendier à Fez et à Méquinez, les Guerouân furent ensuite, sur l'ordre du souverain, transportés à Azghâr au milieu des Arabes. Après cela,
le sultan alla mettre le siège devant Melilla[2]; il campa

---

[1] Elbridja « le fortin » est appelé par les Européens Mazagan; c'est un petit
port au sud de l'embouchure de l'Omm Errebia.

[2] Melilla est un des points occupés par les Espagnols sur la côte méditer-
ranéenne du Maroc; cette ville est entourée par la tribu des Guelâïa.

sous les murs de la ville et dressa contre elle ses canons et ses mortiers. L'attaque commença le premier jour de moharrem de l'année 1185 (avril 1771). Le roi d'Espagne adressa des représentations au sujet de cette attaque en disant au sultan : « Nous sommes en paix sur terre et sur mer en vertu du traité que nous a apporté votre secrétaire Elghezzâl [1], traité que nous avons signé. » Le sultan répondit : « Le traité que nous avons fait ne portait que sur la mer; car, s'il n'avait été fait de stipulations que pour la terre, nous serions allés chez vous et vous seriez venus chez nous, et alors comment y aurait-il eu trêve [2]? » Le roi d'Espagne ayant envoyé le traité qui était en effet applicable à la terre et à la mer, le sultan fit cesser l'attaque, mais il stipula que les Espagnols transporteraient sur leurs navires le matériel du siège, canons, mortiers, boulets et bombes, que l'armée musulmane aurait eu beaucoup de peine à transporter par la voie de terre. Le roi d'Espagne souscrivit à ce désir, et les navires espagnols transportèrent ce matériel, partie à Tanger, partie à Mogador. Cet événement fut cause de la disgrâce d'Elghezzâl, qui perdit ses fonctions de secrétaire. Resté sans emploi, Elghezzâl mourut, après avoir perdu la vue. Dieu lui fasse miséricorde !

Sur le conseil d'Aboulqâsem Ezzemmouri, le sultan entreprit en 1187 (1773) une expédition contre les Aït Mâlou. Il quitta Méquinez à la tête de toute son armée et de contingents des tribus et vint camper à la casbah d'Adkhisân. Toutes les tribus ennemies s'étaient fortifiées dans la montagne. Voyant que les choses n'allaient pas comme il l'avait

[1] Voir dans l'Introduction la note relative à ce personnage.

[2] Ce passage est très obscur, peut-être à dessein, car l'agression du sultan ne pouvait en aucune façon être justifiée.

supposé, le sultan comprit la trahison et la fausseté d'Ezzemmouri, qui m'avait desservi auprès de lui en prétendant
que c'était moi qui avais porté le trouble dans ces tribus.
Instruit de la vérité, le sultan me rendit sa faveur, après qu'il
m'avait eu disgracié au point que chaque jour je craignais
qu'il ne me fît mettre à mort. Je reçus l'ordre de faire venir
les tribus; quand elles se présentèrent, le sultan leur dit : « Je
vous fais grâce en considération de mon secrétaire un tel. »
Sidi Mohammed se rendit ensuite à Tâdela; en arrivant
dans cette ville, il fut pris de la fièvre. Nous restâmes là six
jours, après lesquels, Dieu l'ayant guéri, le sultan rentra à
Méquinez. Le récit détaillé de cette expédition se trouve
consigné dans mon ouvrage intitulé : *Elbostân eddherif fi dau-
lat Oulâd Maulay Ali Echcherif*. Lorsque nous fûmes de retour
à Méquinez, le sultan disgracia Aboulqâsem Ezzemmouri et
lui confisqua ses biens. Quant à moi, il m'accorda de nouveaux honneurs et, depuis ce jour, il n'accueillit plus aucune
dénonciation à mon égard.

En 1188 (1774), le sultan enleva à Mohammed ben
Ahmed Eddoukkâli le commandement des tribus qu'il administrait et ne lui laissa d'autorité que sur les habitants du
Doukkâla, ses contribules. Il donna l'ordre de faire resti-
tuer à ces derniers les sommes qu'ils avaient enlevées aux
autres tribus qui s'étaient trouvées sous leur dépendance :
ces sommes se montèrent à deux cents quintaux. Chacune
de ces tribus reçut ensuite un chef choisi dans son sein. En
1189 (1775), eut lieu la plus grande des séditions qui trou-
blèrent le Maghreb : ce fut la révolte des Abids contre le sultan et la proclamation de son fils Elyezid. Voici l'origine de
ces événements : le sultan avait envoyé Echchâhed, un caïd
des Abids, qui fut cause de la révolte, porter un ordre aux

Abids; son chambellan, le caïd Elmokhtâr, qui accompagnait
Echchâhed, devait réunir mille des Abids de Méquinez, les
conduire à Tanger, où ils résideraient sous son commandement. Arrivé à Méquinez, Elmokhtâr lut aux Abids l'ordre
qu'il avait reçu. Les Abids s'étaient déclarés prêts à obéir
quand Echchâhed prenant la parole leur dit : « Par Dieu !
je n'emmènerai avec moi dans ces mille hommes que des
gens de mon rang, c'est-à-dire possédant une maison comme
la mienne, un jardin comme le mien et une terre semblable
à la mienne. » A ces mots, une grande effervescence se pro-
duisit parmi les Abids, qui voulurent tuer Echchâhed et
Elmokhtâr; mais ceux-ci réussirent à s'échapper et se réfugièrent dans le mausolée de Maulay Ismaïl ben Ali. La révolte commença aussitôt; les Abids se mirent à tuer et à
piller; ils voulurent tuer leur caïd Saïd ben Elayyâchi et
l'assiégèrent dans sa maison. Malgré le secours de ses Abids,
de ses serviteurs et de ses compagnons, qui combattirent
pour sa défense, le caïd vaincu fut obligé de se réfugier
dans le harem. Sa maison fut détruite après avoir été pillée.
Le sultan, quand il apprit ces nouvelles, était à Maroc et
avait auprès de lui son fils Elyezid. Il envoya ce fils chez les
rebelles, avec mission de rétablir l'ordre. Dès que le jeune
prince fut arrivé, les Abids se groupèrent autour de lui et
le proclamèrent souverain. Celui-ci ouvrit aussitôt le trésor
public et les arsenaux qui contenaient les armes et la poudre; il distribua le tout aux Abids, qui firent la prière en
son nom et écrivirent aux tribus de venir le reconnaître.
Mohammed Ou Aziz refusa son adhésion et quitta Méquinez
pour réunir des troupes. Les Oudaïas, sollicités par Elyezid,
refusèrent de se joindre à lui et informèrent Mohammed
Ou Aziz de cette démarche. Celui-ci, qui était avec ses con-

tingents à Elkherrouba, leur envoya deux mille Berbères.
Les Oudaïas ayant refusé de le reconnaître, Elyezid marcha
contre eux à la tête des Abids. Comme il se dirigeait sur
Elaroua, les Oudaïas sortirent à sa rencontre avec les Aït
Idrâsen et les Guerouân, qui étaient avec eux, et la bataille
s'engagea à Elmechta. Les Abids furent mis en déroute :
leurs pertes s'élevèrent à environ quatre cents hommes tués
et à un nombre considérable de blessés. De leur côté, les
Oudaïas et les Berbères eurent environ cent morts et un
nombre égal de blessés. Le combat avait eu lieu le vendredi. Le lendemain Elyezid demanda aux Abids de recommencer la lutte, mais ceux-ci lui répondirent : « Attendez
que nous ayons enterré nos morts. » A la nouvelle de ces
événements, le sultan quitta Maroc à la tête de ses Abids et
des tribus du Houz. A peine était-il arrivé à Salé qu'Elyezid
s'enfuit de Méquinez et alla se réfugier dans la zaouïa de
Zerhoun. Lorsque l'on arriva près de Méquinez, le sultan
se rendit en pèlerinage au mausolée de Maulay Idris le
Grand. Là, les chérifs et les marabouts lui amenèrent son
fils Elyezid, auquel il fit grâce. Au moment où le sultan entrait à Méquinez, les Abids suivis de leurs enfants et portant
des exemplaires du Coran vinrent au-devant de lui, accompagnés des chérifs et des marabouts. Il pardonna aux rebelles, à la condition qu'ils quitteraient Méquinez. Après
avoir séjourné quelque temps dans cette ville, le sultan
régla le sort des Abids; il les expulsa de Méquinez et les
répartit dans les ports de Tanger, Larache et Rabat.

En 1190 (1776), les Abids de Tanger se révoltèrent
contre leurs deux caïds, Echcheikh et Elahrar ben Abdelmalek, et voulurent les tuer. Ceux-ci s'enfuirent à Arzille;
mais bientôt, faisant appel à toute leur énergie, ils arrêtè-

rent les instigateurs de cette mutinerie et les expédièrent
au sultan, qui fit couper, en alternant de côté, un pied et
une main à chacun des coupables[1]. Dans tous les ports
de l'empire, les excès des Abids allaient sans cesse croissant.
Aussi, à la fin de cette année, le sultan quitta Maroc, et,
arrivé à Rabat, il envoya aux Abids des mulets et des chameaux et leur écrivit la lettre suivante : « J'avais fait publi-
quement le serment de vous expulser, mais maintenant mon
cœur est rempli des meilleurs sentiments à votre égard. Char-
gez donc sur ces mulets et sur ces chameaux vos enfants et vos
bagages, quittez Tanger et rendez-vous à Dâr Arbi. Expé-
diez alors les chameaux et les mulets à vos frères qui sont
à Larache, afin qu'ils puissent transporter leurs enfants et
leurs effets et venir vous rejoindre. Quand je serai moi-
même à Mechra Erremel, je vous enverrai tous mes mulets
en sorte que vous pourrez, en un seul voyage, vous rendre,
vous et vos enfants, à Méquinez, qui sera désormais votre
résidence. » Quand ils reçurent cette lettre, les Abids furent
tout joyeux de rentrer à Méquinez. Ceux de Tanger se mirent
en route et vinrent à Dâr Arbi, où ils campèrent auprès de
leur caïd, Saïd ben Elayyâchi, qui leur avait fait dresser
des tentes en cet endroit. Ce caïd était venu là sur l'ordre
du sultan pour attendre les Abids, les installer au lieu du
rendez-vous et leur fournir des vivres. On envoya ensuite
les chameaux et les mulets chercher les Abids de Larache,
qui vinrent rejoindre ceux de Tanger. Le sultan quitta
alors Rabat; il vint au rendez-vous à la tête des tribus du
Houz, des Beni Hasen et des gens du Gharb et campa près
des Abids à Souq Elarbâa. Le lendemain il expédia en avant

[1] C'est-à-dire la main droite et le pied gauche ou la main gauche et le
pied droit.

les Sofiân, les Beni Hasen, les Beni Malek, les Kholoth et les Teliq[1] et leur dit : « Allez camper auprès des Abids et faites en sorte qu'ils se trouvent entourés de tous côtés par vos troupes. Prenez-leur leurs chevaux et leurs armes, puis partagez ces noirs entre vous. Que chacun de vous prenne un homme, une femme et leurs enfants : le mari labourera et moissonnera ; la femme moudra, pétrira, ira à l'eau et au bois et les enfants garderont les troupeaux. Que Dieu assure ainsi votre prospérité ! Montez ensuite leurs chevaux, ceignez leurs armes, revêtez leurs vêtements et mangez tout ce que vous trouverez chez eux, car vous êtes, vous, mes soldats. » Les choses s'étant passées ainsi qu'il l'avait dit, le sultan regagna Rabat et dispersa les Abids qui s'y trouvaient, envoyant les uns à Maroc, les autres dans le Sous. Quatre ans plus tard, Sidi Mohammed pardonna aux Abids et les renvoya parmi les Arabes, après leur avoir donné de nouveau des vêtements, des armes et des chevaux ; il les réintégra dans l'armée et les répartit dans les divers ports du royaume. Depuis ce moment, la condition des Abids alla en s'améliorant et devint meilleure qu'elle ne l'avait jamais été. La disparition de ces soldats avait amené la désorganisation de l'empire du Maroc : l'insurrection avait gagné toutes les tribus arabes et autres.

Le manque de pluies occasionna une disette qui dura de l'année 1190 (1776) à l'année 1196 (1782). La famine fut si grande que les gens en furent réduits à manger des animaux morts, du sang, des sangliers et même de la chair humaine. La majeure partie de la population mourut de faim. Le sultan essaya d'atténuer les effets de cette calamité.

---

[1] Toutes ces tribus sont établies entre Méquinez et Tanger.

Il fit d'abord des distributions successives aux soldats Bokharis, puis il leur assigna des rations qu'ils touchèrent chaque mois. Les habitants des villes reçurent chaque semaine du pain, qui était distribué aux pauvres. Enfin le sultan prêta de l'argent aux tribus; cet argent, réparti par les chefs entre les gens du peuple, devait lui être rendu, mais seulement à l'époque de l'abondance. Quand la famine fut terminée et que les gens voulurent rembourser ces prêts, le sultan leur dit : «En vous donnant cet argent, jamais mon intention n'a été de vous faire un prêt, et, si j'ai prononcé ce mot, c'est que j'ai voulu éviter que cet argent fût accaparé par vos chefs, ce qu'ils eussent fait s'ils avaient su qu'on n'aurait pas à le rendre.» Durant cette famine, le sultan fit les plus grands efforts pour venir en aide aux gens du peuple; il dégreva les tribus de toutes leurs redevances pendant quatre ans. Après ce temps, l'abondance revint.

En 1197 (1783), la pluie tomba au Maroc; les terres furent labourées, le grain semé arriva à maturité et les denrées furent abondantes. Alors, pour la seconde fois, le sultan s'occupa de pacifier le pays. Une expédition fut dirigée contre les Oulad ben Esseba [1], qui saccageaient la province du Sous. On les expulsa du pays et on les dispersa dans le désert. Leurs notables furent arrêtés et jetés en prison, où ils restèrent jusqu'à leur mort. Ce fut ensuite le tour de la tribu de Zemrân, qui fut razziée à cause de ses nombreux méfaits. La population de cette tribu fut trans-

---

[1] Il faut lire Bou-Seba; sur cette tribu voir Faidherbe (*Renseignements géographiques*, p. 135-136, 154). Elle est citée dans R. Basset (*Relation de Sidi Brahim de Massat*, Paris, 1883, p. 32). Une fraction de cette tribu est établie à l'ouest de Maroc.

portée à Sidi Elmokhtâr sur le territoire des Ben Esseba.
Le sultan fit également transporter du Houz dans le Gharb
les tribus des Tekna, Medjâth et Daou Belâl. Ces tribus
furent installées à Fez et dans la banlieue de cette ville, et
leurs hommes inscrits sur les contrôles de l'armée. Les
Guethâïa, les Semket, les Medjâth, les Tâdela furent transportés dans le Houz de Méquinez; les Aït Yemmour furent
établis à Tâdela, et les Guerouân quittèrent leurs montagnes pour aller à Azghâr.

Cette même année, le sultan envoya son fils Abdesselâm
faire le pèlerinage de la Mecque; car ce prince, lorsqu'il
avait accompagné son frère Ali, n'avait pas l'âge voulu pour
l'accomplissement de ce devoir religieux. Ce fut aussi à
cette époque qu'eut lieu l'affaire de l'imposteur Elhadj
Elyemmouri. Ce personnage assurait être l'incarnation du
Maître de l'heure[1]; il prédisait l'avenir et prétendait posséder
le pouvoir de faire naître les événements qu'il annoncerait.
Il acquit une grande renommée parmi les Berbères igno-
rants et aussi parmi les autres tribus. Il occasionna de
grands troubles, ainsi que les gens de sa tribu, les Aït Yemmour, qui pillèrent toutes les tribus arabes qui les avoisinaient. Pour mettre un terme à leurs brigandages, le caïd
Sofiân Elhâchemi Essofiâni, sans attendre l'ordre du sultan,
réunit les tribus du Gharb et alla attaquer les rebelles à
la tête d'environ vingt mille cavaliers. Quand le caïd arriva
à l'Oued Sebou, l'ennemi qui était campé à Selfân voulut
lui offrir l'hospitalité, mais le caïd refusa. Le lendemain le
combat s'engagea. Les ennemis, qui n'avaient que six cents
cavaliers, furent défaits; leur caïd Elhâchemi ainsi qu'un

---

[1] C'est le terme vulgaire employé pour désigner un *Mahdi*.

grand nombre de notables périrent dans la mêlée et leur camp fut pillé. Le sultan, qui arriva ensuite, s'empara de l'imposteur et le fit mettre à mort.

En 1198 (1784), le sultan dirigea une expédition contre les Zemmour, mais il dut revenir sur ses pas, ses adversaires ayant pénétré dans les défilés de Tafraït. Il chargea alors les Aït Idrâsen et les Guerouân de les razzier aussitôt qu'ils sortiraient de leur retraite. Dès que le sultan fut reparti pour Maroc, les Zemmour, qui avaient quitté leurs défilés, furent attaqués et razziés. Ayant perdu tout ce qu'ils possédaient, ils furent réduits à aller mendier dans les tribus. Cette année, le sultan envoya son fils Elyezid au pèlerinage de la Mecque; il ne lui donna aucun cortège et le fit seulement accompagner d'un émir et d'un cheikh qui servait d'intendant. Par ce moyen, il déjoua les intrigues de ce fils et se mit en garde contre ses trahisons. Au moment de se rendre à Sidjilmasa, le sultan ne voulait point laisser derrière lui Elyezid, dont il connaissait la perfidie. Quand il arriva à Sidjilmasa, Sidi Mohammed renvoya de cette ville à Méquinez son oncle paternel, Maulay Elhasen, qui était en lutte avec les chérifs et qui soutenait les Aït Attha [1]. Il expulsa ensuite les Aït Attha des qsour [2] de la ville, et il distribua aux chérifs de l'argent et des vêtements. En outre, il leur assigna sur sa cassette une pension annuelle de cent mille mitsqâls. Le sultan fixa Sidjilmasa comme résidence à ses enfants, Maulay Seliman, Etthaïeb, Mousa, Elhasen et Elhosaïn, ainsi qu'à Amr, le fils de son frère Sidi Moham-

---

[1] Les Aït Attha occupent la région à l'ouest de Tafilalet.

[2] Qsour, pluriel de *qsar*, selon la prononciation locale, est le nom donné aux bourgs fortifiés qui servent de magasins de dépôt aux tribus nomades du sud du Maghreb.

med ben Ahmed. Il leur assura la quantité nécessaire de provisions, de vêtements et de subsides pécuniaires.

Maulay Abdesselâm, fils du sultan, revint du pèlerinage de la Mecque en 1199 (1785); il reçut alors de son père le gouvernement du Sous et fixa sa résidence à Taroudant. Cette même année, le sultan envoya son neveu Abdelmalek ben Idris, accompagné de ses deux secrétaires Mohammed ben Otsman et Omar Elouzir, ainsi que de l'*émir du cortège*[1] Ibn Yahia, porter un présent considérable aux habitants des deux villes saintes et nobles du Hedjaz et de l'Yémen. Cette députation voyagea par mer sur une corvette espagnole. Sidi Mohammed écrivit au sultan Abdelhamid[2], pour lui demander de faire partir cette députation en compagnie de l'*Amin Essorra*[3] que ce dernier envoyait aux deux villes saintes. Toutes ces précautions furent prises à cause d'Elyezid, qui aurait certainement dépouillé la députation de ses présents si elle eût pris la voie de terre. Comme Elyezid n'avait pas vu arriver de caravane du Maroc par terre, il demeura au Caire jusqu'à l'année suivante. Il partit alors et rejoignit la caravane marocaine à la Mecque. Quand il y arriva, la députation avait déjà distribué les présents destinés à Médine, au Hedjaz et à la Mecque; il ne lui restait plus que ceux destinés au Yémen, ainsi que des cassettes d'or qui devaient être distribuées en Syrie, en Égypte et dans l'Irâq. Profitant de l'heure de la sieste, Elyezid s'introduisit dans la maison d'Ibn Yahia, que ses compagnons avaient chargé de la garde des présents; il prit tout ce

---

[1] Le chef de la caravane des pèlerins marocains portait ce titre.

[2] Le sultan ottoman Abdulhamid (1774-1789).

[3] L'*Amin Essorra* était le chef de la caravane des pèlerins de Turquie et de Syrie allant à la Mecque.

qu'il put emporter et partit. Abdelmalek alla avec ses compagnons trouver le ouali [1] de la Mecque et lui fit part de ce qui s'était passé. Le ouali envoya aussitôt ses gardes chercher le coupable et l'engagea à rendre ce qu'il avait pris. Elyezid en rendit une partie; mais, comme il avait caché les cassettes remplies d'or, il nia qu'il s'en fût emparé. Instruit de ces événements, Sidi Mohammed entra dans une violente colère; il renia Elyezid et fit rédiger contre lui des formules de malédiction qui furent suspendues aux *sept tombeaux*. Il écrivit ensuite au sultan de la Mecque, Serour, lui reprochant sa mansuétude à l'égard d'Elyezid et le blâmant de ne point avoir arrêté ni puni ce fils incorrigible. Sidi Mohammed écrivit aussi au sultan Abdelhamid pour lui faire part de l'inconduite d'Elyezid et de sa désobéissance, le priant de ne point le recevoir s'il venait dans ses États. Elyezid resta trois ans en Orient; à son retour, il n'osa se présenter devant son père et alla demeurer dans le mausolée de Maulay Abdesselâm.

En 1200 (1786), le sultan m'envoya à Constantinople porter un présent au sultan ottoman Abdelhamid; je demeurai cent jours à Constantinople pour y accomplir ma mission, et, quand je revins, le sultan Abdelhamid envoya en même temps que moi un de ses serviteurs offrir un présent à mon souverain. Au moment de partir, Sa Hautesse me dit : «C'est uniquement pour la forme que j'envoie un de mes serviteurs avec vous, car c'est sur vous seul que je compte pour l'accomplissement de mon dessein.» Il écrivit à mon maître une lettre à mon sujet, et, parmi les choses flatteuses et les éloges qu'elle contenait,

---

[1] Fonctionnaire chargé de l'administration d'une grande ville.

se trouvaient ces mots : « Nous avons déjà reçu de Votre Auguste Seigneurie vingt ambassadeurs, mais le plus intelligent, le plus habile, le plus expérimenté et le plus courtois de tous a été un tel. Il nous a remis votre dépêche et votre présent de la façon la plus digne; il a pris congé de nous dans les meilleurs termes, comme il convient aux ambassadeurs des souverains. S'il paraissait utile à Votre Seigneurie de m'envoyer un nouvel ambassadeur, je désirerais que vous le choisissiez encore, car il est aussi distingué par ses manières que par son esprit. » Le vizir Youcef bacha écrivit dans le même sens et ajouta ces mots : « Vous nous avez causé un vif plaisir en nous envoyant un tel; ce choix ne peut que raffermir les rapports d'amitié entre nos deux gouvernements, et l'on est heureux de rencontrer des hommes d'une telle valeur. » Lorsque j'eus lu ces lettres au sultan, il manifesta une joie très vive; il appela sur moi les bénédictions du ciel et me combla d'éloges. Il se rendit ensuite au conseil, où il ordonna de lire à haute voix les lettres dont il vient d'être parlé. Cette lecture terminée, le sultan s'écria : « C'est ainsi que j'aime mon entourage; je te suis reconnaissant de ce que tu as fait et jamais je n'enverrai par d'autre que par toi des présents au sultan ottoman, pas plus que je n'enverrai mes navires sous la direction d'un autre que Ettâhar Fennich. » Par ces derniers mots, le sultan voulut donner une marque de satisfaction à ce personnage qui assistait au conseil. Dieu fasse miséricorde à ces deux sultans glorieux et sanctifie leurs âmes dans le paradis!

En l'année 1201 (1787), le sultan dirigea une expédition contre Maroc; après avoir pillé et ravagé le pays, il pardonna aux habitants, qui avaient cherché un asile dans le mausolée de Abou Echcheta Elkhemmâr. Il alla ensuite

camper sur le territoire des Hayâïna, dont les habitants s'enfuirent dans les montagnes. Le pays fut saccagé par l'armée,
qui, ayant détruit les récoltes et pillé les villages, se mit à la
poursuite de l'ennemi et l'atteignit dans les montagnes de
Senhâdja et de Tasoul[1]. Le sultan, ayant alors donné l'ordre
du retour, les Hayâïna vinrent le trouver et faire leur soumission, qui fut agréée. C'est à ce moment que Sidi Mohammed me confia le gouvernement de Taza, où je me rendis
et demeurai pendant un an. Au bout de ce temps, le sultan
me rappela de Taza, à cause de l'arrivée de mille hommes
des Aït Attha et de nègres du Tafilalet qui venaient d'être
inscrits sur les contrôles de l'armée. Je fus chargé de conduire ces hommes à Tétouan, d'où je les menai ensuite à
Tanger, après leur avoir fourni des vêtements et des armes.
Dans cette ville, je les fis monter sur des chaloupes pour
les exercer à la navigation et les accoutumer à la mer; au
commencement de l'hiver, je les ramenai à Méquinez auprès du sultan, qui me nomma gouverneur du Tafilalet.
On était alors en 1202 (1788); je me rendis à mon nouveau poste, où je restai trois ans jusqu'à la mort de Sidi
Mohammed, qui eut lieu en redjeb 1204 (avril 1789).
Elyezid — Dieu lui pardonne ainsi qu'à nous! — succéda
à son père.

RÈGNE DU SULTAN ELYEZID
BEN MOHAMMED BEN ABDALLAH BEN ISMAÏL BEN ECHCHERIF BEN ALI.

Au moment de la mort de Sidi Mohammed, son fils
Elyezid, ainsi que nous l'avons dit plus haut, habitait le mausolée de Maulay Abdesselâm. Dès qu'ils apprirent la nouvelle

[1] Sur la route de Fez à Taza.

de la mort du sultan, les chérifs descendants de Maulay Abdesselâm prêtèrent serment de fidélité à Elyezid; cet exemple
fut suivi d'abord par les Abids qui étaient attachés à sa
personne dans le sanctuaire, puis par les habitants des
deux villes fortes de Tétouan et de Tanger. Acclamé à Tétouan, où il s'était rendu, Elyezid autorisa ses soldats à
piller les juifs de cette ville; les soldats envahirent les
maisons et les boutiques et s'emparèrent de tout ce qu'ils
purent trouver. A Tanger, où il alla ensuite, le sultan reçut
des gens de Fez une députation composée d'ulémas, de
chérifs et de notables; il accueillit avec bienveillance ces
députés, les traita généreusement et désigna comme gouverneur de leur pays Eddhibi. Poursuivant sa route, le sultan
arriva à Larache; là, il trouva les troupes de son père, ainsi
que les serviteurs et les compagnons du sultan défunt, qui
avaient avec eux les bagages, chevaux, sabres, lances et autres
objets ayant appartenu à son père et qui les lui remirent. De
Larache, Elyezid se transporta à la zaouïa de Zerhoun, où il
rencontra son frère Seliman, qui venait de Tafilalet. J'avais
envoyé avec ce prince une députation d'Arabes et de Berbères du Sahara qui venaient prêter serment de fidélité au
nouveau souverain. Quand le sultan arriva à Alil, Mohammed Ou Aziz vint implorer son appui; Elyezid lui enjoignit
de venir avec lui et d'amener les tribus qui étaient sous
ses ordres; ces tribus étant venues le rejoindre au tombeau de Maulay Idris, le sultan accorda le pardon à Mohammed Ou Aziz et lui confirma son commandement. A
son arrivée à Méquinez, le sultan y trouva les députations
envoyées par les Arabes, les Berbères, les habitants des
villes et des campagnes, les tribus du Houz et celles du Sous.
Personne ne s'abstint de venir lui prêter le serment de

fidélité; les Aït Mâlou eux-mêmes, qui étaient révoltés contre son père, vinrent conduits par leur *deddjâl*[1] Mehâouech, qui se regardait comme étant du clan d'Elyezid. Les Abids des ports qui se présentèrent aussi reçurent l'ordre de s'établir à Méquinez; comme ils demandaient ce qu'on devait faire de l'argent qui était dans les caisses publiques des grandes villes et que l'ancien sultan destinait à payer leur solde, Elyezid, sans s'informer de la somme que renfermaient ces caisses, leur répondit de partager cet argent entre eux. Deux millions environ avaient été répartis à titre d'appointements pendant les quatre années qui avaient précédé la mort du sultan. Le nombre des soldats en garnison dans les villes était de seize mille, en y comprenant les marins et les artilleurs, mais les caïds et les notables seuls se partagèrent cet argent. Le sultan fit ouvrir la caisse publique d'Eddâr Elbeïdha[2]; elle contenait 2 millions[3], régulièrement inscrits sur les registres. Les chérifs de la montagne reçurent pour eux et leurs tribus 100,000 douros, la tribu des Aït Mâlou et leur *deddjâl* eurent également pareille somme. Le sultan donna encore 5o mitsqâls à chacun des Oudaïas pour leur permettre de conduire leurs enfants à Fez la neuve; quelques-uns d'entre eux en obtinrent jusqu'à 1,ooo et 2,ooo. Enfin de grandes largesses furent faites aux députations et aux tribus qui vinrent voir le sultan. Comme je lui avais écrit au sujet des pensions et des vivres à distribuer à ses frères et sœurs, le sultan me répon-

---

[1] Le mot *deddjâl* qui désigne ordinairement l'Antéchrist, est employé ici comme titre de fonction.

[2] Eddâr Elbeïdha appelée *Casa Blanca* par les Européens est un petit port situé entre Azemmour et Salé. C'est l'ancien port d'Anfa.

[3] L'auteur a oublié de dire s'il s'agissait de douros ou de mitsqâls.

dit d'en dresser un état et de lui apporter les sommes qui resteraient en excédent en même temps que la contribution des juifs. Aussitôt que j'eus exécuté les ordres du sultan, je me rendis auprès de lui à Fez; son fils m'accompagnait. Lorsque j'arrivai à Dâr Debibegh, où je passai la nuit, j'appris que mes maisons de Méquinez avaient été données aux Abids et qu'il ne me restait plus dans cette ville qu'une petite maison dans laquelle logeait ma famille. Je m'armai de patience et, le lendemain, je me présentai au sultan que je rencontrai au jardin de Ben Thâa. J'allai ensuite me loger dans la maison que j'avais à Fez et j'envoyai des mulets pour transporter ma famille, que je fis venir de Méquinez. Lorsqu'elle fut arrivée, je l'installai dans la maison du caïd Ayyâd; quant à moi, je demeurai un certain temps accablé par la fièvre et par l'inquiétude.

Le sultan se rendit ensuite à Méquinez; il donna l'ordre aux tribus et aux troupes régulières de partir en expédition contre Ceuta et de bloquer la place. De son côté, il alla à Larache, puis de là à Tanger, d'où il envoya des canons et des mortiers à Tétouan, et enfin il arriva à Ceuta. Des batteries furent dressées contre la ville, mais elles ne produisirent pas plus d'effet que des coups frappés sur du fer à froid[1]. Aussitôt que je fus guéri, je rejoignis le sultan devant Ceuta. Après être resté là un certain temps, pendant lequel les opérations du siège n'avaient donné aucun résultat, le sultan m'envoya à Méquinez et à Fez avec mission de régler diverses affaires. A peine étais-je arrivé à Fez la neuve que je fus arrêté par Elghenimi, le caïd de cette ville, qui arrêta également Elhakmaouï, que le sultan avait en-

---

[1] Locution arabe souvent usitée pour signifier qu'on n'a obtenu aucun résultat.

voyé aussi sous prétexte d'affaires. Nous fûmes jetés en prison, nos maisons furent pillées et nous demeurâmes ainsi jusqu'au moment du retour du sultan à Méquinez. Il nous fit alors chercher, et, quand nous fûmes en sa présence, il ordonna de nous enfermer dans la casbah de Méquinez; Omar Elouzir Elmerrâkochi était avec nous. Lorsqu'il se rendit à Fez, le sultan nous remit à Mohammed Ou Aziz, vizir de Méquinez, et on nous enferma dans la prison de la ville, où nous restâmes quarante jours; puis, lorsqu'il envoya en compagnie des gens du Houz, son fils Ibrahim comme gouverneur de Maroc, il nous fit mettre en liberté et m'écrivit une lettre dans laquelle il disait : « Je connais la fermeté et le courage que vous avez montrés à l'époque où vous étiez gouverneur de Larache; c'est pour cela qu'aujourd'hui je vous confie le gouvernement de la ville d'Agadir [1]. Partez avec mon fils Ibrahim et allez ensemble jusqu'à Mogador [2]; arrivés là, vous vous dirigerez sur Agadir, tandis que mon fils ira à Maroc. Elhakmaouï sera le secrétaire de mon fils conjointement avec Elouerdi. » Nous partîmes donc pour aller rejoindre Ibrahim à Tanger; mais, lorsque ce prince dut quitter cette ville, je pris les devants pour éviter de voyager avec l'armée qui l'accompagnait. Je me rendis à Larache, où je restai un jour; je quittai cette ville, aussitôt l'arrivée d'Ibrahim, pour m'acheminer sur Rabat; après une halte d'un jour dans cette localité, je repris les devants pour gagner Eddâr Elbeïdha. Pendant qu'il était à Rabat, Ibrahim reçut de son père une lettre conçue en ces termes : « Comme tu n'es pas encore instruit dans l'art de juger et d'adminis-

---

[1] Agadir est le port qui se trouve près de l'embouchure de l'Oued Sous.

[2] Mogador est le seul port relié à Maroc par une route toujours praticable.

trer, notre secrétaire Aboulqâsem Ezziâni [1] t'accompa-
gnera à Maroc. Tu ne prendras aucune décision sans son
conseil ou son avis. En conséquence, Ezziâni n'ira pas à
Agadir. » Une lettre dans le même sens me fut adressée. En
recevant la lettre de son père, Ibrahim demanda où j'étais,
et, sur la réponse qu'on lui fit que j'étais parti en avant, il
m'envoya un émissaire, qui me rejoignit à Eddâr Elbeïdha.
J'attendis donc dans cette ville l'arrivée du prince, et, quand
il fut là, je me présentai devant lui. Il me montra la dépêche
qu'il avait reçue. En la lisant, je fus saisi d'étonnement et
me dis : « Comment vais-je faire avec ce jeune enfant que
rien ne pourra détourner des plaisirs et des jeux? Comment me tirerai-je de cette périlleuse situation qui, inévita-
blement, m'expose à un double danger? » Je m'en remis
entièrement à Dieu du soin de mes affaires et me rendis à
mon poste. Ibrahim restait dans sa tente avec des jeunes
gens de son âge, et je n'allais le voir que lorsqu'il me mandait. Dans le Doukkâla, nous allâmes camper auprès de la
résidence du gouverneur de cette province, Qâsem bou Hal-
louma; nous y restâmes quelque temps sur la recommandation du sultan, attendant que ce gouverneur eût remis son
service. Ibrahim ne prenait aucune décision sans me consulter, et, bien qu'il eût auprès de lui Elabbâs ben Amrân, le
caïd de son *méchouar*, d'autres caïds et des gens du Houz qui
lui donnaient des conseils, c'est toujours mon avis qui était
adopté. Je trouvai ce jeune prince plus intelligent que son
père. Nous étions arrivés à Maroc depuis un mois, lorsque
Ibrahim reçut l'ordre de nous envoyer, Elhakmaouï et moi,
auprès du sultan. Nous partîmes aussitôt pour Rabat; là, le

---

[1] L'auteur de ce récit.

sultan m'ordonna d'aller à Ceuta porter des dépêches au caïd commandant les troupes qui opéraient contre cette place, puis de me rendre à Fez pour y régler certaines affaires et de le rejoindre ensuite à Maroc. Quant à lui, il se dirigea vers Maroc; mais, arrivé à Eddâr Elbeïdha, l'idée lui vint de retourner sur ses pas, et il me fit dire de l'accompagner à Ceuta. Nous nous mîmes en route, et, arrivés à Tétouan, il me donna mission d'aller chez les Abids, chez les gens du Doukkâla, chez ceux de Maroc et du Houz, pour les presser de prendre part à la guerre sainte, car, bien qu'il leur eût envoyé des messagers dans ce but, les populations ne venaient point se joindre à lui; elles allaient jusqu'à tuer les messagers qui venaient chez eux et se débandaient comme une troupe d'ânes. On en était arrivé à ce point d'exaspération qu'on était décidé à reconnaître Hichâm comme souverain.

Lorsque j'arrivai dans le Doukkâla, je trouvai la population si hostile au sultan qu'elle ne voulait même plus prendre connaissance des lettres qu'il lui adressait. A Asfi, où je me rendis ensuite, je me présentai chez le gouverneur Abderrahman ben Nâcer, qui était dans sa casbah, entouré de nombreux personnages. Je le saluai et lui remis mes lettres : « De qui viennent ces dépêches, me dit-il? — Du sultan Elyezid », lui répondis-je. A peine avais-je prononcé ces mots qu'il s'éleva un concert d'injures contre le sultan et contre moi. L'entourage du gouverneur voulait se ruer sur moi, mais celui-ci vint à mon secours et leur dit : « Cet homme est le principal secrétaire de notre maître, c'est un de nos frères et il ne doit rien éprouver de fâcheux de notre part. » Je passai la nuit chez le gouverneur, et, le lendemain, il me donna une escorte pour me protéger jusqu'à Maroc.

Dans cette ville, le gouverneur Sidi Abbâs ben Ahmed ne
demeurait dans son palais que pendant la journée; dès que
le soleil se couchait, comme il craignait qu'on n'attentât à sa
vie, il se réfugiait dans le mausolée d'Aboulabbâs. Je con-
voquai les habitants de Maroc et leur donnai lecture de la
lettre du sultan. «Nous sommes disposés à obéir, dirent-ils,
mais laissez-nous le temps de voir comment les choses tour-
neront.» J'appris alors que Hichâm devait le lendemain
faire son entrée à Maroc; je m'enfuis aussitôt, marchant
nuit et jour au milieu du pays désert, jusqu'à ce que j'eusse
traversé l'Oued Omm-Errebia. Alors seulement je me sen-
tis en sûreté; je descendis de cheval, je mangeai et bus et
continuai ma route jusqu'à Elmansouria. Là, j'appris que
Rabat avait fermé ses portes, que personne ne pouvait entrer dans cette ville ni en sortir, et que les Zaïr [1] avaient
razzié les troupeaux et les bêtes de somme des habitants.
Je restai à Mansouria jusqu'à la nuit; je partis alors et,
m'exposant aux plus grands dangers, j'arrivai le matin devant la porte de Rabat. Je me fis connaître des sentinelles,
qui m'avaient aperçu et qui allèrent aussitôt informer le
gouverneur de ma présence. Celui-ci donna l'ordre de m'ouvrir la porte, que l'on referma dès que je fus entré. Le gouverneur et les habitants de Rabat que je vis furent tout
émerveillés de me voir sain et sauf au milieu d'eux et me
dirent que depuis sept jours personne n'était entré dans la
ville. Je séjournai à Rabat, pour me reposer de mes fatigues,
et partis ensuite rejoindre le sultan. Dès mon arrivée à Alqasar, on m'apprit que le souverain avait quitté Ceuta et
qu'il coucherait ce soir-là à Larache. Je passai la nuit à Al-

---

[1] Les Zâïr habitent la rive gauche du Bou Regreg.

qasar, et, le lendemain, je me rendis à Larache; là, on me dit
que le sultan était à Esseqâla; je poursuivis donc ma route
jusqu'à cette dernière localité. Comme j'étais campé près
de la porte d'Esseqâla, les gens de l'entourage du sultan
vinrent me saluer; mais lui, lorsqu'il sortit monté sur son
cheval et qu'il m'aperçut debout, il s'écria : « D'où vient cet
intrigant? » Ibn Ezzenâq ayant répondu que je venais du
Houz : « Qu'on s'empare de lui, s'écria le sultan, car c'est
lui qui a troublé le Houz! » Immédiatement appréhendé, je
fus entouré par les gardes, qui me donnèrent une cinquantaine de coups de bâton. Comme j'avais complètement perdu
connaissance, le sultan ordonna de cesser de me frapper,
mais il prit un pistolet et tira sur moi; l'arme ayant raté, il
devint furieux et s'écria : « Qu'on l'emporte dans la prison. »
Ce fut au bout de trois jours seulement que je revins à moi;
je m'aperçus alors qu'on m'avait mis des fers aux pieds et
une chaîne au cou; j'avais les doigts de la main brisés et la
tête fracassée. Chaque nuit, un de mes amis m'avait amené
un médecin, qui avait soigné mes blessures à la main et à
la tête.

Le sultan quitta Rabat, et, lorsqu'il arriva à Elmchedia,
il demanda si j'étais mort. On lui répondit que non. Il m'envoya aussitôt chercher par dix cavaliers, qui me chargèrent
sur une mule et me conduisirent auprès de lui dans le
méchouar. Quand je fus en sa présence, il s'écria : « Cet
homme est un sorcier et un intrigant. » Aucun des assistants n'osa répondre à ces paroles, quoique tous blâmas-
sent la conduite du prince à mon égard. Seul un chérif de
Médine, homme instruit, qui se trouvait là, s'avança vers
le sultan et lui dit : « O maître, je vous en conjure au nom
de Dieu, pardonnez à cet homme, car c'est un homme de

science. — Fuis vers ton pays, exclama le sultan, si tu ne veux pas qu'on t'applique ces paroles du prophète : *Médine chassera ses impuretés.* » Puis, éloignant le chérif et toute l'assistance, le sultan ordonna que l'on me reconduisît en prison. Le lendemain matin, quand il sortit de sa demeure, il plaça deux fusils à côté de lui dans la salle du premier étage qui donne sur le *méchouar*, puis il ordonna aux sbires de m'amener en sa présence et leur dit : « Dépouillez-le de ses vêtements, revêtez-le d'une *djellâba*[1] et amenez-le moi. » On me ramena en prison, et, après m'avoir enlevé mes vêtements, on me couvrit d'une *djellâba* qu'on avait apportée. Nous étions alors au mois de décembre[2] : le froid était rigoureux et la pluie tombait. On était allé au marché chercher une mule pour me la faire monter; mais on n'en avait pas trouvé. On se rendit alors chez le gouverneur, qui en fit chercher une chez les *chameliers;* enfin, après deux heures d'attente, la mule fut amenée, et on me hissa dessus. Les enfants sortirent des écoles avec leurs planchettes[3] et implorèrent Dieu en ma faveur, car les habitants de Rabat éprouvaient un vif chagrin de ma disgrâce. Quand nous arrivâmes au *méchouar*, le sultan, qui trouvait que nous tardions à venir, avait quitté la place à laquelle il s'était installé pour nous attendre. Cette circonstance fut la cause de mon salut, car le sultan ne revint point pendant le temps que je demeurai au milieu du *méchouar*. Tandis que j'étais ainsi exposé au froid et à la pluie, les thalebs priaient et faisaient des vœux pour moi sur le tombeau du sultan. Tous

---

[1] La djellâba est une grossière blouse de laine.

[2] Les Arabes se servent de l'année solaire en astronomie et en agriculture.

[3] Les écoliers arabes se servent de planchettes pour apprendre à lire et à écrire.

les fonctionnaires, hommes libres ou esclaves, pleuraient
sur mon sort; ils décidèrent les Abids du palais à informer
le sultan de ma situation, et celui-ci me fit reconduire
en prison. Quelques-uns de mes amis parmi les hauts fonctionnaires vinrent alors me trouver dans mon cachot et
m'apportèrent des vêtements ainsi qu'un réchaud à char-
bon; j'avais tant souffert du froid que je ne pouvais plus
parler.

Trois jours après ces événements, le sultan se rendit à
Maroc, où son arrivée provoqua de grands désordres. Il tua
Elabbâs ben Amrân, après lui avoir fait crever les yeux, et
fit ensuite brûler son cadavre, qui fut retiré de la tombe où
il avait été placé dans le mausolée du cheikh Elghezouâni.
Le cadi de Maroc, le gouverneur de cette ville, Hachem ben
Amrân, ainsi qu'un grand nombre de notables, furent mis
à mort. Ce fut un terrible événement. Quelques jours plus
tard, Hichâm, à la tête des Abda et des gens du Doukkâla,
vint camper sur les bords de l'Oued Tansift[1]. Le sultan se
porta à sa rencontre avec ses troupes et son artillerie. Le
combat s'engagea; l'artillerie, placée en batterie, dispersa
l'armée d'Hichâm, qui fut mise en complète déroute. Pendant
la poursuite des fuyards, deux tirailleurs d'Ahmed[2] tirèrent
deux balles sur le sultan; l'une de ces balles l'ayant atteint
à la cuisse, il fit cesser la poursuite et revint piller le camp
des Abda et des Doukkâla. Il rentra ensuite dans son palais
pour soigner sa blessure; mais les suites en furent mortelles,
car il succomba au mois de djoumada II de l'année 1206
(février 1792).

---

[1] L'Oued Tansift prend sa source dans les montagnes qui sont au sud-est
de la ville de Maroc et se jette dans l'océan Atlantique entre Mogador et Asfi.

[2] Peut-être faut-il lire Hichâm.

Aussitôt que la nouvelle de la mort d'Elyezid arriva à
Rabat, les hauts fonctionnaires qui s'y trouvaient me firent
sortir de prison, malgré l'opposition de Bargâch le gouverneur de cette ville; ils se cotisèrent pour m'offrir des effets
et une mule. J'attendis trois jours, au bout desquels il arriva des fuyards de Beni-Methir qui revenaient de Fedhâla
et qui confirmèrent la mort du sultan. Les gens de Rabat
reçurent une lettre de Hichâm, qui réclamait leur appui;
de son côté, Moslema écrivit de l'Oued Ezzân pour demander qu'on lui prêtât serment de fidélité. Comme on n'était
pas d'accord sur le choix du souverain, je me rendis à Méquinez avec les Berbères. Le pays était désert, et tout le
monde fuyait les routes depuis qu'on avait appris la mort
d'Elyezid. Après bien des épreuves et des dangers (Dieu
nous en tienne compte!), nous atteignîmes Méquinez. Dès
que je me présentai à Mohammed Ou Aziz, il se leva et
me prit dans ses bras en pleurant. Je lui confirmai la nouvelle de la mort d'Elyezid. Je fus bientôt mandé chez Abdelmalek ben Idris, à qui je fis part de la mort du sultan
et de la proclamation de Hichâm. Abdelmalek connaissait
déjà la mort d'Elyezid, mais il croyait à la proclamation
de Moslema, dont il avait reçu la lettre écrite de l'Oued Ezzân. Sur ces entrefaites, nous vîmes arriver le caïd Saïd
avec un groupe d'Abids. Ceux-ci s'étant reconciliés avec
Mohammed Ou Aziz, on parla de désigner Moslema comme
souverain; mais Mohammed Ou Aziz s'y opposa en disant :
« Jamais je ne prêterai serment de fidélité ni à Hichâm, ni
à Moslema. » Après discussion, on convint de reconnaître
pour sultan l'orthodoxe Maulay Seliman. On se rendit
donc ensemble au mausolée de Maulay Idris, et là on proclama Seliman. Celui-ci, après avoir rédigé la formule du

serment de fidélité, se rendit au palais de Fez la neuve, au mois de redjeb de cette année (mars 1792).

RÈGNE DU SULTAN SELIMAN BEN MOHAMMED BEN ABDALLAH.

Aussitôt que la mort d'Elyezid fut connue, les personnages influents, émirs des Abids et notables Berbères, qui sont les arbitres des destinées du Maroc, s'assemblèrent et se rendirent à Fez. Là, ils se joignirent aux ulémas, aux chérifs et aux notables de cette ville, ainsi qu'aux principaux chefs des Oudaïas, et l'on décida de prêter serment de fidélité au sultan Seliman. On le préféra à ses frères aînés à cause de sa piété, de sa réserve[1] et de son intelligence. La cérémonie de la proclamation eut lieu au mausolée de Maulay Idris. La formule du serment fut rédigée par le cheikh Ettaoudi ben Souda, et, selon les prescriptions de la loi, elle fut signée par lui et par tous les ulémas, puis des copies en furent expédiées dans toutes les provinces du Maghreb. «Louange à Dieu, m'écriai-je à ce moment; ce nom prophétique n'a été encore porté par aucun des souverains de l'Islam[2].» Les habitants des villes maritimes près desquelles se trouvait le sultan Moslema, alors au mausolée du cheikh Sidi Maulay Abdesselâm, avaient pensé que Moslema serait le souverain choisi; aussi l'avaient-ils fait proclamer chez eux et dans les montagnes; mais, dès qu'ils

[1] Voici un exemple de cette réserve appelée ورع, d'après l'auteur de l'ouvrage intitulé : عنوان الدراية, biographie des personnages célèbres de Bougie : un homme ayant loué une mule pour le transporter d'un point à un autre doit, s'il possède cette qualité, refuser de prendre une lettre qu'on le prierait de remettre à son destinataire, attendu que le port de cette lettre n'est point compris dans le marché qu'il a fait.

[2] C'est une erreur, à moins que l'auteur n'ait voulu parler que des souverains marocains.

apprirent que le sultan Seliman avait été reconnu à Fez et que les ulémas, les troupes et les Berbères lui avaient prêté serment, ils comprirent la faute qu'ils avaient commise; ils abandonnèrent donc Moslema, qui, semblable à une mouche perdue dans les montagnes, erra dans le pays des Hayâïna jusqu'au moment où le sultan Seliman expédia une armée contre lui. Moslema fut mis en déroute et le camp des Aït Yemmour, qui étaient ses partisans, ainsi que les richesses des Hayâïna furent pillés. Ces tribus ayant été dispersées, Moslema s'enfuit dans le Rif avec ses deux fils et Elhasen, le fils de son frère. Ce dernier l'ayant abandonné, Moslema se rendit en Orient.

Quant aux gens du Houz, à peine eurent-ils appris la mort d'Elyezid, qu'ils proclamèrent Hichâm, qu'ils avaient déjà autrefois préféré à Elyezid et en faveur duquel ils avaient pris les armes. Mais, lorsqu'ils connurent le choix fait par l'armée, les ulémas de Fez, les habitants de cette ville et les masses berbères, ils furent tout surpris et s'aperçurent qu'ils avaient suivi une fausse voie. Cependant, comme ils ne pouvaient revenir sur ce qu'ils avaient fait, parce qu'ils étaient les serviteurs fidèles de la dynastie et qu'ils en étaient les personnages les plus influents, ils persistèrent dans leur égarement, en refusant de reconnaître le sultan Seliman. Celui-ci envoya son frère Etthaïeb avec les Beni Hasen à Rabat. Moslema avait déjà envoyé dans cette ville le caïd Mohammed Ezzaam à la tête d'un parti de cavalerie; mais les habitants de Rabat, d'abord irrésolus, avaient ensuite, pour la plupart, proclamé Seliman. Entré à Rabat, Etthaïeb eut à lutter contre le caïd de Moslema; il le vainquit et le fit prisonnier, puis il fit mettre à mort Elabbâs et ses partisans, dont il pilla les maisons. Tous les ha-

bitants de Rabat ayant alors prêté serment de fidélité au
sultan Seliman, Etthaïeb leur donna pour caïd Bargâch et
quitta la ville. Seliman s'occupa ensuite d'organiser son
gouvernement; il surveilla les affaires de l'État en même
temps que celles de ses sujets; il fortifia les villes et nomma
des gouverneurs dans les provinces.

Au commencement de l'année 1207 (août 1792), le sultan envoya, sous les ordres de son frère Etthaïeb et d'un
certain nombre de caïds, une expédition contre Tâmesna,
dont les habitants n'avaient pris parti ni pour l'un ni pour
l'autre des prétendants. Quant à lui, il resta à Rabat
pour surveiller les opérations. Des rivalités de pouvoir se
produisirent parmi les caïds : Elghenimi, le principal
d'entre eux, avait été, sous le règne d'Elyezid, gouverneur
des tribus des montagnes et il était actuellement placé sur
le même rang qu'Etthaïeb, le lieutenant du sultan. Les
autres caïds étaient froissés de la morgue d'Elghenimi; aussi,
quand la lutte s'engagea, ils le laissèrent vaincre par l'ennemi et s'enfuirent jusqu'à Rabat. Force fut au sultan de
retourner à Fez pour reconstituer son armée et remplacer les armes et le matériel qui avaient été perdus. Il se
rendit donc dans cette ville et s'occupait d'y organiser une
nouvelle expédition, lorsqu'il apprit la révolte de Zithân
Elkhamsi dans la montagne de Ghomâra et dans le Hebeth.
Entouré de tous les fauteurs de désordres des diverses
tribus, Zithân se transportait avec ses montagnards tantôt
d'un côté, tantôt de l'autre. Sa renommée avait bientôt
grandi et le nombre de ses partisans était devenu si considérable que le sultan ne pouvait tarder plus longtemps à
sévir contre lui. Seliman donna l'ordre à ses troupes de
marcher contre le rebelle. L'expédition, commandée par le

sinistre Elghenimi se mit aussitôt en marche et prit contact avec Zithân dans la tribu des Athâoua. Au moment où l'on allait s'engager dans les montagnes, les caïds qui accompagnaient Elghenimi lui demandèrent de laisser les bagages de l'armée au pied de la montagne, tandis que la cavalerie et l'infanterie poursuivraient leur marche en avant; Elghenimi s'y opposa en disant : « Je veux emmener tout mon monde avec moi et suivrai le rebelle partout où il ira. » Les troupes s'engagèrent alors dans la montagne; mais, quand elles furent arrivées dans les passages difficiles, elles furent attaquées par l'ennemi, qui surgit de tous les ravins. Embarrassés par leurs impedimenta, les soldats du sultan prirent la fuite au milieu de ce pays accidenté. Les bagages furent pillés et un grand nombre d'hommes périrent. Vainement le *sinistre* essaya un retour offensif, il dut de nouveau prendre la fuite. Quand il apprit ces événéments, le sultan entra dans une violente colère contre Elghenimi; il le livra aux enfants d'Essoueïdi, qui le tuèrent pour venger la mort de leur père, qu'Elghenimi avait fait périr après un cruel supplice. Le sultan confia à son frère Etthaïeb le commandement des tribus montagnardes, ainsi que celui de toutes les villes du littoral, et lui assigna Tanger pour résidence.

En 1209 (1794-1795), le sultan envoya à son frère Etthaïeb une armée destinée à opérer contre Zithân et ses partisans. Dès que ces troupes furent arrivées à Tanger, Etthaïeb quitta cette ville, emmenant avec lui, outre ces troupes, l'armée des villes maritimes et les dirigea contre les Beni Djerfedh, où se trouvait le foyer de l'insurrection. Il razzia les troupeaux de cette tribu, incendia ses villages et lui tua beaucoup de monde. Poursuivi par Etthaïeb, Zithân s'était d'abord réfugié chez les Beni Merchen, fraction des Beni Yddir. Etthaïeb l'y poursuivit avec son armée; il campa chez les Beni Merchen, leur livra bataille, brûla leurs villages et coupa leurs arbres. Zithân s'enfuit dans la tribu des Akhmâs; l'armée impériale le suivit dans ce pays, dont elle détruisit les villages, ravagea le territoire et fit périr une partie de la population. Les Akhmâs furent ainsi contraints de faire leur soumission. Zithân quitta cette tribu pour aller chez les Ghomâra. La colonne d'Etthaïeb revint alors sur ses pas, et l'on écrivit à Zithân pour lui offrir l'*aman*. Zithân se rendit auprès d'Etthaïeb et, de là, fut envoyé vers le sultan, auquel il exprima son repentir. Le sultan lui fit grâce et lui confia le commandement de la tribu d'Elakhmâs. Zithân resta un des agents du gouvernement jusqu'au jour où, ayant affermi son pouvoir, le sultan le remplaça dans ses fonctions, lui assigna Tétouan pour résidence et lui fit une pension. L'ancien agitateur est encore aujourd'hui dans cette ville, à ce que je crois. La situation des tribus fut améliorée par suite de l'habileté et de l'autorité dont fit preuve leur nouveau chef Etthaïeb.

Quant à Hichâm, il allait d'Elarousi à Abderrahman ben Nâcer et se portait tantôt sur Maroc, tantôt sur Asfi. Partout où il allait, il opprimait les gens pauvres et malheureux, et ceux qui lui avaient prêté serment de fidélité finirent eux-mêmes par l'abandonner. Les Rahâmena, dont il s'était fait des ennemis parce qu'il avait fait périr traîtreusement Abdallah Errahamâni, son principal lieutenant, se décidèrent à reconnaître Elhosaïn comme souverain et conduisirent ce prince à Maroc. Hichâm ne fut informé de rien jusqu'au moment où les tambours d'Elhosaïn battirent devant sa porte. Il n'eut même pas le temps de monter à cheval, tant

le danger fut pressant; il partit à pied et quitta son palais
en emmenant par la main une esclave chrétienne dont il
était vivement épris. Il réussit cependant à atteindre le
mausolée du cheikh Aboulabbâs, où il trouva asile. Elhosaïn s'empara du palais et de tout ce qu'il renfermait; il
reçut les serments de fidélité des habitants de Maroc, qui
firent en son nom la prière publique, et il fit frapper son
nom sur les monnaies. Hichâm s'enfuit à Asfi auprès d'Abderrahman ben Nâcer, qui l'avait reconnu comme souverain et chez lequel il demeura. De grands troubles eurent
lieu dans le Houz; toutes les tribus se soulevèrent et
luttèrent entre elles, et l'on estime à 24,000 le nombre
des combattants qui périrent dans les combats qu'elles se
livrèrent. Le sultan Seliman ne prit aucune part à cette
guerre; il se contenta d'observer les combattants et d'attendre le moment où ils seraient lassés de leur lutte.

Les Châouïa, après s'être conduits ainsi qu'il a été dit
vis-à-vis des troupes du sultan, voyant que celui-ci ne les
inquiétait pas et qu'il s'occupait uniquement d'agir contre
Zithân, se décidèrent, aussitôt que l'affaire de l'agitateur fut
terminée, à venir exprimer leur repentir au sultan et le prièrent de confier à l'un de ses agents le commandement de
leurs tribus. Seliman leur désigna son oncle paternel Abdelmalek ben Idris, auquel il enjoignit de résider à Eddâr
Elbeïdha; il lui ordonna en outre d'ouvrir ce port au commerce étranger, de s'entourer des cheikhs et des notables
Châouïa et, pour se concilier leur affection, de leur attribuer
une part des revenus de la douane[1]. Abdelmalek se mit en
route; arrivé à Eddâr Elbeïdha, il s'entoura des notables

[1] Ces revenus consistaient surtout en droits perçus sur les marchandises
exportées.

Châouïa; ceux-ci prirent une part active et zélée au service
de l'administration, et leurs chefs fixèrent leur demeure
dans la ville. La situation de la population s'était ainsi
améliorée. Mais, quand les notables Châouïa eurent reçu la
part qui leur avait été assignée sur les revenus du port, ils
exigèrent qu'elle fût accrue, et Abdelmalek en arriva à partager cet argent en deux parts : l'une qu'il s'attribuait, l'autre
qu'il distribuait aux notables Châouïa. Aussi, l'année écoulée,
Abdelmalek n'eut-il rien à envoyer au sultan, tandis que
les gouverneurs des autres ports expédiaient au souverain
une portion de leurs revenus. Le sultan écrivit à ce sujet
à Abdelmalek, qui répondit en racontant ce qui s'était passé
avec les chefs Châouïa. Une seconde lettre, contenant un
blâme, ayant suivi la première, de mauvais desseins germè-
rent dans l'esprit d'Abdelmalek, qui entra en fureur contre
le sultan et informa les notables des reproches qui lui
avaient été adressés à cause des concessions qu'il leur avait
faites. Il leur demanda alors conseil et obtint une réponse
conforme à ses désirs.

Au commencement du printemps, le sultan, ayant terminé
les préparatifs de son expédition contre les Châouïa, se mit
en marche et quitta Méquinez. Dès qu'il fut arrivé à Rabat
et que la nouvelle de son arrivée fut connue, Abdelmalek
convoqua les Châouïa et leur demanda leur avis sur ce qu'il
avait à faire, en leur disant : « Cet homme[1] vient; il n'en
veut qu'à vous, mais maintenant je suis des vôtres : décidez
ce que vous voulez faire. — Nous vous déclarons notre
souverain, répondirent-ils, et nous mourrons pour vous. »
Les Châouïa prêtèrent aussitôt le serment de fidélité à ce

____

[1] Ce terme dédaigneux désignait le sultan.

nouveau souverain, l'acclamèrent et mandèrent la nouvelle
à leurs contribules; puis Abdelmalek fit mettre en batterie
dans la direction de la terre les canons qui étaient braqués
sur la mer. Le sultan expédia de Rabat son frère Etthaïeb
avec les troupes des villes maritimes, et lui-même le suivit
bientôt en faisant exactement les mêmes étapes. Quand Abdelmalek apprit par ses espions qu'Etthaïeb et ses soldats
avaient passé la nuit à Elqenithera et que le sultan était arrivé avec son armée à Elmansouria, il sentit qu'il ne pourrait tenir tête à de telles forces, et, la nuit même, il s'enfuit
avec ceux des notables Châouïa qui étaient avec lui. Les habitants d'Eddâr Elbeïdha tirèrent le canon pour annoncer
au sultan la fuite d'Abdelmalek. Au moment où cette salve
fut tirée, j'étais auprès d'Etthaieb, vers lequel le sultan
m'avait envoyé remplir une mission. Je lui dis : « Ces coups
de canon qui ont été tirés annoncent qu'il a fui. — Non,
me répondit-il, ils les ont tirés pour nous effrayer. — Par
Dieu ! m'écriai-je, il a fui; car c'est de cette façon que, suivant les règlements maritimes, on annonce une évasion. »
Enfourchant alors mon cheval, je partis à l'instant, et le lendemain, à la première heure, j'étais auprès du sultan. Celui-
ci me questionna tout d'abord sur les coups de canon, et
comme je lui répondis que *l'homme* avait fui, il hésita à croire
cette nouvelle et se remit en marche. En route, on reçut
d'Etthaïeb une lettre annonçant la fuite d'Abdelmalek. Etthaïeb resta à son campement jusqu'à l'arrivée du sultan,
et, à ce moment seulement, il envoya un détachement de cavaliers à Eddâr Elbeïdha. Entrés dans la ville, ces cavaliers
s'y installèrent; ils expulsèrent le chrétien qui faisait les
chargements dans cette ville et le conduisirent au sultan,
qui l'expédia à Rabat. Le sultan se transporta ensuite aux

environs de la casbah d'Ali ben Elhasen[1]; là, il autorisa ses soldats à razzier les Mediouna et les Zenâta, qui habitaient cette région. Les troupes pillèrent les campements et les troupeaux de ces tribus; elles leur tuèrent du monde et emmenèrent des prisonniers; le reste se dispersa. Quand les soldats furent gorgés de butin, le sultan retourna à Rabat, et de là se rendit à Méquinez, puis à Fez. La nouvelle de ces événements étant parvenue dans le Houz, une députation de notables de Rahâmena vint offrir la soumission de cette tribu et prier le souverain de se rendre dans leur pays. Celui-ci promit de le faire aussitôt qu'il aurait châtié les Châouïa.

Au commencement de l'année 1210 (juillet 1795), le sultan entreprit une expédition contre ceux des Châouïa qui avaient chez eux Abdelmalek, c'est-à-dire contre les Oulad bou Athia. Comme l'armée était déjà campée près de leur territoire, les Châouïa se persuadèrent qu'il fallait saisir l'occasion favorable qui s'offrait d'attaquer l'ennemi au moment où il ne s'y attendait pas. Ils se portèrent donc contre le camp du sultan et, par une attaque sur les flancs, ils réussirent à pénétrer jusqu'au quartier du souverain. Celui-ci ordonna aux canonniers de se tenir à leurs pièces, et, quand l'ennemi approcha de sa tente, il fut reçu par une volée de coups de canon chargés à boulets et à boulets ramés. Cette décharge dispersa les assaillants qui perdirent un grand nombre des leurs. Plus de cinq cents têtes de Châouïa furent coupées, leur camp fut pillé et ils durent s'enfuir vers l'embouchure de l'Omm Errebia. Ils demandèrent ensuite l'*aman*, que le sultan leur accorda. Quant à Abdel-

---

[1] Forteresse au sud de Casa Blanca.

malek, il s'était réfugié chez ses oncles maternels dans le
Sous. Il resta auprès d'eux jusqu'au moment où Abdesselâm, frère du sultan, et sa sœur, femme d'Abdelmalek,
intercédèrent en sa faveur et obtinrent sa grâce. Le sultan
lui ayant alors écrit, il revint se fixer auprès de lui. Le commandement des Châouïa fut donné à un personnage de
cette tribu, Elghâzi Elmouâq. Le sultan retourna ensuite à
Méquinez, puis à Fez.

Cette même année, le sultan envoya une armée à Oudjda;
cette armée se composait des Oudaïas, commandés par
Ayyâd; des Cherâga et des Oulad Djâma, conduits par Ben
Khedda; d'Abids, placés sous la direction de Ahmed bel
Arbi, et enfin des Miknasa et des Ahlâf, qui avaient à leur
tête le cheikh Abdallah ben Elkhedhir. Ces troupes reçurent
l'ordre d'aller attaquer Oudjda, qui, avec les tribus qui en
dépendent, faisait à ce moment partie du territoire turc.
Les Turcs s'étaient, en effet, emparés de ce district pendant
l'*interrègne*, et un khalifa du bey Mohammed, installé à
Oudjda, administrait cette ville et les tribus du district. Le
sultan avait donné à ses troupes les instructions suivantes:
percevoir les impôts *zekat* et *achour*, au cas où les Turcs
quitteraient Oudjda et son territoire, et installer dans cette
ville le gouverneur qu'il avait désigné; chasser le bey, dans
le cas où il quitterait seulement la ville et refuserait d'évacuer le reste du pays. L'armée marocaine ayant quitté Fez,
le bey, dès qu'il connut la nouvelle de cette expédition, enjoignit à son khalifa, qui était à Oudjda, de quitter cette
ville et de cesser d'exercer son autorité sur les tribus qui en
dépendaient. Il écrivit ensuite au sultan une lettre d'excuses,
disant qu'il n'avait fait occuper Oudjda que pour assurer la
sécurité des routes et contenir les tribus remuantes. « Main-

tenant, ajoutait-il, que votre éclat a resplendi sur ces contrées, nous vous les abandonnons, car elles vous appartiennent depuis un long temps. » Quand le nouveau gouverneur
arriva à Oudjda, il soumit les tribus, et l'armée revint à
Fez, après avoir rendu la sécurité aux routes.

En 1211 (1796-1797), le sultan se mit à la tête de ses
troupes et se dirigea vers le Doukkâla. Arrivé à l'Oued
Omm-Errebia, il entra d'abord à Azemmour, puis à Tit[1].
Là, il reçut la visite d'Elhâchemi bel Arousi et des gens du
Doukkâla, qui vinrent faire leur soumission et prêter serment de fidélité; ils déclarèrent s'être séparés du clan des
Abda et de leur sultan Hichâm, dont ils reniaient maintenant l'autorité. Les Rahâmena, les gens du Sous, les Zerâra
et les Chebbânat[2] vinrent, eux aussi, faire leur soumission,
prêter serment de fidélité et déclarer rejeter l'autorité d'Elhosaïn, qui était chez eux à Maroc. Toutes ces députations
accompagnèrent le sultan Seliman à Maroc. L'arrivée du
prince fut un événement mémorable : tous les habitants de
la ville se portèrent au-devant de lui; on tira des salves
d'artillerie, et de grandes réjouissances eurent lieu. Le sultan
s'installa dans le palais impérial. Il dépêcha son secrétaire
Mohammed ben Otsmân auprès d'Abderrahman ben Nâcer,
pour inviter ce dernier à se rendre auprès de lui et en cas de
refus lui déclarer la guerre. Quand le secrétaire arriva chez
Abderrahman, celui-ci s'excusa de ne pouvoir, à cause de sa
maladie, déférer au désir du sultan, mais il fit venir le cadi
et les jurisconsultes et abdiqua devant eux. Il écrivit ensuite
au sultan Seliman pour lui jurer fidélité et obéissance.

[1] Petite ville près du cap Blanc au sud de Mazagan.
[2] Les Zerâra et les Chebbânat sont établis sur la rive gauche de l'Omm Errebia, à l'ouest du district de Tâdela.

Quant à Hichâm, il était allé chercher un asile dans la zaouïa d'Echcherrâdi. Le sultan lui envoya quelqu'un qui lui garantit la vie sauve et le ramena ensuite auprès de lui. Celui-ci le reçut avec égards; il lui fit donner des chevaux et des vêtements et lui assigna pour demeure la maison de son frère Elmamoun. Hichâm resta là jusqu'à ce qu'il eût pris quelque repos et qu'il fût remis de ses alarmes, puis il fut envoyé à Rabat, où un revenu suffisant lui fut assuré. Resté à Maroc, le sultan reçut les députations des tribus berbères Ourguenia, des tribus des Metouga, des Zenâga et de celles du Hâha et du Sous, qui toutes apportèrent des présents. Il fit bon accueil à tous ces envoyés; il leur distribua des cadeaux et désigna ensuite les chefs qu'il avait choisis pour ces diverses tribus. La conquête du Maghreb fut bientôt complète, car Ibn Otsmân apporta la soumission d'Abderrahman, qui envoya son serment de fidélité, s'excusant de ne point venir lui-même, parce qu'il était malade. Le sultan ayant accepté ces excuses, l'ordre se trouva rétabli partout. Après avoir laissé son frère Etthaïeb comme vice-roi à Maroc, le sultan rentra dans la province du Gharb. En 1212 (1797-1798), il quitta de nouveau Fez à la tête de son armée; il était décidé à agir contre Abderrahman ben Nâcer et à obtenir sa soumission en personne, soit de gré, soit de force. Arrivé à l'Oued Omm-Errebia, le sultan fut rejoint par les Oudaïas ayant à leur tête le caïd Ayyâd. Ce caïd reçut l'ordre de se rendre auprès d'Abderrahman ben Nâcer et de lui enjoindre de se porter à la rencontre du souverain; il devait faire l'intérim d'Abderrahman, au cas où celui-ci ferait la démarche qui lui était demandée; dans le cas contraire, il devait en référer immédiatement au sultan. Malgré sa maladie, Abderrahman ne put, à l'arrivée d'Ayyâd, se dispenser d'obéir à l'injonction du sultan. Il monta dans sa litière et partit accompagné de ses contribules, les Abda et les Ahmer. Ce fut à Miat-Bir-Ou-Bir[1], sur les confins de son territoire, qu'il rencontra le sultan. Il fit sa soumission et prêta serment de fidélité; ses contribules suivirent son exemple. Quand le sultan eut acquis la certitude qu'Abderrahman n'avait tardé à venir qu'à cause de sa maladie, il crut à la sincérité de ses engagements et lui donna une nouvelle marque de sa faveur en l'emmenant à Asfi, où il le logea dans son propre palais. Après avoir rassuré Abderrahman par ces preuves de bienveillance, le sultan l'investit de nouveau du commandement de ses tribus; il le chargea en outre de la direction du port et de la perception des redevances légales dues par ses tribus. Il partit ensuite pour Maroc et entra dans cette ville, où il resta quelque temps. Cette année-là, la peste éclata au Maroc et étendit ses ravages dans les villes et dans les campagnes; c'est par elle que Dieu délivra le sultan des embarras que lui suscitaient ses frères. Comme la peste sévissait avec plus de force à Maroc, le sultan Seliman quitta cette ville où, il laissa son frère Etthaïeb en qualité de vice-roi; il se dirigea ensuite vers le Gharb et arriva à Méquinez au mois de safar 1213 (juillet 1798). Pendant qu'il était dans cette ville, il apprit la mort de son frère Etthaïeb, celle d'Elhosaïn, qui était à Maulay Ibrahim et qu'Etthaïeb avait fait venir à Maroc, après lui avoir accordé l'*aman*, et enfin celle d'Hichâm, qui avait obtenu du sultan de quitter la résidence de Rabat, qui lui avait été assignée, pour aller à Maroc, où il mourut. Toutes ces nouvelles arri-

---

[1] « Les cent et un puits », petite localité sise sur la rive droite de l'Oued Tansift, à peu de distance de l'embouchure de cette rivière.

vèrent à la fois. A ce moment, j'étais installé dans ma maison de Fez. Le sultan me manda auprès de lui, et, quand j'arrivai à Méquinez, il me donna l'ordre d'aller à Maroc recueillir les successions de ses frères ainsi que celle du secrétaire. Je me rendis aussitôt dans cette ville, et, après avoir chargé sur les mules que le sultan avait mises à ma disposition tous les objets provenant de ces successions, je rentrai à Méquinez. Le sultan me conféra alors les fonctions de kateb [1].

Pendant l'année 1214 (1799-1800), le sultan envoya un de ses agents au Sous pour y recueillir les biens de tous ceux qui étaient morts pendant l'épidémie sans laisser d'héritiers. Quand cet agent eut terminé cette opération, on le nomma gouverneur du Sous et il rejoignit son poste après avoir rapporté les richesses qu'il avait rassemblées. En 1215 (1800-1801), eut lieu l'expédition contre les Aït Mâlou. L'armée envoyée par le sultan était placée sous les ordres du secrétaire Elhakmaouï et de divers caïds et chefs de tribus. Tous ces derniers personnages avaient une situation plus considérable que celle d'Elhakmaouï; aussi ne voulurent-ils pas l'accepter pour chef et cherchèrent-ils à se soustraire à son autorité. Dès qu'on arriva à Dekhisân, les Berbères vinrent demander l'*aman*, s'engageant à payer les sommes qu'on exigerait d'eux et à fournir des otages jusqu'à complet payement. Elhakmaouï repoussa ces propositions et refusa de céder aux représentations que lui firent à ce sujet les caïds, qui connaissaient mieux que lui les Berbères. « Je n'ai nul besoin de l'argent de ces gens-là, répondit-il; ce qu'il me faut, c'est les combattre et leur couper

---

[1] Secrétaire d'État.

des têtes. » Les caïds le laissèrent alors agir à sa guise. On
s'engagea dans la montagne, traversant les défilés, grâce
aux canons et aux obusiers; car les Berbères tenaient vail-
lamment tête à l'ennemi, tout en cherchant à l'attirer dans
les parties escarpées de la montagne. Arrivée là, l'armée
fut cernée par les Berbères, et le combat s'engagea. Les
caïds abandonnèrent alors Elhakmaouï, qui, réduit à ses
seules forces, fut vaincu et fait prisonnier, après avoir perdu
du monde et ses bagages. Quelques Berbères prirent Elhakmaouï sous leur protection et le renvoyèrent plus tard au
sultan avec quelques chérifs[1].

En 1216 (1801), le sultan s'empara de Dera, d'Elfaïdja
et de Sidjilmasa, où ses troupes entrèrent. Son agent lui
rapporta toutes les richesses de cette ville et expulsa les
Arabes et les Berbères des qsour d'Elqosb, qui furent rendus à leurs anciens habitants. Toute la contrée située entre
le Sous, le Dera, Elfaïdja, Sidjilmasa et l'Oued Essâoura[2]
fut ouverte aux négociants et aux voyageurs, qui purent,
sans être inquiétés, aller de qsour en qsour et de province
en province.

Pendant l'année 1217 (1802), le sultan envoya contre
le Rif une expédition sous les ordres de son frère Qaddour,
de l'amel Ben Khedda et du caïd de l'armée Ahmed ben
Elarbi. L'amel rapporta le tribut des trois années précédentes, qu'il recouvra chez les Kebdâna, les Guelâïa[3], les

---

[1] Les Marocains évitent autant que possible de verser le sang d'un
chérif.

[2] Les cartographes écrivent avec la forme Msaoura le nom de cette rivière,
formée de la réunion de l'Oued Guir et de l'Oued Zouzfana. L'Oued Essâoura
se perd dans les sables au sud de la frontière de l'Algérie.

[3] Le territoire des Guelâïa entoure Melilla et avoisine celui des Kebdâna.

habitants du Gâret[1] et ceux du Rif. Au retour, les troupes attaquèrent les tribus des Methâlsa[2] et des Beni bou Yahia, qu'ils trouvèrent sur leur route. Ils les pillèrent et leur firent des prisonniers, hommes et enfants, qu'ils amenèrent au sultan; mais celui-ci les renvoya dans leurs tribus.

La route du Sahara avait été, en 1218 (1803), infestée à Molouïa par les brigandages des Aït Idrâsen, dont le caïd Mohammed Ou Aziz s'était enfui de Fez, redoutant la colère du sultan. Le sultan se mit lui-même à la tête de ses troupes et se rendit à Alil, où le combat s'engagea. Les Idrâsen furent défaits, leur camp et leurs troupeaux pillés et leurs qsour détruits par le sultan. Ils se réfugièrent chez les Beni Meguilled, sans avoir pu sauver autre chose que leurs personnes, et demeurèrent dans cette tribu jusqu'au moment où, le sultan leur ayant pardonné, ils rentrèrent à son service. En revenant d'Alil, le sultan ne demeura pas à Fez; il conduisit ses troupes à Taza et envoya une colonne à Oudjda, sous la conduite du cheikh Abdallah ben Elkhidr, pour percevoir les impôts des tribus de cette contrée. Il envoya, sous les ordres de Dahmân Essoucïdi, amel du Sahara, une autre expédition, d'abord à Molouïa, où elle campa et fit rentrer les impôts des tribus de la contrée, puis à Guir, et enfin à Sidjilmasa. Arrivé là, l'amel divisa ses troupes en plusieurs corps, à la tête desquels il plaça ses lieutenants, et les envoya à Dera, à Elfaïdja, à Tedgh, à Ferkella, à Gheris, à Zenner, à Elkheneg, à Medghâra, à Erroteb et à l'Oued Essâoura. Dahmân pacifia ainsi tout ce pays; il assura la sécurité des routes et fit rentrer les impôts. L'expédition rentra ensuite, mais après avoir laissé des

[1] Le Gâret est une province au sud de celle des Guelâïa.
[2] Les Methâlsa sont au nord de Taza.

détachements dans chacune des localités qu'elle avait occupées.

En 1219 (1804), le sultan se rendit avec son armée à
Maroc. De là, il envoya deux colonnes : l'une au Sous,
l'autre au Hâha. Quant à lui, accompagné de sa garde et
des *mosakhkharin*, il gagna Mogador. Il visita dans cette ville
les travaux qu'y avait faits son père; il passa ses troupes en
revue et leur distribua de l'argent et des vêtements. Il fit
restaurer tout ce qui avait besoin de réparations et organisa la défense de la ville. Il nomma des chefs dans les tribus du district et revint ensuite dans le Gharb.

De grands conflits eurent lieu en 1220 (1805) dans le
Maghreb central[1] entre les Turcs et les Arabes. Ils se produisirent à l'occasion de quelques faqirs Derqâoua[2] que le bey[3]
avait fait mettre à mort; mais le principal motif était que ce
dernier avait voulu faire arrêter le cheikh de la confrérie dans
le Maghreb, Abdelqâder ben Echcheikh, khalifa du cheikh
principal, notre seigneur Maulay Elarbi Ebderqâoui (Dieu
lui fasse miséricorde!). Abdelqâder ben Echcherif quitta
alors sa tribu et alla se réfugier sur le territoire des Ahrâr;
là, il groupa autour de lui les faqirs Derqâoua, qui étaient
vivement irrités du meurtre de leurs frères et de l'expul-
sion de leur chef, qu'on avait obligé à quitter sa patrie et sa

---

[1] Le Maghreb central désigne ici la contrée à l'ouest d'Alger qui s'étend
jusqu'à la frontière du Maroc.

[2] La confrérie des Derqâoua a quelque analogie avec la secte des quakers;
elle ne reconnaît d'autre maître que Dieu et n'accepte aucune des autres au-
torités spirituelles et temporelles auxquelles les hommes sont généralement
soumis. (Cf. Brosselard, *Les Khrouan*, Alger, 1859 et de Neveu, *Les Khouan*,
Paris, 1846).

[3] Mohammed Mokallech (1805-1807), bey de l'ouest de l'Algérie, qui résidait à Maskara.

zaouïa, ce qui portait un grave préjudice à la confrérie. On décida de se révolter contre les Turcs et de se liguer pour les combattre. Quand la colonne turque vint d'Alger, ainsi qu'il était d'usage, et que le bey fut allé la rejoindre, les Arabes et leurs alliés attaquèrent les Turcs. Ceux-ci furent défaits, leur camp fut pillé, et, après avoir perdu du monde, ils durent fuir en désordre jusqu'à Oran, où ils entrèrent. Les Arabes les poursuivirent et les assiégèrent dans Oran. Le bey écrivit alors au sultan marocain pour lui demander son assistance : « Il n'avait d'espoir de salut, disait-il, que si le souverain intervenait auprès du chef de la confrérie, qui résidait sur son territoire. » Seliman manda aussitôt au cheikh Maulay Elarbi de se rendre à Oran, afin de dissoudre l'armée des assiégeants et de mettre un terme au conflit ; il le fit accompagner dans cette mission par Elhadj Ettâhar Baddou. Quand Maulay Elarbi arriva à Oran, qu'il vit le grand nombre des assiégeants et qu'il s'aperçut que les Derqâoua qui étaient là ne suivaient point les règles de la confrérie, puisqu'ils s'étaient emparés de l'autorité et qu'ils la conservaient, remplaçant ainsi leurs lumières par des ténèbres, il enjoignit à son disciple Echcherif de révoquer l'ordre qu'il avait donné de lutter contre les Turcs, lui faisant remarquer qu'il n'était, lui Echcherif, qu'un simple délégué du cheikh de la confrérie. Ibn Echcherif se transporta alors à Tlemcen, où il assiéga les Turcs et les Couloughlis[1], qui occupaient le *Méchouar* et les environs de cette citadelle. Comme la lutte durait, les habitants de Tlemcen s'assemblèrent un vendredi dans la grande mosquée et rédigèrent leur serment de fidélité au sultan. Ils lui envoyèrent des présents,

---

[1] Métis issus du mariage des Turcs avec les femmes arabes de l'Algérie.

ainsi que des députations d'Arabes qui emportaient également des cadeaux. La députation tlemcénienne partit avec Maulay Elarbi Edderqâouï. Arrivé à Fez, Elarbi Edderqâouï se présenta au sultan et lui dit : « Le monde supérieur vous est favorable; les Arabes, les habitants des villes et des villages reconnaissent votre souveraineté et vous envoient leurs serments de fidélité et leurs présents. Voici Ibn Echcherif, votre serviteur et votre lieutenant, qui vient à son tour vous offrir son présent et vous prêter serment d'obéissance. » Le sultan sortit alors et trouva les habitants de Tlemcen et les députés arabes qui l'attendaient pour lui remettre leurs présents. Il reçut les cadeaux et les hommages des députés, puis il rentra et fit mander Elhadj Ettâhar Baddou et le questionna. Celui-ci raconta ce qui s'était passé; il dit ce qu'avait fait Maulay Elarbi Edderqâouï et ce qu'il avait attribué au sultan, et il ajouta que les Turcs avaient la conviction que tous ces troubles avaient été suscités et dirigés par le sultan. Aussitôt le sultan donna l'ordre de chasser Edderqâoui, ainsi que les habitants de Tlemcen, auxquels il rendit leur acte de serment, puis il fit venir les députés arabes à la porte de son palais. Quand ils y furent arrivés, il sortit et leur dit : « En agissant comme vous l'avez fait, vous avez désobéi à votre Dieu et à son prophète; vous avez péché en me prêtant de tels desseins. Je ne m'associerai pas à vous dans votre rébellion contre Dieu : le serment de fidélité que vous m'apportez, je vous le rends, car je ne puis l'accepter. Mais, puisque vous êtes venus jusqu'à ma porte, je vais écrire au bey, pour qu'il se montre indulgent et qu'il ne vous châtie point à cause de votre démarche. » Puis le sultan leur distribua de l'argent pour acheter des provisions et pourvoir aux frais de leur voyage, les congédia et envoya en

même temps le caïd Ayyâd à Tlemcen, avec l'ordre d'agir de
façon à s'emparer par ruse d'Ibn Echcherif; mais, ostensi-
blement, il lui donna pour mission de rétablir la concorde
entre les Turcs, les Couloughlis et les habitants de Tlemcen. Ce caïd devait en outre garder Tlemcen jusqu'à l'arrivée du bey et lui remettre la ville. Quand Ayyâd arriva à
Tlemcen, Ibn Echcherif, redoutant quelque danger, prit la
fuite. Le caïd lui écrivit et lui demanda une entrevue, disant qu'il n'était venu que pour assurer son succès; mais Ibn
Echcherif ne voulut rien entendre. Ayyâd attendit alors la
venue du bey et le réconcilia avec les habitants de Tlemcen.
Le sultan adressa au bey une lettre et des présents; il fit par
là connaître la pureté de ses intentions et resserra les liens
d'amitié qui l'unissaient au bey, dont il détruisit ainsi tous les
soupçons. Ayyâd quitta ensuite Tlemcen. Quant au bey, il ne
put atteindre son but à cause de la famine qui survint dans
son pays; car, les vivres manquant, les habitants de Tlemcen
désertèrent la ville et toutes les tribus du Maghreb central
allèrent s'établir sur le territoire marocain. Le pays étant
devenu désert, le bey n'eut plus personne sur qui exercer
son autorité; il écrivit alors au sultan pour le prier de renvoyer dans leur pays les Arabes et les habitants de Tlemcen;
le pacha d'Alger écrivit aussi dans le même sens. Le sultan
convoqua ces populations et les engagea à rentrer dans leur
pays, mais elles refusèrent en disant : « Nous ne pouvons
supporter à la fois la faim et l'administration des Turcs. »
Cette excuse satisfit le sultan, qui les autorisa à demeurer
sur son territoire et leur fit distribuer chaque mois quelque
argent. Cette distribution régulière leur constitua de véritables appointements. Quand l'abondance revint au Maghreb
central, tous ces réfugiés rentrèrent dans leur pays. Le

sultan écrivit alors au bey pour le prier de se montrer bienveillant et humain envers eux. Le bey suivit ce conseil, et sa
situation, ainsi que celle de ses sujets, redevint florissante.

En 1221 (1806), le sultan s'empara de Figuig; cette
conquête fut faite par un de ses amels qu'il avait envoyé à
la tête des Arabes des Doui Menia. L'amel perçut les impôts, prit possession du château impérial qui se trouvait
dans la ville et le rendit aux Abids, ses anciens occupants
au temps du sultan Ismaïl. En 1222 (1807), le sultan envoya des troupes contre les Beni Mousa de Tâdela; les gens
de cette tribu, s'étant réfugiés dans la montagne des Aït
Atâb, furent poursuivis par les soldats du sultan, qui pillèrent leurs troupeaux et incendièrent les villages des Re-
fala, des Beni Ayâth et des Aït Atâb, qui leur avaient donné
asile. L'armée revint, après avoir reçu de ces populations les
sommes dues pour les impôts *zekat* et *achour*.

Les pays du Gourâra et du Touât[1] furent conquis en
1223 (1808) et payèrent l'impôt aux agents du fisc. Pendant l'hiver de cette même année, le sultan, qui revenait de
cette expédition, envoya son armée camper sur les limites
du district des Aït Mâlou. Il empêcha cette tribu de trans-
humer ses troupeaux dans la province du Gharb et d'aller y
faire ses approvisionnements. Cernés dans leurs montagnes,
les Aït Mâlou, ayant perdu une partie de leurs troupeaux,
se décidèrent à payer l'impôt, mais ils ne purent s'acquitter
qu'en abandonnant une certaine quantité de leurs bestiaux.
Ce ne fut qu'après cela qu'on leur rendit la liberté de leurs
mouvements. En 1224 (1809), le sultan dirigea une expé-

---

[1] Le Gourâra et le Touât sont deux groupes d'oasis situées au sud de l'Algérie, sur la frontière du Maroc.

dition sur Tâdela; il campa près des Ourigha, qu'il attaqua et dont il pilla les troupeaux. Puis, après avoir dompté cette tribu, il se porta sur le territoire des Aït Isri, qui cependant avaient déjà payé des sommes considérables. Moyennant une nouvelle somme d'argent que les Aït Isri lui apportèrent, le sultan fit alors mettre en liberté les prisonniers de cette tribu et revint à Méquinez. Le sultan, à la tête de toute son armée, se rendit en 1225 (1810) dans le Rif; il campa à Aïn-Zoura et de là envoya ses soldats combattre les Rifains. Après avoir soutenu une lutte dans laquelle ils virent piller leurs troupeaux et incendier leurs villages, les Rifains demandèrent l'*aman*, qui leur fut accordé à condition qu'ils paieraient tout ce qu'ils devaient d'impôts *zekat* et *achour*. Le sultan désigna un agent chargé de cette perception, et, dès qu'elle fut terminée, ses troupes évacuèrent le Rif.

En 1226 (1811), des troubles éclatèrent parmi les populations berbères; ils furent suscités par Mohammed Ou Aziz, qui vint camper dans les cultures des Aït Mâlou et les saccager. Les Aït Mâlou attaquèrent Mohammed; mais, quand la lutte fut engagée, les Guerouân trahirent Mohammed Ou Aziz, que le sultan leur avait imposé comme chef; ils prirent parti pour les Aït Mâlou et pillèrent les Aït Idrâsen. Les cavaliers de cette tribu, qui seuls avaient échappé au pillage se rendirent auprès du sultan et se plaignirent à lui. Celui-ci prit leur défense et envoya son armée combattre les Guerouân; mais les Aït Mâlou, s'étant joints à ces derniers, battirent l'armée des Aït Idrâsen. Les Berbères se réunirent et décidèrent alors de se révolter, à cause de Mohammed Ou Aziz, que le sultan persistait à maintenir à leur tête, malgré les plaintes réitérées qui avaient été portées contre lui. De leur côté, les Aït Yousi abandon-

nèrent Dahmân Essouïdi, qui leur avait été donné comme
chef et vinrent se joindre aux Guerouân, aux Aït Mâlou,
aux Aït Sagrouchen et aux Mermoucha; le deddjâl Mehâouch
accepta l'offre qu'on lui fit de se mettre à la tête des révoltés.
Le sultan envoya au *sinistre* Essouïdi des troupes qui allèrent
camper à Safrou. Les Berbères attaquèrent cette armée et
la mirent en déroute : Essouïdi dut chercher un abri dans
la ville. Cela fait, les Berbères se répandirent sur les
routes; ils détroussèrent tous les voyageurs qui allaient
dans le Sahara ou qui en revenaient et pillèrent tous
les villages qui avoisinaient Safrou. Comme le mal gran-
dissait et qu'il n'était dû qu'à Mohammed Ou Aziz et à
Essouïdi, le sultan essaya d'y porter remède, sans toutefois y réussir. Il laissa donc les tribus en pleine anarchie,
tout en les faisant surveiller par l'habile amel Ayyâd, et
il se rendit à Maroc, afin de ramener des contingents du
Houz, car il avait remarqué que, dans les combats, les gens
du Gharb prenaient la fuite au premier choc. Arrivé à
Maroc, le sultan réunit de nombreuses troupes, qu'il emmena à Méquinez. Quant aux contigents qui appartenaient
à la province du Gharb, il ne voulut point les laisser venir
avec lui. Aussitôt qu'il eut formé son armée, il quitta Méquinez et se mit en marche contre les Guerouân, qui étaient
aux environs d'Azrou; mais, arrivé en cet endroit, il se
trouva fort embarrassé, car, bien qu'il fût tout près de l'ennemi, il n'avait avec lui personne capable soit de diriger
l'attaque, soit de l'assister, soit de l'aider de ses conseils.
Dans ces circonstances, il jugea à propos de rebrousser
chemin jusqu'à Alil chez les Aït Yousi et les Beni Meguilled. En voyant ce mouvement, les espions des Guerouân
supposèrent que c'était par crainte que le sultan renonçait

à son attaque. Les Guerouân suivirent alors l'armée impériale, dont l'avant-garde arriva sans encombre à Alil, où le sultan campa ; mais ils atteignirent l'arrière-garde, qu'ils attaquèrent vivement et taillèrent en pièces : le bacha des Abids, Ben Echchâhed fut tué dans cette rencontre. Ce fut seulement au milieu de la nuit que le sultan apprit, par l'arrivée des fuyards, la nouvelle de cet échec. Il ne perdit pas courage, et, le lendemain, les Berbères des Beni Idrâsen, des Zemmour et des Aït Yemmour qui lui étaient restés fidèles attaquèrent les Beni Meguilled qui se trouvaient près d'eux et les mirent en déroute. Forcés de se réfugier dans les défilés des montagnes, les Beni Meguilled abandonnèrent leurs chevaux et ne songèrent qu'à sauver leurs personnes. Cette victoire dégagea le sultan de sa position critique ; mais, quand les vainqueurs arrivèrent avec les chevaux et les armes dont ils s'étaient emparés, les Arabes qui étaient dans l'armée se mirent à massacrer tous les Berbères fidèles qu'ils rencontrèrent, en disant : « Tous les Berbères ne font qu'un. » Les Berbères s'étant alors plaints au sultan, celui-ci chargea son secrétaire Mohammed Esselâoui de rétablir l'ordre. L'enquête à laquelle se livra Mohammed Esselâoui lui fit craindre que les choses ne tournassent mal ; aussi engagea-t-il le sultan à reprendre le chemin de Fez. Ce retour fut un immense désastre : enhardis par cette retraite, les Berbères suivirent l'armée impériale et pillèrent tous ceux qu'ils purent atteindre ; le sultan continuait à reculer, sans pouvoir, malgré tous ses efforts, apporter un remède à sa situation critique, lorsqu'enfin il réussit à obtenir un avantage sur les Guerouân, qu'il pilla et mit en déroute. Toutefois il usa de clémence à leur égard, et, après leur avoir rendu leurs armes et leurs

chevaux, il les incorpora dans son armée et les réconcilia
avec les Aït Idrâsen. Le sultan les envoya ensuite contre les
Aït Yousi, dont ils envahirent le pays. Dans cette expédition,
les Guerouân tuèrent un nombre considérable d'ennemis
et ne quittèrent le territoire des Aït Yousi qu'après l'avoir
pillé et avoir enlevé aux populations tout ce qu'elles possédaient. Toute cette affaire confirma cette sorte d'axiome
politique que les sages ont formulé ainsi : « Les grandes
armées ne produisent que des défaites; aux petites armées
appartient la victoire. »

Cette même année, le sultan envoya son fils, le très orthodoxe, le maître, le très glorieux Maulay Ibrahim accomplir le pèlerinage de la Mecque et visiter le tombeau de
son ancêtre. En 1227 (1812), il dirigea contre les Guelâïa et le Rif une expédition commandée par son secrétaire
Mohammed Esselâoui. Arrivé dans le pays des Guelâïa,
Mohammed lâcha ses soldats, qui pillèrent, incendièrent,
tuèrent et saccagèrent. Puis après être resté là jusqu'à ce
qu'il eût reçu toutes les sommes dues [1] par les gens de
cette tribu, il envoya dans le Rif des agents qui y perçurent
les impôts *zekat* et *achour*. L'expédition fut de retour au
mois de ramadan de cette même année. A cette époque,
Maulay Ibrahim, le fils du sultan, revint de pèlerinage et
débarqua à Tanger. A Malte, il s'était embarqué sur un vaisseau anglais que son père lui avait envoyé en même temps
qu'il lui expédiait ses propres navires à Alexandrie, mais
Maulay Ibrahim n'avait trouvé qu'à Malte les navires qu'on
lui avait destinés; il s'embarqua sur le vaisseau anglais,
tandis que les autres pèlerins montaient sur les navires ma-

---

[1] Il s'agissait des impôts arriérés.

rocains. Le vaisseau anglais devança les autres et mouilla à
Tanger, où le prince débarqua; celui-ci se rendit aussitôt
auprès de son père, qui, après l'avoir reçu, l'envoya dans son
palais à Fez. Les habitants de Fez, les Oudaïas et les habitants du Houz se portèrent à la rencontre du fils de leur
souverain, et le jour de l'entrée de Maulay Ibrahim à Fez
fut un véritable jour de fête.

En 1228 (1813), le sultan fut avisé que les gens du Rif
vendaient des bestiaux et des céréales aux chrétiens malgré
la défense qu'il avait faite à ces derniers de faire des chargements dans les ports du Maroc. A la suite de cette pro-
hibition, les chrétiens s'étaient rendus dans le Rif, où le
gouverneur Mohammed Esselâouï ne s'occupa point d'eux
et les laissa faire. Parfois on arrêtait quelques-uns des principaux Rifains qui se livraient à ce commerce et on les con-
duisait au gouverneur; mais celui-ci les faisait relâcher
moyennant quelque argent. La contrebande prit vite de
grandes proportions, et bientôt tous les Rifains se mirent à
vendre aux chrétiens. Dès que le sultan eut acquis la certitude que ses prescriptions n'étaient point exécutées, il
donna l'ordre à tous les capitaines de ses navires de se
rendre dans les ports du Rif et de saisir tous les navires des
chrétiens qu'ils rencontreraient dans ces parages. En conséquence, les capitaines marocains se mirent en route et
capturèrent les navires qu'ils rencontrèrent et firent prisonniers leurs équipages. Cette mesure n'ayant pas suffi,
le sultan entreprit une expédition contre le Rif. Il plaça
l'armée sous les ordres de Mohammed Esselâoui, auquel il
adjoignit son fils Ibrahim, qui commandait les troupes des
villes maritimes et les contingents du Gharb et des autres
provinces. Cette armée prit le chemin des montagnes, tau-

dis que le sultan, à la tête du principal corps d'armée, suivait la route ordinaire, allant d'abord à Taza, puis à Gâret. Les habitants du Rif connaissaient à peine la nouvelle de cette expédition qu'ils étaient déjà cernés de tous côtés : leurs villages furent pillés et incendiés et leurs silos vidés. Le sultan nomma comme gouverneur Ahmed ben Ali ben Abdessâdeq Errifi, qu'il laissa dans le pays avec un corps d'armée chargé de l'aider à faire rentrer les impôts. Quant aux autres troupes, elles revinrent dans la capitale avec le sultan, qui ne cessa pas un instant de réparer les fautes commises par ses agents. Elmamoun (que Dieu ait son âme!) l'a dit : «Tous les maux qui affligent un pays proviennent du fait de ses fonctionnaires. »

Et maintenant, si vous voulez juger d'un œil équitable et parler le langage de la vérité, vous direz que ce sultan fut l'Omar ben Abdelaziz[1] de notre époque. Car, dans toute la dynastie des fils d'Ismaïl, si vous exceptez le père de ce prince, il n'y a pas eu un souverain plus excellent, plus intelligent, plus instruit, plus sage, plus équitable, plus généreux, plus humain, plus pieux, plus patient, plus bienveillant, plus doux de caractère et plus affable que lui : c'est une perle et un joyau. Toutefois on peut lui reprocher de n'avoir pris conseil que de lui-même et de s'être confié à des gens inhabiles aux choses de la guerre. Tous ses insuccès n'ont pas eu d'autre cause. Mais, grâce à la terreur qu'il inspirait, soit qu'il restât dans son palais, soit qu'il marchât contre l'ennemi, Dieu lui a assuré la victoire. Moi-même j'ai pu en juger dans les expéditions qui furent dirigées contre les Arabes et contre les étrangers après la

[1] Le calife Omar est considéré par les musulmans comme le type le plus accompli des souverains.

mort de son père et après celle de son frère Elyezid. A ce
moment, comme chacun sait, tout le Maghreb était agité;
des maux de toute sorte désolaient le pays, et cependant,
grâce à l'autorité, à la piété sincère et à l'habile politique
du sultan, Dieu préserva l'empire de la chute et lui rendit
le calme et la prospérité.

Il ne reste plus maintenant qu'à parler d'une seule chose,
dont Dieu lui demandera compte, car elle constitue une des
plus strictes obligations et elle exige un lourd sacrifice, que
la nation a le droit de demander et de réclamer, puisque
chaque jour a son lendemain : c'est de s'occuper, dans l'intérêt des musulmans du choix de celui qui les gouvernera
après lui et de désigner dès aujourd'hui son héritier présomptif. Or il n'ignore pas quelle est la situation actuelle
du Maroc, les dangers qu'elle présente et qui peuvent s'accroître par la présence dans son sein de populations turbulentes. Il faut donc que son fils, le très fortuné, le docte, le
très orthodoxe Ibrahim, qu'il a élevé à son école, ce fils
qui s'adonne à l'étude de toutes les sciences et qui a montré
sa supériorité, son intelligence et sa décision, prenne la
direction des affaires des musulmans, lorsque son père s'ab-
sente, et lui serve d'intermédiaire auprès des populations
lorsqu'il est présent. Ainsi le jeune prince se fera connaître
des populations, qui seront alors rassurées sur leur avenir,
Il se fera encore connaître de ceux qui sont près et de
ceux qui sont loin, des esprits vulgaires et des esprits d'élite,
et la nation mettra en lui son espoir.

C'est à Dieu qu'il appartient de nous assister dans ce
monde et dans l'autre, car il n'y a de force et de puissance
que dans le Très-Haut et le Tout-Puissant.

———————

INDEX ALPHABÉTIQUE.

A

Abdelkhâleq ben Errousi, 48, 49 = ٢٤.

Abdelkhâleq ben Youcef, 52 = ٢٨.

Abdellathif ben Abdelkhâleq Errousi, 71 = ٣٨, ٣٩.

Abdelmalek ben Idris, 154, 155, 168, 174, 175, 176, 177, 178 = ٨٤, ٩١, ٩٥, ٩٩.

Abdelmalek ben Ismaïl, 49, 52, 58, 59, 60, 61, 62, 63, 64, 72, 140 = ٢٤, ٢٨, ٣١, ٣٢, ٣٣, ٣٤, ٣٥, ٣٩, ٧٧.

Abdelmalek ben Merouân, 70.

Abdelmalek ben Zidân, 2 = ١.

Abdelmalek bou Chefra, 73 = ٤٠.

Abdelouâhed ben Souda, 81 = ٤٤.

Abdelouâhed Bettir, 70 = ٣٨.

Abdelouâhhâb Elyemmouri, 107, 108, 129 = ٥٨, ٥٩, ٧٠.

Abdelqâder ben Echcheikh (v. ben Echcherif).

Abdelqâder ben Echcherif, 185, 186 = ١٠٠, ١٠١.

Abdelqâder ben Kheris, 134 = ٧٢.

Abdennebi ben Abdallah, 69 = ٣٧.

Abderrahman, 51 = ٢٧.

Abderrahman ben Nâcer, 163, 173, 174, 179, 180, 181 = ٨٩, ٩٢, ٩٧, ٩٨.

Abderrahman Echchâmi, 78, 83 = ٤٢, ٤٥.

Abderrahman Elmetrâri, 25, 34 = ١٣, ١٨.

Abderrahman Errousi, 40 = ٢١.

Abderrezzâq Ould Ali ben Ychchou, 71 = ٣٨.

Abdessâdeq ben Ahmed, 130 = ٧١.

Abdessâdeq Errifi, 142 = ٧٨.

Abdesselâm ben Mechich (Maulay), 86, 129, 155, 157, 158, 169 = ٤٧, ٧١, ٨٥, ٨٧, ٩٢.

Abdesselâm ben Mohammed (Maulay), 152, 154, 178 = ٨٣, ٨٥, ٩٩.

Abdesselâm Ould Ali Ou Addi, 131 = ٧١.

Abdulhamid, 154, 155 = ٨٤, ٨٥.

Abou Ali Errousi, 51, 52, 53, 55, 73, 75 = ٢٧, ٢٨, ٣٠, ٣٤, ٣٩, ٤١.

Abou Aziz Ou Sedouq, 53 = ٢٨.

Abou Becr ben Elarbi, 115, 140 = ٦٣, ٧٧.

Abou Becr ben Elhadj, 18 = ٩.

Abou Becr ben Kerroum Elhadj Echchebbâni, 20 = ١٠.

Abou Becr ben Mohammed, 2 = ١.

Abou Becr Echchenguithi, 134 = ٧٣.

Abou Becr Ettâmeli, 10 = ٥.

Abou Dechich, 51 = ٢٧.

Abou Domeïa, 22 = ١١.

Abou Echcheta Elkhemmâr, 156 = ٨٥.

Abou Ennasr, 49, 51 = ٢٤, ٢٧.

Abou Fâres, 57 = ٣١.

Abou Fekrân, 79, 105, 107, 109 = ٤٣, ٥٨, ٦٠.

Abou Inân, 78, 96 = ٤٢, ٥٣.

Aboulabbâs (Mausolée d'), 164, 174 = ٨٩, ٩٤.

Aboulabbâs Ahmed Elmansour, 2 = ١.

Aboulala Mahrez, 44 = ٢٣.

Aboulkherârib, 72 = ٣٩.

Aboulmansour ben Ismaïl, 51 = ٢٧.

Aboulqâsem Elamiri, 79, 88, 93 = ٤٣, ٤٧, ٤٨, ٥١.

Aboulqâsem Ezzemmouri, 145, 146
= ٧٩, ٨٠.
Aboulqâsem Ezziâni, 1, 168 = ١,
٨٨.
Aboulyoumn Elmansour, 44 = ٢٣.
Abou Merouân, 52 = ٢٨.
Abou Mohammed Salah, 87 = ٤٧.
Abou Selhâm, 13 = ٩.
Abou Yaza, 23 = ١١.
Achar, 95 = ٥٢.
Achgren, 138 = ٧٩.
Adecsen, 41.
Adhazen, 41.
Adkhisân (v. Dekhisân), 145 = ٧٩.
Adil (v. Elhadj Elkheyyâth), 113,
139 = ٩٢, ٧٩.
Afalmân (Aït), 44, 46 = ٢٣, ٢٤.
Afrag, 53 = ٢٨.
Agadir, 126, 161, 162 = ٩٩, ٨٨.
Aghmât, 141 = ٧٧.
Agga, 31 = ١٧.
Ahlâf, 6, 35, 77, 122, 178 = ٣,
١٨, ٤٢, ٩٧, ٩٧.
Ahmed (Le bacha), 56 = ٣٠.
Ahmed ben Abdallah (Maulay), 105,
124, 141 = ٥٨, ٩٨, ٧٧.
Ahmed ben Abdallah Eddilâï, 27 =
١٣.
Ahmed ben Ali ben Abdessâdeq Er-
rifi, 195 = ١٠٥.
Ahmed ben Ali Errifi, 43, 53, 56,
72, 90, 91, 99, 114 = ٢٣, ٢٨,
٣٠, ٣٩, ٥٨, ٥٩, ٥٢, ٩٣.
Ahmed ben Echcherif, 33 = ١٧.
Ahmed ben Elarbi (ou bel Arbi),
178, 183 = ٩٧, ٩٩.
Ahmed ben Enneqsis, 18 = ٩.
Ahmed ben Haddou, 36, 42, 43 =
١٩, ٢٢, ٢٣.

Ahmed ben Mahrez, 25, 26, 27,
35, 36, 37, 39 = ١٣, ١٤, ١٤,
٢٠, ٢١.
Ahmed ben Mohammed, 23 = ١٢.
Ahmed ben Mohammed Elhadj, 10,
12 = ٥, ٩.
Ahmed ben Moussa Errousi Essem-
lâli, 3.
Ahmed Echcherrâdi, 88 = ٤٨.
Ahmed Eddehebi, 47, 52, 55, 58,
59, 60, 61, 62, 63, 64 = ٢٥,
٢٨, ٣٠, ٣١, ٣٢, ٣٣, ٣٤, ٣٥.
Ahmed Elaguidi Elyâzeghi, 83, 86,
89 = ٤٥, ٤٩, ٤٨.
Ahmed Elkhidhr, 140 = ٧٧.
Ahmed Elmansour, 42 = ٢٢.
Ahmed Errifi, 61, 86, 89, 93, 94,
95, 96, 97, 98, 99, 100, 106
= ٣٣, ٤٩, ٤٨, ٥١, ٥٢, ٥٣, ٥٤,
٥٥, ٥٨.
Ahmed Esselfi, 47 = ٢٥.
Ahmed Ettlemsâni, 25 = ١٣.
Ahmed Forsadir ben Moussa, 71
= ٣٨.
Ahmer (tribu), 86, 124, 125, 181
= ٤٧, ٩٨, ٩٨.
Ahmerr Kheddou, 54.
Ahmerr Yedhou, 54 = ٢٩.
Ahrâr, 7, 185 = ٤, ١٠٠.
Aïcha Mebarka, 51 = ٢٧.
Aïn Ellouh, 37 = ٢٠.
Aïn Elmoqbi, 96 = ٥٢.
Aïn Mâdhi, 7, 8 = ٤.
Aïn Zoura, 190 = ١٠٣.
Aïssa (Ibn), 64 = ٣٥.
Aït (v. le mot qui suit Aït).
Akhmâs, 173 = ٩٤.
Alcasar (v. Alqasar), 12, 18 = ٩, ٩.
Alcasar Elkebir, 12.

B

Bâb Eldjedid, 70 = ٣٨.
Bâb Eldjisa, 17 = ٨.
Bâb Elfeth, 65, 75 = ٣٥, ٤١.
Bâb Elfotouh, 70, 111, 121 = ٣٨,
  ٦١, ٦٦.
Bâb Errih, 88 = ٤٨.
Badis, 130.
Bahâlil (tribu), 81 = ٤٤.
Baïchi Elqebli, 41 = ٢١, ٢٢.
Bargâch, 168, 171 = ٩١, ٩٣.
Barka, 46.
Basset (René), 151.
Bathn Errommân, 19 = ٩, ١٠.
Bedâoua (tribu), 98, 99 = ٥٤.
Bedima, 126 = ٦٩.
Beth (Oued), 29, 30, 50, 58 = ٢٧,
  ٣١.
Bekkâr (Le cheikh), 32 = ١٧.

Ben Esseba (Oulâd), 151, 152 =
  ٨٣.
Ben Khedda, 178, 183 = ٩٧, ٩٩.
Ben Thâa, 160 = ٨٧.
Beni (v. *le mot qui suit* Beni).
Berâbich, 32 = ١٧.
Berba, 129 = ٧٠.
Bokharis, 59 = ٣٢.
Bordj Eldjedid, 22 = ١١.
Bou Aqaba, 26 = ١٣.
Bou Athia (Oulâd), 177 = ٩٦.
Bou Azza, 100, 101 = ٥٥.
Bou Hassoun, 3, 5 = ٢, ٣.
Boulaouân, 102 = ٥٤.
Bou Regreg, 2.
Bou Seba, 151.
Bou Yahia (Beni), 184 = ٩٩.
Brosselard, 185.

C

Calderon, 53.
Casa Blanca, 159.
Catherine de Portugal, 14.
Ceuta, 38, 40, 53, 130, 160, 163,
  164 = ٢٠, ٢١, ٢٨, ٧١, ٨٧, ٨٩,
  ٩٠.
Châanba, 71 = ٣٩.
Chachou, 83 = ٤٥.
Chaffaut (Du), 142.
Châoui (Dâr cheikh), 15.
Châouïa, 20, 105, 126, 138, 174,
  175, 176, 177, 178 = ١٠, ٥٨,
  ٦٩, ٧٥, ٩٥, ٩٦.
Charles II, 14.

Chebbânat, 32, 34, 179 = ١٧, ١٨,
  ٩٧.
Chefchaoun, 91, 130 = ٤٩, ٧١.
Chélif, 32 = ١٧.
Chendi, 38 = ٢٠.
Chenguith, 31 = ١٧.
Chénier, 32.
Cherâga, 12, 23, 35, 94, 95, 97,
  101, 123, 176 = ٧, ١١, ١٩, ٥١,
  ٥٢, ٥٣, ٥٤, ٧٧, ٧٤.
Cherchel, 37 = ٢٠.
Cherrâthin, 22 = ١١.
Chiâdhma, 125 = ٦٨.
Choghr, 38 = ٢٠.

D

Dâdes, 3 = ٢.
Dahmân Enneggâd, 69 = ٣٧.
Dahmân Essoueïdi (*ou* Essouïdi), 184, 191 = ١٠٠, ١٠٣.
Dahr Ezzaouïa, 93, 111 = ٥١, ٦١.
Dakhila (tribu), 7 = ٣.
Daou Belâl (tribu), 152 = ٨٣.
Dâr Arbi, 149 = ٨١, ٨٢.
Dâr bacha Azzouz, 22 = ١١.
Dâr ben Chegra, 17, 21 = ٩, ١١.
Dâr ben Mechaal, 36 = ١٩.
Dâr ben Omar, 96 = ٥٢.
Dâr Debibegh, 92, 93, 95, 96, 101, 111, 112, 115, 116, 122, 128, 135, 160 = ٥٠, ٥١, ٥٢, ٥٣, ٥٥, ٦١, ٦٣, ٦٤, ٦٧, ٧٠, ٧٤, ٨٧.
Dâr Echcheurfa, 116 = ٦٣.
Dâr Elabbâs, 98, 100 = ٥٤, ٥٥.
Dâr Ettema, 39 = ٢٠.
Deddjâl, 159 = ٨٧.
Dekhisa, 32 = ١٧.
Dekhisân (*v.* Adkhisân), 41, 44, 182 = ٢١, ٢٢, ٩٩.
Delaporte, 13.
Delim (Oulâd), 32, 51 = ١٧, ٢٧.
Demnât, 12, 103 = ٧, ٥٤.
Dera (*v.* Draâ), 183, 184 = ٩٩, ١٠٠.
Derb Eddorra, 14 = ٧.
Deren, 2, 39 = ١, ٢١.

Derna, 2, 3 = ١, ٢.
Derqâoua, 185 = ١٠٠.
Dherâghna (tribu), 103 = ٥٤.
Djedzouet eliqtibâs, 20.
Dilâï, 13, 19, 20 = ٧, ٩, ١٠.
Djâma (Oulâd), 22, 94, 178 = ١١, ٥١, ٩٧.
Djellâba, 166 = ٩٠.
Djelloul (Ibn), 71 = ٣٨.
Djenba (Hamiân), 7.
Djerâr (Oulâd), 72 = ٣٩.
Djerâra, 95 = ٥٢.
Djerfedh (Beni), 141, 172 = ٧٧, ٩٣.
Djerir (Oulâd), 32 = ١٧.
Djerrâr, 32 = ١٧.
Djesous (Oulâd), 51 = ٢٧.
Djeza ben Amer, 66 = ٣٥.
Doraïd, 13 = ٧.
Douï Menia, 32, 189 = ١٧, ١٠٢.
Doukkâla, 87, 101, 102, 103, 104, 105, 118, 125, 138, 144, 146, 162, 163, 167, 179 = ٤٧, ٥٤, ٥٧, ٥٨, ٦٥, ٦٨, ٧٤, ٧٩, ٨٠, ٨٨, ٨٩, ٩١, ٩٧.
Draâ (Oued), 31, 33, 44.
Drâa (Province de), 49, 51 = ٢٤, ٢٧.
Dran, 2.
Duquesne, 37.

E

Echchâhed, 146, 147, 192 = ٨٠, ١٠٣.
Echchâmi, 79, 80, 84 = ٤٣, ٤٤.

Echchebbûni (Kerroum Elhadj), 18 = ٩.
Echcheikh, 148 = ٨١.

Ezzâtemi, 85 = ٤٦.
Ezzeghri, 34 = ١٨.
Ezzemmouri (*v.* Aboulqâsem), 46 = ٧٤.
Ezziâni (*v.* Aboulqâsem), 127, 162 = ٦٩, ٨٨.
Ezzitoun, 111 = ٤١.
Ezzitouni, 40 = ٢١.

F

Fahs (Le), 36, 91, 98, 99, 105 = ١٩, ٤٨, ٥٢, ٥٦.
Faidherbe, 151.
Fâtah (Le bacha), 95 = ٥٢.
Fâtah Ennouni, 97 = ٥٣.
Fazaz, 19, 37, 38, 41, 44, 85 = ٩, ٢٠, ٢١, ٢٣, ٤٦.
Fedhâla, 168 = ٩١.
Felfela (Oued), 30 = ١٤.
Felous (monnaie), 22 = ١١.
Ferâra, 23 = ١٢.
Ferkella, 184 = ١٠٠.
Feth (Bâb), 75 = ٤١.
Fez, 9, 10, 12, 13, 14, 15, 16, 17, 18, 19, 20, 21, 22, 23, 24, 25, 27, 33, 34, 35, 39, 40, 43, 44, 46, 48, 49, 50, 51, 52, 53, 57, 58, 59, 61, 62, 63, 64, 65, 66, 67, 68, 70, 71, 72, 73, 75, 76, 77, 78, 79, 80, 81, 82, 83, 84, 85, 87, 88, 89, 90, 92, 93, 94, 95, 97, 98, 99, 101, 110, 111, 112, 113, 114, 115, 116, 117, 118, 119, 123, 124, 127, 129, 135, 136, 139, 140, 144, 158, 159, 160, 161, 163, 169, 170, 177, 178, 179, 180, 182, 184, 187, 192, 194 = ٥, ٦, ٧, ٨, ٩, ١٠, ١١, ١٣, ١٥, ١٧, ١٨, ١٩, ٢١, ٢٣, ٢٥, ٢٦, ٢٧, ٢٨, ٣٠, ٣١, ٣٢, ٣٣, ٣٤, ٣٥, ٣٦, ٣٧, ٣٨, ٣٩, ٤٠, ٤١, ٤٢, ٤٣, ٤٤, ٤٥, ٤٦, ٤٧, ٤٨, ٤٩, ٥٠, ٥١, ٥٢, ٥٣, ٥٤, ٥٥, ٥٧, ٦٠, ٦١, ٦٣, ٦٥, ٦٧, ٧٠, ٧١, ٧٣, ٧٥, ٧٩, ٨٧, ٨٨, ٨٩, ٩٢, ٩٣, ٩٧, ٩٨, ٩٩, ١٠٠, ١٠١, ١٠٤, ١٠٥.
Figuig, 32, 189 = ١٧, ١٠٢.
Fotouh (Bâb), 15 = ٨.
Freytag, 57.

G

Gaïland, 12.
Garet, 142, 184, 195 = ٧٧, ٩٩, ١٠٥.
Gatell, 40.
Geronimo, 54.
Ghânem Elhadj, 75 = ٤١.
Ghânem Elhadj Saadoun, 85 = ٤٦.
Gharb, 12, 17, 24, 89, 97, 100, 101, 110, 111, 112, 113, 127, 128, 131, 134, 135, 137, 139, 149, 152, 180, 181, 185, 189, 191, 193, 194 = ٦, ٩, ١٢, ٤٨, ٥٣, ٥٥, ٥٧, ٦١, ٦٢, ٧٠, ٧١, ٧٦, ٧٥, ٧٩, ٨٢, ٨٣, ٩٨, ١٠٠, ١٠٢, ١٠٥, ١٠٥.
Ghâzi Abou Sofra, 53 = ٢٨.
Gheïlân, 18 = ٩.

I

K

L

M

Mohammed ben Ali (Le caïd), 79 = ٤٣.

Mohammed ben Ali ben Tahar (Maulay), 13 = ٧.

Mohammed ben Ali ben Yehchou, 57 = ٣٠, ٣١.

Mohammed ben Arbia, 77, 78, 79, 80, 81, 83, 84 = ٤٢, ٤٣, ٤٤, ٤٥, ٤٦.

Mohammed ben Elhadj Eddilâï (v. Mohammed Ould Elhadj Eddilâï).

Mohammed ben Elhadj Omar Elouqqâch, 120 = ٦٤.

Mohammed ben Elmobarek, 10 = ٥.

Mohammed ben Haddou Eddoukkâli, 138, 140 = ٧٥, ٧٧.

Mohammed ben Mohammed Echcherif, 12, 13, 14, 15, 16 = ٦, ٧, ٨.

Mohammed ben Otsmân, 154, 179, 180 = ٨٣, ٩٧, ٩٨.

Mohammed ben Selimân, 10 = ٥.

Mohammed Echcherif, 4, 5, 6, 7, 8, 9, 10, 11, 32 = ٢, ٣, ٤, ٥, ٦, ١٧.

Mohammed Elachheb, 70 = ٣٨.

Mohammed Elâlem, 40, 47, 49, 50 = ٢١, ٢٥, ٢٦, ٢٧.

Mohammed Elayyâchi, 29 = ١٥.

Mohammed Elbouinâni (Sidi), 20 = ١٠.

Mohammed Elfahs, 19 = ٩.

Mohammed Elghâli Elidrisi, 94 = ٥١.

Mohammed Elhadj (Zaouïa de), 41 = ٢٢.

Mohammed Elhadj ben Abou Becr Eddilâï, 19, 21 = ٩, ١٠.

Mohammed Elmedjâri, 20 = ١٠.

Mohammed Elouqqâch, 56, 122 = ٣٠, ٦٧.

Mohammed Esselâoui, 121, 192, 193, 194 = ٦٦, ١٠٣, ١٠٥.

Mohammed Esseloui, 68 = ٣٧.

Mohammed Ezzaam, 170 = ٩٣.

Mohammed Mokallech, 135.

Mohammed Ou Ali Ezzemmouri, 72, 73 = ٣٩.

Mohammed Ou Aziz, 95, 106, 107, 108, 109, 110, 111, 112, 117, 122, 147, 158, 161, 168, 184, 190, 191 = ٥٢, ٥٨, ٥٩, ٦٠, ٦١, ٦٢, ٦٧, ٨٠, ٨١, ٨٤, ٨٨, ٩١, ٩٤, ١٠٣.

Mohammed Ould Elhadj Eddilâï, 2, 3, 9, 10, 13, 18 = ١, ٢, ٥, ٧, ٩.

Mohammed Zîdân, 44 = ٢٣.

Molouïa, 2, 15, 23, 37, 38, 39, 44, 45, 81, 142, 184 = ١, ٨, ١٣, ٢٠, ٢١, ٢٤, ٧٦, ٩٩, ١٠٠.

Mont, 41 = ٢٢.

Morâbith, 36.

Mordjân (Ibn), 56 = ٣٠.

Mosakkharin, 88, 107, 185 = ٤٨, ٥٨, ١٠٠.

Mosalla, 66 = ٣٦.

Moslema, 168, 169 = ٩١, ٩٢.

Motaher (Beni), 6 = ٣.

Motba, 32 = ١٧.

Moudjou, 81 = ٤٤.

Moussa (Beni), 189 = ١٠٢.

Moussa ben Mohammed (Maulay), 153 = ٨٣.

Moussa ben Youcef, 33 = ١٧.

Moussa Eldjerâri, 58, 72 = ٣١, ٣٩.

R

Rabat, 105, 124, 126, 131, 138, 144, 148, 149, 150, 161, 162, 164, 165, 166, 170, 171, 175, 176, 177, 180, 181 = ٥٨, ٩٨, ٩٩, ٧١, ٧٢, ٧٥, ٧٩, ٨١, ٨٢, ٨٨, ٨٩, ٩٠, ٩٣, ٩٥, ٩٩, ٩٧, ٩٨.

Râched (Montagne de), 7 = ٤.

Rahâmena, 103, 104, 118, 123, 124, 125, 173, 177, 179 = ٥٧, ٩٥, ٩٨, ٩٤, ٩٩, ٩٧.

Rahhâl (Sidi), 33 = ١٨.

Ras Elma, 70, 90, 91 = ٣٨, ٤٩.

Rdem (Oued), 29.

Rechid, 14 = ٧.

Rechidia (monnaie), 21 = ١١.

Redâna, 40, 47, 49, 53 = ٢١, ٢٥, ٢٤, ٢٨.

Refâla, 189 = ١٠٢.

Reggâda, 34 = ١٨.

Reha, 108 = ٥٩.

Remel, 30.

Renou, 3, 13, 15, 41, 49.

Rif, 16, 18, 38, 43, 46, 87, 89, 96, 105, 130, 142, 183, 184, 190, 193, 194, 195 = ٨, ٢٠, ٢٣, ٢٤, ٤٨, ٥٢, ٥٨, ٧٧, ٧٨, ٩٩, ١٠٣, ١٠٥.

S

Saadiens (Princes), 123 = ٩٨.

Sâden (Beni), 139 = ٧٩.

Safi (v. Asfi), 124 = ٩٨.

Safrou, 38, 78, 81, 83, 86, 91, 115, 123, 191 = ٢٠, ٤٢, ٤٤, ٤٥, ٤٩, ٥٠, ٩٣, ٩٧, ١٠٣.

Sâghrou, 33 = ١٧.

Saghrouchen (Aït), 191 = ١٠٣.

S'ah'ab el-Marga, 49.

Sabara, 4, 6, 24, 27, 28, 32, 33, 43, 140, 158, 184, 191 = ٢, ٣, ١٢, ١٤, ١٧, ٢٣, ٧٧, ٨٩, ٩٩, ١٠٠, ١٠٣.

Sahel, 22, 142 = ١١, ٧٧.

Sâhib elmarka, 49 = ٢٩.

Saïda, 7.

Saïd ben Elayyâchi, 127, 147, 149 = ٩٩, ٨٠, ٨٢.

Saïs (v. Essaïs), 35, 37, 117, 135 = ١٩, ٢٠, ٩٤, ٧٤.

Sâlah (Ben), 17 = ٨, ٩.

Sâlah (Ibn), 22 = ١١.

Sâlah Ellirini, 62 = ٣٣.

Salé, 2, 23, 124, 125, 126, 127, 131, 137, 141, 148, 159 = ١, ١١, ٩٨, ٩٩, ٧١, ٧٢, ٧٥, ٧٧, ٨١.

Sâlem Eddoukkâli, 63, 77, 78 = ٣٤, ٤٢.

Sebou (Oued), 16, 21, 29, 30, 35, 39, 97, 119, 152 = ٨, ١١, ٥٣, ٨٣.

Segouna, 6, 26, 32, 35 = ٣, ١٣, ١٧, ١٨.

Sekkoura, 39 = ٢٠.

Sela (v. Salé), 2.

Selfân, 152 = ٨٣.

Selhâb, 13.

Selhâm, 13.

Selim (tribu), 38 = ٢٠.

Selim ben Ibrahim, 47 = ٢٥.

T

Y

Z

9 782019 191733

الخبر عن أوّل دولة من دول الأشراف العلويّين

من أولاد مولانا الشريف بن عليّ

الخبر عن أوّل دولة من دول الأشراف العلويّين

من اولاد مولانا الشريف بن عليّ

وهو منقول من كتاب

النزهان المطرب عن دول المشرف والمغرب

لابي القاسم احمد الزيانيّ

طبع

بمدينة باريس في المطبعة الجمهوريّة

سنة ١٨٨٤ المسيحيّة المطابقة لسنة ١٣٠٣ الهجريّة

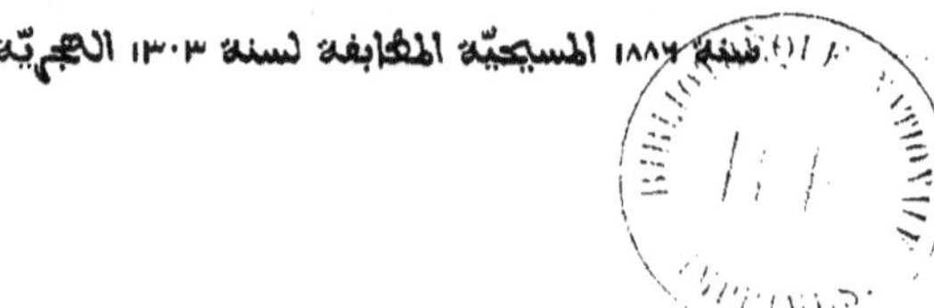

قال ابو القاسم بن احمد الزياني

في كتابه الترجمان المعرب عن دول المشرق والمغرب

الباب الخامس عشر في اول دولة من دول الاشراف العلويّين
اولاد مولانا الشريف بن عليّ ملوك وفتنا ابقاع الله وامدّهم
بالنصر الكامل والتأييد الشامل

وقد تقدّم لنا الكلام في نسبهم الشريف الشهير عن التعريف في دولة
بني مرّهم الذين ملكوا فبلغوا عند دخول جدّهم مولاي الحسن لتجلاسة
ومن خلّف من الاولاد الى اولاد مولاي الشريف بن عليّ ومولاي الشريف هذا
ولد عام ٩٩٧ وفيه ولد ولد الحاجّ وهو محمّد على ما ذكره ابن الصبّاغ ولمّا
اختلّت عرى ملك الاشراف الزيدانيّين بعد موت المنصور منهم وقع الحرب
بين اولاده على الملك حسبما تقدّم والثوار بافالي المغرب وكان مولاي
الشريب ممّن بشار اليه بافالي الصحراء كلّهما فقصده اهل سجلماسة في
القيام بامرهم والحبّ على بلدهم حين بلغهم قيام محمّد ولد الحاجّ العلّاي
واستيلاؤه على تادلة وسلا وجبل درن[1] وبلغ الى نهر ملوية عام ١٠٢١
والسلطان عبد الملك بن زيدان بمرّاكش على لهوه وفي هذا العام
ولد مولاي الرشيد وبايع اهل الصحراء مولاي الشريب وكان يدافع على

---

[1] B écrit toujours درن; je suppose qu'il ne s'agit point ici de toute la
chaîne de montagnes nommée Deren, mais simplement de la partie de l'Atlas
où l'oued Derna, un des affluents de l'oued Omm Errebia, prend sa source.

بلادهم ويقصر ظلمهم ويهد سبلهم خالفه اهل تبعصامت [1] ووجّهوا
رسلهم الى محمّد بن الحاجّ الولاني صاحب جبل درن فوعدهم بالنصر
لبلدهم ولمّا بلغ ذلك مولاي الشريف نوجّه يستنصخ بعليّ ابي حسّون الثاني
باريس السوس كان بداهس [2] فهجم به ولمّا بلغ خبره لاهل تبعصامت وجّهوا
رسلهم يستنصرون بمحمّد الحاجّ فكتب لعليّ ابي حسّون وناشده الله ان
لا يحارب اهل تبعصامت لانّهم شيعته ولمّا نهل عليّ عليّ ابو حسّون على
تبعصامت واجتمع برسول محمّد الحاجّ وقرا كتابه في يحاربهم وخرجوا اليه بما
يحتاج اليه ممّا لا بدّ منه من المونة والزاد واعطوه مالًا ورجع عنهم ولمّا
كان عام ١٠٤٤ حرّك محمّد الحاجّ الى نواحي الصحراء وبلغ فصّ
السوف [3] فوجّه له مولاي الشريف جماعة من الاشراف ووعظوه وحذّروه
عاقبة البغى وعرّفوه بما يجب عليه من حقوق اهل البيت وتعظيمهم
واتّعظ وشرط عليهم شروطًا بتركها لهم [4] مولاي الشريف وهي اماكن
بالصحراء ويتّجاوز له عنها من جهلنها تبعصامت بسجلماسة وفلسهيمة
بغريس وفصر السوف بمغرة ووقع الصلح ورجع ولمّا كان عام ١٠٤٥ خلع
نفسه مولاي الشريف وتخلّى لاهل سجلماسة عن ولايتهم وفال لهم ونّوا من
شئنى في هذه الولاية خوفًا من معصيّة الله [5] فقام بامرهم ولده مولاي محمّد
وكان اكبر اولاده وبايعه اهل الصحراء كلّهم ولمّا بلغ ذلك محمّد الحاجّ فصده
لسجلماسة [6] وكان اكثر منه عصبيّة ونوسّط بينهما الاشراف في الصلح على

---

[1] Dans le *Nozhet elhâdi* on trouve l'orthographe تابوعصامت, qui est préférable.

[2] A برادس.

[3] Aucun des deux manuscrits ne portant le point diacritique de la dernière lettre, il se peut qu'il faille lire السوب.

[4] B لد.

[5] La rédaction de cette phrase est un peu différente dans les deux mss.; j'ai préféré la leçon du ms. A.

[6] Ce mot manque dans le ms. A.

الشرط المذكور ولمّا كان عام ١٠٤٧ توجّه مولاي محمّد الشيخ في مابينـه
من اتباعه ليلًا الى نبعصامت ونفبوا في ناحية من القلعة وحخلوا وبتكوا
باهل القلعة وهم نايمون وقتل من قتل ونهب ما فيها وبعث بالخبر لوالده
فاصبح عليهم بطبوله وعامّة من معه بها امكن اهل نبعصامت الّا الخروج
اليه وبيعته والدخول تحت حكمه ولمّا سمع ذلك عليّ ابو حسّون اعتناط
على مولاي الشيخ ولمّا فجم للمايجة وجّه لاصحابه اهل نبعصامت رسله
وامرهم باستعمال الحيلة في فبض مولاي الشيخ او ولده محمّد فاتى آنبكـم
في اللبلة القلاتيّة فلم تمكنهم الحيلة في مولاي محمّد فاستضافوا مـولاي
الشيخ وبات عندهم فقبضوا عليه وعلى من اتى معه من خدّامه ولمّا بلغ
خبه لولده اصبح عليهم فحاربهم الى ان فدم عليهم ابو حسّون فكتنوه
منه وتوجّه به للسوس وانزله بدار واحسن اليه واعطاه جارية تخدمـه
من مولودات المعافر وهي امّ السلطان اسماعيل وافام عنده الى ان اجتى
نفسه بمال معتبر وفدم لولده فغضب عليه وفاطعه واعتكى على عبـادة
ربّه الى ان اتى البفين واما مولاي محمّد الشيخ فانّه رجع وجهـه لنـواحي
الشرف فتوجّه على عهاير الكراء الى ان دمّرها وحخلت في حكمه ولمّا بلغ
انفاذ اجتهعت عليه عهب المعفل من الاحلاف وسفونة وبابعوه وتوجّهـوا
به لوجدة كان اهلها معتزفين نصحهم فايهين بدعوة الانراط وحاربهـم
الى ان علبهم وحخل وجدة وملكها وبابعه اهلها ثمّ نوجّه بالعهـب الى
بني يزناسن كانوا في ايالة النرط فاغار عليهم ونهب مواشيهم ثمّ رجع
لوجدة ثمّ اغار على اولاد زكري واولاد عليّ بن طلحة وبني مطصر فنهبهم
وقتل وسبى الى ان دخلوا تحت حكمه ورجع لوجدة ثمّ حرج لبني سنوس
وذوي يحيى فاغار عليهم وغنم وسبى ورجع ثمّ نوجّه لبلاد زغبة فاغار
على الغسل وبني عامر فنهبهم وشرّج لنواحي وهران ورجع ثمّ نوجّه
لنواحي تلمسان فاغار على سرحها وسرّج الفرى التي بازائها وجمع مواشيهم

وتبعه اهل تلمسان وعسكر النرط الذين بها فرجع اليهم ولمّا وقع الحرب
هزمهم وقتل منهم عدداً كثيراً وسلبهم ورجع لوجدة موبّخاً فشتّى بها ولمّا
دخل فصل الربيع وصلته العرب وتوجّهوا به الى الاحرار فنهبهم وقتل
وسبى وكذا وبلغه فجوم شيخ جهان بمديته وطاعته وكذلك دخيلة¹
والطهاية فقدموا عليه بهداياهم وبيعتهم وتوجّهوا معه الى رعايا النرط
فعيّن امامه سويد وحصين والحوارث² والحش وتحصّنوا بجبل راشد ونهب
كلّ ما وجده في طريفه الى ان بلغ الاغواط وعين ماضي وتلك القرى كلّها
واشتغل داي معسكر بخندف على نفسه وكتب لدولاش الجزاير بخبه بما صار
اليه من امر الرعايا وما لحفهم من والي سجلماسة مولاي محمّد بن الشريب من
العبث والقتل والسبى فامر بخروج المحلّة من الجزاير ووجّه معها خليفته
وجرّ مدافعه وتوجّه الى الباي بالعساكر وامّا مولاي محمّد بن الشريب فانّه
لمّا رجع من عين ماضي لوجدة وجّه العرب لشانيبها ووعدهم لفصل
الربيع ورجع لسجلماسة ووجد البلاد خالية اذ انبس بها ولا عمارة وكلّ
الرعايا خرجن عن اوطانها وتحصّنوا بالجبال التي بساحل البحر ولم يدفع
عليهم احد هونة ولا خراج والخمو عليهم اهل تلمسان بسبب المحلّة
وعين الانراط ورجعت المحلّة للجهاير يخبّي حنيّن فاخبروا عثمان باشا باحوال
الرعبة وما لحفها فامر بجمع الديوان واستعمل المشورة واتّفق رايهم على
ان يوجّهوا رسالة لمولاي محمّد مع اثنين من علماء الجهاير واثنين من فياد
الانراط وكتبوا الرسالة من املاء الكاتب المجوب الحضري ابدى فيها واعاد
وهي طويلة تركناها لاجل الاختصار المشروط وهي مثبتة في تاريخ لطيب
المسمّى بالبستان الظريب في دولة اولاد مولاي عليّ الشريب الذي استوفينا
فيه ايامهم وفتوحاتهم وحروبهم لمن خالفهم من الامم وفيها ببينهم وامّا

---

¹ B دخيسة.
² B الحارث.

هذه النبذة وإنّما جعلناها تكملة لما سبقهم من الدول حتّى يكون الكتاب
جامعًا وشاملًا لجميع الدول واختصرناها مثل ما سبقها ولمّا توجّه الرسل
لمولاي محمّد بن الشيخ لسجلماسة واجتمعوا به وفرأ رسالة عثمان أزبج
واربع واحضر الرسل وعاتبهم على ما في الرسالة من التخامل اجابوه
بها الجمه وفطعوا اجابته واعتنى بالحقّ ورجع اليه وكتب جوابهم
واعطاهم عهد الله انه لا يبلغ بلادهم ورعيتهم ولا يفطع وادي نافذنة الّا
فيما يرضي الله ورسوله ووفع الخطّ على الوادي المذكور ومنها ما وصل الى
بلادهم واستمرّ الحال على خلط الى عام ١٠٦٠ فالتوى اهل فاس عن ولاية
محمّد الحاجّ ووفع الحرب بينهم وبين عامله عليهم الذي بفاس الجديد
وفطع عنهم الوادي فوجّهوا الى مولاي محمّد الشيخ يستنصرفون به
فهجم عليهم ودخل فاس الجديد وفبض على ابي بكر الناميّ خليفة محمّد
الحاجّ وسجنه ولمّا بلغ خلط محمّدًا الحاجّ توجّه لمولاي محمّد في جموعه البربرية
ونزل بظاهر فاس فخرج له به مولاي محمّد فلم يبق لصعبه على مفاومته
ورجع لفاس فلمّا رأى اهل فاس خلط نكثوا ببيعته ورجع على خيفه
لسجلماسة واستمرّ الحرب بينهم وبين الناميّ وكان فيه اعيان فاس مثل
عبد الكريم اللبيديّ كبير الاندلس ومحمّد بن سليمان وغيرها ولمّا غلبوا
رجعوا لبيعة محمّد الحاجّ فولّى عليهم ولده احمد وامرهم باخراج الجنّان[2]
من ضيح مولانا ادريس وتعصب لهم عليّ بن اليريس الجوطيّ فحاصر
الوالي الى ان اخرجه بالامان هو ومن معه لزاوية الخميعة ومنها خرجوا من
فاس وفي رمضان عام ١٠٦٩ مات مولاي الشيخ بن عليّ بسجلماسة ورثاه
العلّامة الصالح مولاي محمّد بن المبارج بفصيدته الغرّاء الطنّانة اوّلها ما هو
اعلا واحلا ☆

---

[1] Ce passage depuis فرا manque dans le ms. A.
[2] الجنّات B.

ٱللَّهُ أَكْبَرُ ما أرْعَى بِهِ ٱلْقَدَرُ   مِنْ حادِثٍ تَعجَزُ عَن دَفْعِهِ ٱلْقُدَرُ

وَما أَجَلَّ مُصابًا حَلَّ ساحَتَنا   عَمَّ أَذاهُ ٱلْوَرَى وٱلْكُلُّ مُنْتَهِمُ

مُصابٌ مَنْ جَمَعَ ٱلإِسْلامِ فيهِ عَلَى   رَغْمِ ٱلأُنوفِ وَفاجا ٱلَّذي حَذِرُوا

مِنْ مَوْتِ سَيِّدِنا ٱلأَنْهَى وَمالِكِنا   ٱلأَحْمَى وَمَنْ بِعَدْلِهِ ٱلدَّهْرُ يَعْتَنِمُ

كَهْفِ ٱلمَساكينِ مَوْلانا ٱلشَّرِيبي ٱبْنِ مَوْ   لانا عَلِيٌّ عَلَى صِينَا لَهُ حَبَبُ

وٱللَّهِ لَوْلا ٱلخَليفَةُ ٱلهُمامُ وَمَوْ   لانا ٱلإِمامُ لَكانَ ٱلْقَلْبُ يَنْقَبِضُ

سَليلُهُ ٱلسَّمِعُ مَوْلانا مُحَمَّدٌ مَنْ   بِوَنْيِهِ وٱسْمِهِ نَسْهُو وَنَنْتَصِ

وَمَنْ هُوَ ٱلطَّوْدُ وٱلرُّكْنُ ٱلوَثِيقُ لَنا   وٱلْيُمْنُ وٱلأَمْرُ وَهُوَ ٱلسَّمْعُ وٱلْبَصَ

ما ماتَ مَنْ مِثْلُكُمْ يُلْقَى لَهُ خَلَفٌ   وٱلْقَمْعُ يَنْبُو عَلَى ٱلأَصْلِ كَما ذَكَرُوا

وهي طويلة ولمّا مات مولاي الشريبي خرج ولده مولاي الرشيد من تافيلالت الى ندعة خوفًا من اخيه مولاي محمّد ومنها الى دمنات ومنها رجع الى الزاوية الدلائية فاقام بها مدّة ثمّ توجّه لازرو فاقام به مدّة وتوجّه لعباس فاقام به مدّة وتوجّه لتازة فاقام بها مدّة وتوجّه لانفا فاقام به مدّة عند العرب وفي تلك المدّة قام الخضر غيلان بالبحص وحرّى الى الفحص وحاربهم الى ان دخله عنوة وفتل به خلفًا كثيرًا وفرّ الباقون لعباس ولمّا مات احمد ولد الحاجّ الخليفة بعباس ولّى عليهم ولده محمّد واستمرّت ولاية محمّد الحاجّ على الغرب الى ١٠٧٠ وفيه اغار الخضر غيلان على الشرافة ونهب حللهم ومواشيهم ودخلوا فاس ينكّبعون وفي عام ١٠٧١ دخل محمّد الحاجّ الغرب في جموع البربر وعاث فيه ونهب وفرّ اهل الغرب والخضر غيلان للبحص وبلغ الى ضريح الشيخ ابي سلهام ولم يلحفه[3] احد وفي عام

---

[1] B نَكَادَ.

[2] A يَدْنُو.

[3] B يلحقه.

١٠٧٢ مات محمّد الحاجّ بفاس وفاة بها الدريديّ كان من امراء عسكرهم في
جماعة من قرابة اخوانهم ودخل لاختلال اصل دولة الخلاءي وفي عام ١٠٧٣
نزل عبد الله ولد محمّد الحاجّ بجموع البربر على فاس الفدي وحاصروها
عشرة ايّام واحرق وافسد ورجع وكان رئيس اهل فاس الفدي ابن صالح
وفي اخر العام نزل مولاي محمّد بن الشريبي على زرع الخيايطة فاكله وافسده
ووقعت مجاعة عظيمة اكل الناس فيها الدواب والجيف والاخميّ وخلت الدور
وعطلت المساجد وخرج اهل فاس يستغيثون باهل الخلاءي وخرج مولاي
محمّد بن عليّ بن طاهر مع الخيايطة يحارب مولاي محمّد بن الشريبي فلم
يجتمع به ورجع لبلده وفي عام ١٠٧٤ بلغ محمّد الشريبي لازرو ونزل به
فتوجّه له اهل فاس وعلماؤهم وانشاؤهم فبايعوا ورجعوا وبقي هو بازرو الى
فصل الشتاء ورجع ثمّ تخالى اهل فاس مع الدريديّ على مخالبة محمّد
الشريبي وفي هذه السنة تخبّ بن طالعة فاس وهدمت وغرست من باب
المحروف الى باب حرب الدرّة وصار الدريديّ يبعث اصحابه بالاغارة على
مكناسة واحوازها ويأتون بالنهب والسبى ويلفاح بطبوله ثمّ اوقع البربس
باصحاب الدريديّ وقتلوا منهم مقتلة عظيمة وفي هذه السنة اخذ الانجليس
طنجة من يد البرتفيز لضعفهم عن مقاومتهم وفي عام ١٠٧٥ قام
السلطان رشيد بانقاذ ودعى لنفسه واجتمع عليه عرب المعقل واحلافهم
من بني يزناسن١ وبايعوه ودخلوا به وجدة فلمّا بلغ خبره لمولاي محمّد بن
الشريبي خرج له من سجلماسة بمن معه من العرب والبربر وفصده بانقاذ
خرج الرشيد لملاقاته وكان اللقاء ببسيط انقاذ ولمّا وقع الحرب كان اوّل
فنيل مولاي محمّد بن الشريبي وانهزم من معه وقتلوا وسلبوا ولمّا وقف
الرشيد على اخيه قتله ونوجّه به ليدفنه ببني يزناسن فطمرف دار ابن
مشعل ببني يزناسن فقتله واخذ ماله وما عنده وتقوّى به واستعان به

١ يزناتن B.

علي أمه وأعطي بعضه لمن معه من العرب وبني يزناسن ودفن أخاه بعار
ابن مشعل ورجع لوجدة فاستركب واستلحق وجاءته القبايل ببيعتهم
وهدينهم ولمّا بلغ خبر ببعته لاهل فاس اجتمعوا مع الخيابنة وأهل الحوز
وتخالفوا علي مخالفته وعدم ببعته وأمروا بشراء الخيل [...] وظّف
رؤساؤهم علي كلّ دار مكحلة ومن لم يوجد عنده يعاقب وعرضوا خيلهم
وسلاحهم علي رؤسائهم بباب الفتوح [1] وتخالفوا علي حربه فبلغ الرشيد
أمرهم اعرض عنهم لكمال عفله وتوجّه من تازة لتجلهاسة فحاصر بها ابن
أخيه محمّد بن محمّد الشريف وأقام علي حصار تسعة اشهر الي ان غلبه
عليها فعبّر عنها ودخلها الرشيد ومتّع اطرافها ورتّب حاميتها ورجع لتازة
ولمّا بلغ خبر لفاس تخرّب اهل فاس واحلامهم وتأهّبوا لحربه وقالوا
نتوجّه له لتازة فخرجوا من فاس في شوال عام ١٠٧٤ فلمّا قابلوا محلّته
بتازة انهزموا دون قتال فتبعهم الي وادي سبو ورجع فبعثوا له في
الصلح فلم يكمل بينهم وبينه الي ان ملك المغرب كلّه وفي صفر عام
١٠٧٧ نهل علي فاس وحاصرها وقاتلهم ثلاثة ايّام فاصابته رصاصة في
خهو ابنه ورجع سالمًا ثمّ اعاد حصارها مرّة اخري في ربيع واوقع بيهم
بالقتل والحرف والجراحات ورجع لانه لم يبن بفصح المقام وتوجّه للريب
بفصح اعراض القايم به خاصّه وقاتله وكانت بينهما وقعات ومنازلات الي
ان اخذها في رمضان وفي ذي القعدة نهل علي فاس وقاتلها الي ثالث
ذي الحجّة فدخل فاسًا الجديد من السور من ناحية ملاح المسلمين وبها
اميرها الدريدي ومن الغد نهل علي فاس الفدي فعبّر رئيس اللمطيّين ابن
الصغير وولده لبستيون [2] بباب الجبسة بالليل ولمّا اصبح فرّ رئيس الانعلس
ابن صالح وخرج اهل فاس فبايعوا مولانا الرشيد

[1] On trouve tantôt البتح, tantôt البتوح.
[2] C'est le mot espagnol «bastion».

دولة مولانا الرشيد بن الشريف بن عليّ

ولمّا بايع اهل فاس مولانا الرشيد جدّ في طلب ابن صالح وابن الصغير
واخيه العيون في طلبهما الى ان قبضوا على ابن صالح بحوز المدينة
وسجنه بباب دار ابن شقرة وقتل عدّة من اصحابه ثمّ قبض على ابن
الصغير وولده باخيابنه وانوا بهما فسجنهما مع ابن صالح وبعد سبعة ايّام
قتلهم وولّى على فضاء فاس جدون الهوّاريّ ثمّ خرج من فاس للمغرب
بقصد الخضر بن غيلان للقصر وتبعه فعزّ من القصر لاصله ورجع الرشيد
لفاس وفي عام ١٠٧٨ خرج لمكناسة وقصد ابن ولّال يعني بني ولّال من
البربر بجبه محمّد الحاجّ واخذهم ورجع وبعد رجوعه نزل محمّد الحاجّ بجموع
البربر بباب فاس مدّة في بر فاس وقاتله الرشيد ثلاثة ايّام ورجع محمّد الحاجّ ثمّ
خرج الرشيد لتازة ونواحبها وعزل العثيدي[1] فابح مكناسة وخرج لحركة بني
زروال ثاني النصر واخذهم وبعث رئيسهم الشريف لفاس ونوجّه لتطاون
فقبض على رئيسها احمد النقسيس في جماعة منهم ورجع بهم لفاس
فتلهم في سجنهما ثمّ خرج لحركة بني يزناسن فحاربهم ورجع ثمّ خرج
لحركة فبقوا فقبض خراجه ورجع وفي هذا العام مات كرّوم الحاجّ الشبّانيّ[2]
الثائر بمرّاكش ونولّى ولده ابو بكر ابن الحاجّ وخرج الرشيد لحركة الهاويه
الدلائيه وولّى على فاس القفيه السبع محمّدًا العاسيّ في محرّم عام ١٠٧٩ فلفي
محلّته اهل العلا مع ولد محمّد الحاجّ ببطن الرمّان من فمازووقع القتال
فانهزم ولد محمّد الحاجّ وجموع البربر ورجعوا للهاويه وتبعهم السلطان
الرشيد الى ان نزل على الهاويه فال الشيخ البوسيّ في محاضرته كان الرئيس
محمّد الحاجّ بن ابي بكر الدلائي ملك المغرب سنين عديدة واتّسع هو واخوته

[1] العثيد B.
[2] السباني B.

وبنو عمّه في الدنيا فلمّا قام عليه السلطان الرشيد بن الشيخ ولفي
جيوشهم ببطن الرمّان وهزمهم فقدموا علي محمّد الحاجّ للزاوية اذ لم يحض
هو لمعركة لكبر سنّه وتجبى عن القتال وقحل عليه اولاده واخوته واضهروا
له جزعًا شديدًا وضيقًا عظيمًا فلمّا راى منهم فلج الجزع فال لهم ما هذا
الذي اراه منكم الى ان فال لهم حسبكم حسبكم يريد الله تعالى وهذا
كلام عجيب والبه بساق الحديث والمعنى ان فال لكم الله تعالى حسبكم من
الدنيا ما مضى فكفّوا راضين مسلمين اه[1] كلام البوسيّ وكان استبلاؤه
عليها في نامن المحرّم من العام ولمّا خرج له اهل الزاوية عبا عنهم وفي
بهف مع احد[2] ولا كشى لهم عورة لحله وكرمه ولمّا فرغ من امر الزاوية
وانفلهم عنها لباس واخلاها نوجّه لمرّاكش فاستولى عليها في صبى
وفتل رئيسها ابا بكر ابن كمّون الحاجّ الشبّانيّ مع جماعة من اخوانه
وفرابته واهل حزبه واقام بها شهرًا ورجع لفاس وعمل السمج محمّد بن
احمد الفاسيّ عن ولاية فاس وعمل الفاضيّ المهواريّ وولّى علي فضائها
السبع محمّدًا المجاسيّ وعلى الخطابة باقويّين سبّدي محمّدًا البوعمانيّ[3] وفي
هذا العام هرب الخضر بن عيلان ركب البحر من اصله[4] للجزاير وفي رجب
منه خرج لحركة الشاوية ورجع في رمضان وفيه امر باخراج اهل الحلا من
فاس ثمّ سمح لبعضهم وبفي الاخرون بضيح الشيخ سبّدي عليّ ابن حرزهم[5]
الى تمام العام فرجّع جميعًا ووجّه محمّدًا الحاجّ باولاده لتلمسان فاقاموا بها الى
ان مات بها محمّد الحاجّ ودفن بضيح الشيخ سبّدي محمّد السنوسيّ وفي فاي

[1] Abréviation du mot انتهى.

[2] B دماءهم.

[3] Adjectif ethnique de ابوعنان. Les Maghrébins considèrent le mot ابو qu'ils prononcent بو comme faisant corps avec le mot suivant, et c'est pour cette raison qu'ils ne déclinent pas le mot ابو dans les noms composés.

[4] Ce nom est tantôt écrit أصلا, tantôt اصلة.

[5] Bien que les deux mss. donnent l'orthographe حرزم, je pense qu'il faut lire حرزهم.

الحجّة من العام خرج الرشيد من فاس لحركة ابن عبّاش وفيه امر بـضـرب
السكّة الرشيديّة واشتكى له التجّار بقلّة ذات اليد[1] فاسلعهم اثنين وخمسين
قنطار لعام الخ ان ردّوها وبها بنين من فضّهم وادّي سبو الافواس الاربعة
الموالية لفاس وكان تأسيسها عام ثمانين والى وفيه خرج لحركة الابيـض
وقبض على اولاد اخيه[3] ولمّا رجع لجنازة فتلهم ثمّ مرض مرضًا شديدًا اشهب
منه على الموت فامر بتسريح المساجين واخراج الصدقات فعافاه اللّه وفي
شوال عمل العرس لاخيه مولاناالسمها عبد بدار ابن شقـه وفي ذي القعدة
جهّز فنصرة الرصيف وفي عام ١٠٨١ خرج لحركة السوس وبيمها اخـذ
تاروذانت وفيه استولى على هسوكة[4] بعد ان فتل منهم ازيد من العـين
وخسمابة نفس واستولى على الساحل بعد ان فتل منهم ازيد من اربعـة
الاف نفس ثمّ استولى على فلعة ايغلي[5] فارملط علي ابي حسّون المعروف
باپي جميعة بعد ان فتل منهم ازيد من العين بسمح جبلهم وفيه فتـل
خليبطته بفاس مولانا اسماعيل ستّين من اولاد جامع على فطع الطـريـق
وعلّقهم بالبرج الجديد وفيه امر بضرب سكّة فلوس الكماس المستديرة
وفبل كانت مربّعة وجعلها اربعًا وعشرين في الموزونة وكانت فبل ثمانيًا
واربعين ورجع لفاس في رجب وفي شعبان ابتدا في بناء مـدرسـة
الشرّاطين بدار الباشا عمّروز وفيه امر ببناء القصبة الجديدة من فاس بـدار
لمنونة وعرسة ابن صالح اعطى الى مثقال لبناء سورها وامر اكتابه ببنـاء
الدور فيها وفيه اعطى الشراقة الى دينار لبناء قصبة الخميس وفيه خـرج
لزيارة ابي يعزى ومنه لسلا ورجع لفاس وفي عام ١٠٨٢ وجّه خيلًا للجهـاد

---

[1] ذات يدهم B.

[2] B remplace toujours le mot قنطار par مثقال البـ.

[3] اخ الابيض B.

[4] هشتوكة B.

[5] ايغلي B.

[6] بديار B.

بصنجة ووجّه خيلاً للسوس فابيدها محمّد اعراض[1] وخرج للصيد بنواحراطا
وبلغه فيام ابن اخيه احمد بن محمّد بمرّاكش فرجع لفاس وخرج منها في
عصر يومه فلقيه بجهارة[2] محجوبًا بيع اصحابه فبعثه لتافلالت وسار لمرّاكش
وبعث فابيده زبحانًا لفاس لباني بالجيش فاتاه اهل السوس طايعين ولم يبف
للحركة محلّ بعد ان خمجن الاحبية لوادي فاس فافام بمرّاكش الى ان صلّى
بها عبد الاضحى وفي ثاني العيد جمح به فرس في بستان المسهب فاصابه
عوج من سهمه فارج[3] في راسه مات منه رحمه الله فكانت محة ملكه سبعة
اعوام الّا شهرَين وبلغ خبر موته لمكناسة لاخيه الخليفة بها في خامس
عشر ذي الحجّة خاتم عام ثلاثة وثمانين والف ١٠٨٣

دولة السلطان اسماعيل بن الشريف بن عليّ

ولمّا مات الرشيد بويع بمكناسة اخوه السلطان اسماعيل وكان بفصبة
الموحّدين القديمة التي كانت بمكناسة واسّس بها فصه جورد عليه بيعة
اهل فاس وعلمائهم واشرافهم يهنّونه بالملك وفدمن عليه وبوم اهل
المغرب ووجّه العساكر للنواحي وتوجّه هو لمرّاكش حين لم يبائه احد من
اهلها ولا من فبايلها ولمّا بلغ مرّاكش تلفّاه اهلها وفبايلها بالخيب فحاربهم
وهزمهم ودخل مرّاكش عنوة ولمّا طلبوا الامان امنهم وعبى عنهم وافبل
عليه فبايلها بهدايام فرتّب حاميتها وانفل اخاه الرشيد في تابوته ورجع
لمكناسة ووجّه النابون بمدن بضبح الشيخ عليّ بن حمزة وفيل بوصيته
ثمّ مّف الهانب علي العساكر بفصه الحركة للصحراء فاذا باهل فاس فتلوا
فابيد المحلّة زبحان بن عبيد العامري واستمرّ الحيب بينه وبينهم فوجّهوا

---

١ اعراض B.
٢ بتبجوارة B.
٣ الترج B.

لابن اخيه احمد بن محرز بانيهم ليبايعوه فبعم وجّهوا امرهم ووجّه لهم
كتابه مع رقّاص فاعلنوا بنصه في المدينة وبالليل وجّهوا عشرة من الخيل
للقايه بتازة ولمّا اصبح ورد عليهم رقّاص الخضر بن غيلان الى ان قتله
ورجع لفاس الجديد فطلع اليه فقهاء فاس واشرافها يطلبون العفو فعفا
عنهم وساعتهم بعد حصار اربعة عشر شهرًا وخلّى على فاس الجديد
فبايلها عبد الرحمان المنجاري وعلى فاس القديم احمد التلمسانيّ ورجع
لمكناسة فعاث الخليفة والقايد في المدينة بالقتل والسجن فبعض المال
واشتغل السلطان ببناء قصور بمكناسة حين قدما وانجبه هواؤها وكان
لا يبغى بها بدلًا وهدم ما يلي القصبة من الدور وامر اهلها بحمل انقاضها
وهدم الجانب الشريّف من المدينة وزاده في القصبة القديمة ولم يبق امامه
الّا الفضاء فجعله كلّه قصبة وبنى سور مدينة مكناسة وافرجها عن القصبة
وجلب الصنّاع من آفاق المغرب وحواضره واطلق ايديهم على البناء ولم
يبلغ بذلك غرضه فوجّه للقبايل يعضون البعلة كلّ قبيلة تعطى عددًا
معلومًا في كلّ شهر وانسّس المسجد الاعظم داخل القصبة بجوار فص النص
الذي اسّسه ايّام اخيه الرشيد ثمّ اسّس الدار الكبرى بجوار ضريح الشيخ
المجذوب ثمّ بلغه اثناء ذلك دخول احمد بن محرز لمرّاكش في محرّم اربعة
وثمانين والى فتوجّه بالحركة لناحية انقاء لعين النعب في الطرفات
فاحرق سفينة ونصب اموالهم وقتل منهم عددًا كثيرًا واستعدّ تحت ابن
محرز وتوجّه له في العساكر على داخلة فكان اللقاء بينهما باي عقبة ولمّا
وقع القتال انهزم احمد بن محرز ومات فايع عقلّه حينئذ الطويبيّ ورجع
لمراكش فتبعه السلطان اسماعيل ونزل عليه بمرّاكش عام ١٠٨٦ فظهر له
غش عمر البطيويّ واولاده عبد الله اعراض واخونه فخنفهم بالعلّة لانّهم
كانوا امراء بعساكه وبلغه عنهم ما بلغ ووجّه لمن بقي منهم بفاس فقبضوا
فقتلوا وحيزت دورهم واموالهم واملاكهم وافام على حرب احمد بن محرز

مراكش الى ربيع الثاني عام ١٠٨٧ ووقع قتال عظيم مات فيه من البربر يفين
ما لا يحصى وانحصر احمد بن محرز بمراكش وبقي بقايا من الاسوار واستمّ
الحصار على مراكش الى ربيع الثاني من عام ١٠٨٨ ومر احمد بن محرز عنها
ودخلها السلطان اسماعيل عنوة واستباحها وقتل من اعيانها سبعة
وكبّل منهم ثلاثين وبلغه وهو بها اجتماع البربر على احمد بن عبد الله
الدلاء وعيثهم فيمن جاورهم من قبايل العرب من تادلة فوجّه لهم عسكرًا
اخر من ثلاثة الاف فارس مع الفايد بخلو فقتلوا بخلو ونهبوا عسكره ثم
اعقبه بعسكر اخر فوقع لهم مثل الاول هذا والسلطان اسماعيل في
مرافبة احمد بن محرز الذي بالسوس ثم بلغه فيام اخيه حمادي بن الشريف
بالصحراء وحربه مع اخيه الحرّان الثاير بها ايضًا فرجع نحوب البربر بتادلة
فلقيه الخمّان جاء بستنصه على اخيه حمادي بن الشريف فلمّا وقع الحرب
مع البربر هزمهم السلطان وفطع منهم سبعمائة راس ووجّهها مع عبد الله
الروسيّ[1] بفاس ومات من عسكره عدد كثير ومات من رماة اهل فاس
اربعمائة ولمّا بلغ الروسيّ بالرءوس لفاس زيّنت البلاد وضرب المدافع ثم بعد
الظهر ذهب الخمّان من المحلّة للصحراء ووجّه السلطان من تبعه ورجع
لمكناسة في العام المذكور وولّى على اهل فاس الفايد عبد الله الروسيّ
وولّى اباه حمدونًا الارائة بفاس وولّى الفضاء بفاس السيّد العربي بن مّة
وامر بقتل مساجين اهل نطاون الذين كانوا بسجن فاس وهم عشرون
فطعن رءوسهم ثم جيء بالخمّان من الصحراء مسلسلًا مكبّلًا فلمّا فابله امر
بتسريحه واعطاه خيلًا ومجنشرًا بالصحراء يعبش به ووجّهه واقام السلطان
يفى على بناء فصور بنفسه وكلّما اكمل فصرًا اسّس اخر ولمّا ضاق مسجد
القصبة بالناس اسّس المسجد الاخضر بالقصبة وجعل بابه للمدينة وجعل
لهذه القصبة عشرين بابًا عادية وجوفها بسانين للمدافع والمطارز وجعل

[1] B الدوسي .

داخل القصبة بركة عظيمة يسير فيها المراكب للسبحة وجعل بها هريّا
للزرع وجعل بجوار صواني للماء في غاية العمق مقبوّة وبجوفها سفالة
للمدافع وجعل بها اصطبلا لخيله وبغاله طوله ثلاثمائة امتار مسقّف الدائرة
بالبرشلة فيل كان به مهبط اثني عشر الفًا من الخيل مشقّه هي مقبوّ تحت
الارض يكون به الشعير لعلف الخيل وجعل في وسطه هريّا عظيمًا في
غاية الضخامة والارتفاع يكون به سروج الخيل واقامتها وبنى بجوفه قصرًا
سمّاه المنصور وبه عشرون قبّة كلّ قبّة فيها برج مشرف على بسايط
مكناسة وجبالها وغرس بجوار هذا الاصطبل بستانًا على طوله فيها من
انواع الاشجار كلّ غريب وبداخل هذه القصبة نحو الخمسين فصرًا كلّ فص
بمسجده وحمّامه ومبضانه ولا يعتفر لغيره وهذا شيء لم يُبْنَ في دولة عربيّة
ولا عجميّة في الجاهليّة ولا في الاسلام وكان عنده بابواب فصور على
ما ذكروا الجان ومابينان من الخصيان السوم وكلّ واحد من خدامه من
السودان ووقع هذا السلطان بجمع العبيد جعلهم عسكرًا والسبب في ذلك
انّه لمّا كان بمرّاكش اذاه طالب من اهل مرّاكش بدفنر فيه اسهاء العبيد
الذين كانوا في عسكر المنصور فساله هل بفي منهم احد فقال كثيرون
بمرّاكش واحوازها وفبابلها وان كلّفني سيّدي بجمعهم جمعتهم له فكتب له
امه العمّال يفعبون معه في جمع العبيد واولاده ونوجّه لذلك ولمّا رجع من
مرّاكش لمكناسه كتّلي كاتبه هجّا[1] العبّاشيّ ان يخرج لقبايل المغرب وبني
حسن والجبال لجمع العبيد وكتّلى عمّاله بالفبايل ان يبشنهوا له العبيد فجمعوا
كلّ ما وجدوا حتّى لم يبق اسود بالمغرب في حاضه ولا بادية ولو كان حرًّا
اسود او حمّ سوداء ولمّا فدم عليه عبّاش المرّاكشيّ بما جمع وفدم عليه ابن
العبّاشيّ بما جمع ووجّه له العمّال ما جمعوا وما انشنهوا دفع لهم الكسوة
والسلاح وعيّن لهم فوّاده واعطاهم ما يبنون به ووجّههم لمشرع الرمل

[1] B ajoute بن.

فنزلوا به على وادي فلعلة وبنوا وغرسوا واستمرّ الحال على ذلك الى ان بلغ
اولادهم وأمرهم ان يبنوا في كلّ سنة بمن بلغ عشر سنين من اولادهم وبناتهم
فكان يدفع الاولاد لاهل البناء والنجارة وجميع الصنايع ويعرّفهم عليهم
ويعلّمونهم ويدفع الباقي منهم للخدمة يسفون[1] الجير والتراب الى ان يكمل
السنة ويدفعهم لسوق البغال وبعد السنة يدفع لضرب المركز والطابية
وبعد السنة يدفع لهم عارية فيتعلّمون ركوب الخيل عارية دون سروج حتّى
يمسكوا رؤسها سنة فتدفع لهم السروج فيركبونها بها للبرّ والكرّ ويتعلّمون
الرماية على ضهورها فإذا بلغوا سنة عشر سنة يفبّط عليهم واحدًا منهم
من كبار الجند ويخرج لهم من البنات اللواتي فمن معهم وكلّ معرّفات عند
عياله في فصول يتعلّمن الطبخ والبرش والغسل ومن كانت حسناء تدفع
لصنعة الموسيفا يتعلّمنها فإذا تعلّمن اخرجهنّ لجالهنّ بعد كسوتهنّ
وفبض صحافهنّ وكلّ واحدة يفبضها زوجها بيعة بعد انباتهما في
الدفتر ويدفع الذي يأتي من الولدان للخدمة والبنات للفصور واستمرّ على
هذا الحال طول ايّامه الى ان مات كلّ عام ينوجّه العسكر لمشرع الرمل
ويأتي بالاولاد الى ان كان في الدفتر العسكريّ من العبيد مايبة وخمسون
الفًا سبعون الفًا بمشرع الرمل وخمسة وعشرون الفًا بوجه عموي بكناسة
وبافي العجد مبرّق على الفلع التي بناها بالمغرب من وجدة الى وادي نون[2]
كلّها ضاهرة يعرفها الخاصّ والعامّ واكثرها فاني الى وفننا هذا وهذا العجد
وفعن عليه في تاريخ الحميديّ[3] وهي دفتر سليمان الزرهونيّ كاتب مولانا
اسماعيل رحمه الله تعالى ونوائر الخبر به واما عجد الفلع التي بناها بالمغرب
فهي ستّة وسبعون فلعة شاهدذا اكثرها ولمّا كان عام ١٠٨٩ نوجّه من

---

[1] ‏B يسوفون لحمير بالجير والتراب.

[2] Les mss. donnent souvent l'orthographe نول, qui est probablement préférable.

[3] ‏B كنّاش.

مكناسة لمراكش ثمّ خرج منها للسوس بجهده وبلغ عمروه الى ضاضا وآفا
وتسنت وهو الطلح بالكجويّة وشنفيط وفح عليه وفود العرب اهل القبلة
من عرب المعقل ومعابرة واولاد جلي وشبانات وبرابش وجرار ومطاع ووعى
واقرّوا طاعتهم وفي ذلك العام جاءته الخرّة خنائة بنت الشيخ بكّار انكحه
ايّاها والدها وجلب في ذلك الحركة من الافاليو المذكورة العبن من الخراصين
باولادهم كساهم وسلّحهم ووجّههم لمشرع الرمل ورجع لمكناسة لتمام السنة
وفي عام ١٠٤٠ توجّة لحركة الشرق على ضيف الصحراء ولمّا بلغ وجدة فح
عليه بنو عامر وسفونة وذوي منبع وخيسة وجهان والعمور واولاد جريس
والاحرار والحنش وفادوه على ضيف الصحراء ونرط تلمسان على يسارك واكم
الى ان نزل على وادي شلو بالقويبعة فوجه الانراط بمعلّتنهم على وادي
شلو بغضّهم وفضيضهم ومدافعهم ومهارزهم ولمّا جنّ الليل الطلفوا
الانراط مدافعهم ومهارزهم وضيبوا طبولهم وشعلوا مشاعلهم فلمّا سمع
العرب ذلك دهشوا وهيبوا ليلًا ولم يصبح مع السلطان الّا عسكره فانهزموا
دون قتال ووجّه له الانراط رسلهم انوه بكتاب مولاي محمّد بن الشريب
الذي عاهدهم على حدود بلادهم وبكتاب مولاي رشيد الذي هم معهم
الحقّ على وادي نافنة وطلبوا منه ان يتخلّى على بلادهم ويفي عند
حدوده فاجابهم لذلك وانعفد عليه الصلح بينهم ورجع ومن يومئذ لم
يامن في العرب ولم يثق بهم ورجع الى المغرب وفي هذا العام بلغه فيام
اخونه الثلاثة وهم الحمّان وهاشم واحمد وثلاثة من بني عمّهم وحخلوا
لقبايل البربر بالصحراء فتوجّه لهم بالعساكر على سجلماسة وطلع اليهم بجبل
ساغرو وحاربهم حربًا عظيمًا مات فيه فايد عساكه موسى بن يوسف ومن
اهل فاس اربعمّاية وهزمهم فهمبوا للفجار ورجع السلطان على ضيف
العاجحة واصابه الثلج بثنية القلاوي اهلك الناس واتلى انفالهم وابنيتهم

[1] جدار B.

٢

وما خلصوا منه الّا بمشقّة عظيمة ولمّا نزلوا بسبّي رحّال معّوا ابديهم في اموال الناس لما لحقهم من الجوع وشكى الناس بذلك الى السلطان فامر بقتل من وجدوه خارج المحلّة وامر بجزّ الوزير عبد الرحمان المنماريّ وقتل اصحابه بالرصاص في المحلّة وامر بتوجيه الوزير بجرّ بمكناسة وفاس وبعل به خلع وامر برمي بافيه ومات في تلك الوقعة من المحلّة نحو الثلاثماية ورجع لمكناسة فاقام بها وفي محرّم عام ١٠٩٠ وقع الوباء بالمغرب فكان العبيد يتعرّضون في الطريق ويردّون الناس عن مكناسة ويقتلون بسايس كلّ من يابي لمكناسة من فاس وانقطعت السبل وبيه انفل الشبانات وزراك فوم كهّوم الحاجّ من حوز مرّاكش لما كانوا عليه من الظلم والجور بقبايل الحوز فانهلهم بوجدة ثغر المغرب وكتبهم في الديوان وفتّح عليهم العبّانيّ بن الهوعمر المنهاريّ وامه بالتضييف على بني يزناسن اد كانوا شبعة للنرط وفي ابانتهم فكانوا يغيرون عليهم ويمنعونهم من الحرث والمرعى ببسايط انقاد وبني عليهم قلعة برقاجة[2] وقلعة بالعيون وقلعة بسلوان وهي في اصحاب الزعميّ[3] واجمروع تجبالهم وفي عام ١٠٩١ خرج في العساكر لبني يزناسن حين هادوا على العصيان بمدخل جبالهم ونسبي نعيمهم ونهب اموالهم وقتل مقاتلهم واحرف ديارع وطلبوا الامان فامّن بفيّتهم على دوع الخيل والسلاح وانوا بما عندهم من الخيل والسلاح ثمّ نزل بانقاد وامر سفونة بدوع الخيل والسلاح الى ان استصحباها وكذلك بعل بالمهابة والاحلاب ورجع وامر في طيفه ببناء القلع في كلّ مرحلة قلعة وعمّرها بعبيده باولادع وكلّف القبايل بدوع اعشار الزرع في كلّ قلعة تجاورع لعوننهم وعلب الخيل الى ان بلغ مكناسة وجعل نظر القلع النبي

---

[1] B النزوغ .
[2] B ajoute بانزيبة .
[3] B ابن النزوغ .

علي الطريف لمنصور بن الهامي انزله بنانة في القَبْن وجسمابة من العبيد باولادهم وفي كلّ قلعة مايةِ فارس ومن ضاع شيء في ترابه بوّديه فايد القلعة وانزل بقلعة الخميس خسمابة من الخيل من الشرافة يحرسون طريق سايس الى المهدومة وفي عام ۱۰۹۲ ورد عليه الخبر انّ احمد بن محمز الذي ببلد السوس استولى على بلاد بني زينب وقويت شوكته فامر بتمهيد الرائب وتفويض الحركة من فاس ثمّ بلغه اشراف العساكر الذي على مدينة المهدية على الحج ومتوقّفون على حضوره فتوجّه حتّى حضر الحجّ وخرج رئيس النصارى فأمّن عليه واخرج اصحابه وكانوا ثلاثمابة وثمانية والغنيمة احرزها اهل الريف واهل الحصى الذين كانوا مرابطين عليها مع القايد عمرو[1] بن حمّ البطيويّ ورجع السلطان لمكناسة ولمّا مات عمرو بن حمّ بالوباء في ضيفه ولّى السلطان على المجاهدين اخاه القايد احمد بن حمّ وفي عام ۱۰۹۳ توجّه السلطان لحركة الشرق فأخذ بني عامر ونهب اموالهم ورجع لمكناسة وامر باخراج اليهود من المدينة وبنى لهم خارجها مدينة ثمّ بأثر هذا بلغه انّ الترك جاءوا بعدّتهم واستولوا على بني يزناسن وعلى دار ابن مشعل وانّ كلامهم مع ابن اخيه احمد بن محمز راسلهم وراسلوه وبلغه ذلك ايضاً من خليفته بمرّاكش فكتب له ان يبقى في مقابلته الى ان يرجع من حركة تلمسان وخرج بالعساكر الى لقاء الترك فوجدهم رجعوا حين بلغهم خروج النصارى بشرشال ووصلوا في عام ۱۰۹۴ واغائهم اهل الجزاير فقتلوا من النصارى مقتلة عظيمة واخرجوهم ومات من المسلمين نحو السبعمابة ورجع السلطان فاصلاً مرّاكش ومنها للسوس فتلاقى مع ابن اخيه احمد بن محمز ووقع القتال خمسة وعشرين يوماً مات فيها من الطريفين ما لا يحصى ودخل احمد بن محمز تاروذانت فاحصر بها ثمّ وقع بينهم حربٌ اخرمات فيه خلق كثير وخرج السلطان واحمد بن

[1] B عمر.

محرز واستهّر الحال على ذلك الى رمضان العام ووقع الصلح بينهما ورجع
السلطان بمكناسة فدخلها في قعدة العام وفي حجّة العام خرج لجبل
هوازة في العساكر ولمّا بلغهم خروجه انهزموا من الجبل وخرجوا لملوية
وبنى قلعة بعين اللوح واخرى بازرو وترك الخدمة بها وتبع اثارهم الى ان
تحصّنوا بجبل العبّاسيّ فترتّبى بملوية الى ان دخل فصل الشتاء وفحصه
بذلك تمام اسوار القلعتين ولمّا رجع انزل بقلعة ازرو الى فارس وبقلعة عين
اللوح خنماية فارس واستراح من عيثهم بخيف سايس ولمّا فلّ عليهم
الفوات فجّ ووجّه على السلطان بمكناسة نايبين فاقنهم على دفع
الخيل والسلاح والاشتغال بالحرث والنتاج وجعوها عن يد وهم بنو يدراسن[1]
ووضع لهم ستّين البّا من الغنم يسرحونها ويدفعون صوفها وسمنها في
كلّ سنة وحرّرهم من الوظايف كلّها فكان وظيفتهم حراسة عنه وصلحت
احوالهم بعد ذلك وفي عام ١٠٩٥ ورد عليه الخبر بعث طنجة استولى
عليها المجاهدون ولمّا كان للكفار الحصار ركبوا سفنهم وخرجوا فيها
الميناث فنهدّمت وتركوها فدخلها اهل الريف وبنى فيها اميرهم دارا وبنى
المساجد والمدرسة وردم ما تهدّم من سورها وسكنها المسلمون وبائرهم خلط
حرث مركب من جنس الاصبنيول كان متوجّهًا بالحج لسبتة فيهبّ منها
حاربهم المجاهدون اهله الى ان غلبوه واخذوا ما فيه من البضايع واخرجوا
منه المدافع في اربعين يومًا وفي عام ١٠٩٦ خرج السلطان لحركة ملوية
فنزل صفرو ووجّه فبايل البربر لشواهق الجبال بيوسيّ وشغر وشنجي وسلي
وايّوب وعلّاح وفاحم وحيون ومكود فامر ببناء القلع في اعلى وفيقوا
وسكورة وتشوكت ودار القمح وتمايوست وفصر بني مطير وملوية وفبايل
البربر كلّها متعرّفة ومتحصّنة في شعاب العبّاسيّ وهو مقابل لهم على
وادي ملوية والخدمة في القلع كلّها سنة كاملة الى ان اكملوا بناء اسوارها

---

[1] B ادراسن.

وعمّرها بالعبيد أربعمائة في كلّ قلعة ولمّا ضاق الأمر بالمحبسين وعدموا
الأقوات فدمن عليهم وبودّع نائبين مخزنين لأمه فأمّنهم على دفع
الخيل والسلاح ودفعوها عن يد وصبا لها هذا الربع الشريفّ من جبل درن
ورجع لمكناسة فبلغه خبر دخول أخيه الختمّان نارودانت مع ابن أخيه أحمد
بن محمز نوجّه لها ولمّا بلغ نارودانت حاصرها بها محمج أحمد بن محمز
يومًا لزيارة بعض الأولياء مع بعض عبيده فلقيه جماعة من عسكر زرارة في
بعض روه ظنّوا أنّه أحمد فوّاده فحاربوه وقتلوه فإذا به أحمد بن محمز ولمّا بلغ
خبره للسلطان نوجّه حتّى وفى عليه وأمر بتجهيه ودفنه مع الغرناطيّ
مات في دلك اليوم وبعد أيّام خرج اصحابه من رمّانة لبلدّ واخرجوه من
القبر ونزعوه من الثابوت حتّى عرّوه ثمّ شبه عليهم مع قبر الغرناطيّ
واخذوه وتركوا الغرناطيّ على شبير فبه وبفي الخزّان محصورًا بنارودانت
والخرب بها كلّ يوم مات فيها القايد الريسوني والباشا حمدون ولحو
السفهاية ثمّ كان بعده حمب اخركدلك ثمّ ثالث كدلك مات فيه القايد عبد
الرحمان الريوسيّ ورجع في موضعه ولع الغرناطيّ وأقام محاصرًا لرمّانة الى
جمادى الأولى من عام ثمانية وتسعين والى فدخلها عنوة بالسبي وقتل
من فيها ولمّا بلغ خبر فتحها فدم على السلطان ولدّه محمّد العالم مع علماء
فاس وانشرافها واعيانها بهنّونه بالفتح وفدم عليه وبوم اهل المغرب
للتهنية وأمر بخروج اهل الريب الذين بفاس بأنون لسكني نارودانت حيث
لم يبق بها احد وخرج اولاد النفسيس من سبتة فهدموا عليه للمحلّة فأمّ
برجّع لتطاون وفتلهم بها وفتل من بسجن فاس منهم وفي عام ١٠٩٩ رجع
من السوس ومحل مكناسة فاستراح بها ونصبّا لحركة بهماز وخرج من
مكناسة وطلع للجبل من الناحية الغربية فأوّل من فدم عليه بنو حكم
وزمّور مع كبيرهم بايشيّ القبليّ فأدّوا طاعتهم وولّى عليهم كبيرهم المدكور
ونوجّه حتّى فهل ببسبط دحبسان لنك شبهاكان فجرّت برابرايت مالوا

يعني اولاء مالوا لشواهق الجبال وامر السلطان بتجميع قصبة دخيسان كان
بناها يوسف بن تاشفين وامر ببناء قصبة منن[1] وقصبة تادلة وقصبة ابن
الكوش تحت جبل اين بسري يعني اولاء بسري واقام محاصرًا للبربر
بدخيسان والجبل مرّة بعد مرّة الى تمام السنة والخدمة بالقلع مستمرّة على
الدوام الى ان اكمل بناء اسوارها وانزل بها حاميتها من عبيده جعل
بقصبة دخيسان خمسة عشر ماية فارس وانزل بزاوية مجّ الحاج كذلك
وبقصبة تادلة الى فارس وبقصبة ابن الكوش خمساية فارس وفرح عليه
لدخيسان بابنيّة بالاموال والخيل والسلاح وانكر عليه ذلك وقال له ما
جلك على هذا ولم آمرك به فقال يا مولانا انما فعلت صلاحك وصلاحهم
وان سرت معهم بغير هذا انعبوط انما طهرتهم[2] من الخيام ويشتغلون
بالحرث والنتاج فانّ الخلال يمو ويذكو واستحسن كلامه ودفع الخيل
والسلاح والمال لعساكره ورجع لمكناسة وفي عام ١١٠٠ امر العبيد اهل مشرع
الرمل ان يأتوه بمن بلغ عشرًا من اولادهم وبناتهم حسبما نفخّم ذكره منهم
كان يجمع العسكر من عام الى وماية الى ان مات عام تسعة وثلاثين
وماية والى كلّ عام يدفعون له ويوجّه هذا الجند وفي هذا العام نوجّه
الفايد احمد بن حجّ الريفيّ بالمجاهدين الى الرباط بالعرايش وحاصرها
وحمىوا مبنة للمدينة تحت سور من ناحية المرسى وملئوها باروحًا واخرجوها
وسفك جانبها ودخل منه الرجال للمدينة ملكوها وتحصّن الكبّار بحصن
القبيبات الذي بناه السلطان احمد المنصور السعديّ فحاصرهم به المجاهدون
سنة كاملة الى ان عجزوا وطلبوا الامان فأمنهم على حكم السلطان ونزلوا
منه فتح فتحها ولله الحمد وذلك في محرّم ١١٠١ وبيه حجّ الشيخ الحسن اليوسيّ
مع المعتصم ابن السلطان وامر السلطان ببعث نصارى العرايش لحضرته

---

[1] B حنت.
[2] B طردتهم.

فبعثوه له وكانوا الفا وثمانمائة وكان نخدمهم في بناء قصور وبيبتون بالدهليز وعمّر العرايش باهل الريبو وبنى بها احمد حج دار ابن حج دار ومسجدين ومدرسة وحمّامًا وفرنًا ثمّ انتقلوا لحصار اصله فحاصروها سنة الى ان لحفهم الجهد فطلبوا الامان فأمنوا على حكم السلطان فخافوا ان يفع لهم مثل نصارى العرايش فركبوا سفنهم ليلًا وتركوها فدخلها المسلمون عام ١١٠٣ وبنى بها احمد بن حج مسجدًا ومدرسة وحمّامًا وعمّرها اهل الريبو ثمّ انتقلوا لحصار سبتة فنزلوا عليها ووجّه لهم السلطان عسكرًا من عبيده وامس كلّ قبيلة من قبايل الجبال توجّه حصّنهما حتّى من اهل فاس كانوا يوجّهون جهمايه رام في النوبة على راس سنة اشهر يتبدّلون بغيبرهم فكان عدد المرابطين عليهما خمسة وعشرين الفًا ولا ينقطع عنهما القتال حتّى اتّهم فياق المرابطين عليها بالغش وانّهم لم ينهكوا في متحصّا خوفًا ان يتوجّهوا لغيرها وفي هذا العام مات القايد علي بن عبد الله امير اهل الريبو كلّهم فولّى السلطان اسماعيل عليهم ولده الباشا احمد بن علي ولمّا يمهّد ملج المغرب والسوس والصحراء للسلطان اسماعيل وبنى جميع قلعه بالمنازل كلّها وتحصنها بعبيده ولم يبق له غير قبيلة فهاز النبي بما ابن مالوا وابت افطان¹ وابت يسمي يعني بني وبني فتجهّز للحركة ووجّه المدافع والطهارز امامه لطلوبة على ضهيف اعليل وكلّف بجمع نصارى العرايش والمهديّة واسرى البحر ورتّب امور دولته فجلّى بجاس كبير اولاده ابا العلاء محمد زووجّه لمرّاكش ابا اليمن المأمون ونزل بمكناسة² هيّأ المدعو زيدان وكان امريس اولاده ثمّ بجا له في حركة فهاز زووجّه العزّة لاهل فاس وامس بالحركة للنزل مع ولده زيدان فخرجوا في رمضان وبعد العيد خرج السلطان في اثرهم ونزل من توجّه امامه لمهاز رومّا بلغ وجدة اوفع الصح

---

¹ يب الامان B.
² بمرّاكش B.

مع الفزع ورجع وامر بالحركة للبربر فتوجّه لهم فى عام ١١٠٤ م بجميع العساكر
وجّه بعضها على تادلة وبعضها على ملوية وبعضها من ورائهم من
ناحية نوفي ولمّا وجّه المدافع والمهارز وهو فى السواد الاعظم نزل
بخيسان وعيّن للعسكر كلّه اليوم الذي يزحفون لهم من كل جهة وهو
اليوم الذي بعد الليلة التي يسمعون فيها المدافع والمهارز طول الليلة وهي
ليلة الزحف على البربر ولمّا امسى المساء اشتغل الطحجيّة بضرب المدافع
والمهارز طول الليل وجميع البربر وهشوا لسماع ذلك وكلّ فصج ناحية ولمّا
اصبح فصج العساكر من كلّ ناحية ووقع القتال فانهزموا وقتلوا ونهبت
اموالهم وسبيت نساؤهم واولادهم والتفطصوع من الشعاب وجمعوا من رؤوس
فتلاهم اثني عشر القا وازيد وقدموا بها على السلطان وامرهم بجمع ما
خذوا من الخيل والعدّة بجمعوها فكان عدد الخيل المذكورة عشرة الاف
ومن المكاحل ثلاثون القا وازيد فوجّه الرؤوس لعليّ بن يشّ وامرهم بعدّهم
ولمّا احصى عددهم قال له ان لم تاتني بعددهم من رؤوس فهوان لا ارى
وجههم وانّهم كانوا يعيثون فى طهيف الصحراء ما بين ملوية والخنق
فتوجّه لهم وحاربهم الى ان غلبهم ونهب اموالهم وقتل مقاتلهم
ونشّتوا فى القهى فنادى عليهم فى نلط الوطبة من آوى فهوانيّا فتل به
ومن اتى براس فهوانيّ فله عشرة مثافيل وامنّهم ايدي القبايل وانوه
برؤوسهم الى ان استكبى من العدد واعطى لكلّ راس مثفالا واتى بهم
لكناسة للسلطان اسماعيل فنصبهم على اسوار المدينة مع من قبلهم وامى
السلطان عليّ بن بركة ان يبني دارا بتشغاليز وينزل معه اخوانه ايت
يّمّور يعني بني يّمّور والمراد باين هم بنو بالشحة وهي لغة البربر بين ايت
مالوا واين اوطان واعطاه القا من الخيل بسلاحها لاخوانه ولم يبق الخيل
عند احد من قبايل المغرب غيرهم وغير اهل الريى والعبيد والودايــة
واستمّاح السلطان من عين البربر بالاستبلاء على اين مالوا واين اوطان

وولّى على قبايل البربر كلّهم علىّ بن بشّ وجعله عامل العيّار وهذه اخر
حركات مولانا اسماعيل وانّه افام في تمهيد المغرب وحروب الثوّار والخوارج
على الدولة اربعًا وعشرين سنة لم يُقم بها في دارك سنة واحدة وفي
تاسع ربيع النبوّي عام ١١٠٦ وجّه ولده زيدانًا لمحاربة النرط وخرج من فاس
بعد ان قتل خليفته بفاس احمد السلقيّ لحاربهم ونهب ورجع وفي سنة ١١٠٧
ورد على السلطان اسماعيل كتاب من عند السلطان سليم[1] بن ابراهيم
العثمانيّ مع خدّامه يامه بالصلح مع اهل الجزاير فاجابه لما طلب ثمّ ورد
لعباس كتاب للقاضي والعلماء بعتابهم على عدم موافقتهم على جواز تسليم
العبيد الذين في الديوان وكتب في القعدة عام ١١٠٨ وفي عام ١١٠٩ ورد
كتاب من عنده على تسليم حراطين فاس وفيئ على المنبر وفي عام ١١١١
فرّق السلطان اسماعيل اعمال المغرب على اولاده الكبار فولّى ولىّ عهده
احمد الذهبيّ تادلة واعمالها وانزله فصبنتها وانزل معه ثلاثة الاف من
العبيد وامه بالبناء في فصبنتها فبنى فصبة بجنبها اكبر منه وبنى دارًا
فيها ومسجدًا اكبر من مسجد والده واستفرّ بها وولّى على اقليم السوس
ولده محمّد العالى وانزله رهانة واكمل له على من فيها من العبيد ثلاثة
الاف فارس من وصبانه وولّى على سجلماسة واقليمها ولده المامون الكبير
انفله لها من مرّاكش وانزله بالفصبة التي بنى له بتزميرن[2] وانزل معه
خمسماية فارس من وصبانه وبعد عامين مات فولّى مكانه ولده يوسف
وولّى على الشرف ولده زيدانًا انفله من مكناسة فكان يغير على رعايا
النرط الى ان شرّع عن تلمسان وبلغ مرّة الى امّ العساكر[3] في مغيّب الباي
عنها في الغزو فدخلها ونهب دار الباي واخذ ما وجد فيها من و.راش
ولباس ونحاس وابسد ورجع فلمّا بلغ ذلط السلطان اغتناظ عليه وعزله

[1] سليمان B.
[2] بيها B.
[3] L'orthographe معسكر est préférable.

للصلح الذي كان بينه وبين النرج وولّى على الشرف اخاه حميدًا ولمّا كان
عام ١١١٢ جاء الخبر للسلطان بخروج محلّة النرج من الجزاير مع الباي الذي
نهبت ... خرج السلطان في العساكر الى لفاء النرج وحاربهم ورجع
وهلك في طيفه من العساكر عدد كثير بالعطش اربعون من اهل فاس
دون غيرهم وفي هذا العام فتل عبد الخالق[1] الروسيّ واحدًا من عبيد الدار
دخل عليه بغير اذنه ولمّا بلغ ذلك السلطان وجّه ولده حميدًا ياتي به
من فاس مقيّدًا واستشفع له بالفقهاء والشرفاء في بعده ذلك ونوجّه به
مسرّحًا[2] ولمّا بلغه عما عنه ورجّه لفاس وفي عام ١١١٣ وجّه له السلطان
ولمّا بلغه فتله ووجّه ولده زبيانًا لفاس ومعه جدون الروسيّ حاكمًا بها
وفي عام ١١١٤ بلغ مولاي عبد الملك ابن السلطان لضريح مولانا ادريس
بمرهون واستتمّ به حاربه اخوه ابو النصر وغلبه على مرعة وعلى نلط
البلاد كلّها فتركه السلطان وولّى على مرعة ولده الشريبي صاحب
المعاركة وامه مخبر ابي النصر وضربه من نلط النواحي وفي هذا العام فام
محمد العالج على والده وفصم مرّاكش محاصرها في رمضان العام وفي
عشرين من شوال دخلها عنوة وفتل عاملها واعبانها وهجم دورهم ورجع
لرهانة ولمّا بلغ ذلك السلطان وجّه له ولده زبيانًا بالعساكر ولمّا بلغها
وجع اخاه محمد العالج رجع لرهانة فدخلها واساء السيرة في اهلها بالنهب
والعساف ونوجّه لتاروذانت فنزل عليها واستمرّ الحرب بينهما على الدوام
مدّة من ثلاثة اعوام وفني بينهما عالج كثير وفي عام ١١١٥ اتى مولاي
حميد لفاس الجديد وجعل على اهل فاس مغرمًا عظيمًا وجاء الزعبي حاكمًا
بها ثمّ عزل ورجع جدون الروسيّ فقتل اناسًا وعلّفهم وفي منّ شوال منه
مات مولاي حميد بفاس الجديد وفي عام ١١١٨ جاء امر السلطان لفاس ان

تعطي كلّ عتبة سجّا[1] ولا يتخمّر منه احد وفي احدى وعشرين صفر
العام ورد الخبر باخذ تارودانت ودخولها عنوة وفبض مولاي محمّد وموت
من مات فيها من الفوّاد والعساكر ولمّا دخلوها فتلوا جميع من بها رجالاً
ونساء وصبيانًا وفي رابع ربيع الاوّل وصل محمّد العالِم مكبّلاً لبهت بوجّه
السلطان من فضع يده ورجله من خلاف وبعد خمسة عشر يومًا مات
بمكناسة ودفن بضريح المجذوب وفتل زبدانًا بتارودانت الكاتب الوزير وفي
رجب عام ١١١٩ بلغ الخبر يموت زبدان بتارودانت فجعلوه في تابوت
وانوا به لمكناسة ودفنوه بجنب اخيه ليلاً وفي عام ١١٢٠ كلّف عبد الله
الروسيّ العفهاء بفاس ان ينزلوا على دفتر العبيد المملوكين فمن كتب نجا ومن
امتنع فبض عليه وفبض على اولاد جسوس واخذ اموالهم واجلس فبيهم
في السوق مفيّدًا يتكفّى ثمّ عفا عنه السلطان وسرّحه ووجّهه لفاس
بسرج الخراطين المملوكين لمكناسة لازعجهم وفي عام ١١٢١ عزل ابو علي
الروسيّ وولّى جمدون الروسيّ ثمّ رجع ابو عليّ وتاخّر جمدون وفيه جاء عبد
الله الروسيّ لبيع اصل المجاورين بالمشرف من اهل فاس فباعه وفي عام ١١٢٣
فام ابو المنصور ابن السلطان بالسوس وفي عام ١١٢٤ سرّح السلطان
الكاتب الخيّاط ابن منصور من السجن وولّاه على الدرعة وفي عام ١١٢٥
فتل السلطان الخيّاط بن منصور واخذه عبد الرحمان وفيه بلغ للسلطان
انّ اولاد حلى بالسوس فتلوا ابا النصر وفي عام ١١٢٦ فتل السلطان بمشرع
الرمل الفايج ابا دشبش وثلاثة من الفياد وسبعة عشر من العبيد وفي
عام ١١٢٧ في اوّل يوم من المحرّم مات مولاي النهاميّ بن محمّد صاحب وامّي
المان وفي جمادى منه مانت الحرّة عايشة مباركة امّ الشيب وفي عام ١١٣٠
ورد كتاب السلطان لفاس وفيه تخيير اهل فاس من الكلابيّ ثمّ ورد كتاب
اخر بوجّه اهل فاس وتخييرهم بين ان يكونوا نايبة او جيشًا فقال لهم ولد

---

[1] B عظم سرج.

الهماويّ انّما يكون الكلام امام السلطان فقتل واصبح معلّقًا وبلغ ذلك
السلطان فقبض ابا عليّ واصحابه وسجنهم بمكناسة وولّى حمدونًا ثمّ قتل
حمدونًا عبد الخالق بن يوسف فقبضه السلطان هو واخاه مسعودًا وولّى
علي فاس حمّ فصارّ ثمّ بعد ايّام وجّه ابا علي حاكمًا وبلغ خبر موت ابي
مهوان بالمشرف في العام وفيه عمل السلطان اولاده عن الاعمال كلّها ولم
يبق الّا وليّ العهد منهم بناحية وهو احمد الذهبيّ ووجّه ولده عبد الملط
لمرّاكش وولّاه امر السوس واعتكف السلطان على بناء فصور وغرس
البسائين والبلاد في امن وعافية بخرج الخمّيّ والمراة من وجدة الى وادي
نون ولا تجدان من يسالها من ابن والى اين والرخاء المفرط لا فيه للزرع
ولا للانعام ولا للماشية ولم يبق بارض المغرب سارق ولا فاطع الطريق وفي
عام ١١٣٢ امر السلطان بهدم ضريح مولانا ادريس والزيادة فيه من نواحيه
الاربع اشترى الاصول المجاورة وزادها فيه واستمرّت الخدمة الى ان كمل وفي
عام ١١٣٣ مات القايد عبد الله الروسيّ وفيها غضب السلطان على اهل
فاس ووجّه لهم حمدونًا الروسيّ وابا عليّ وامرها بقبض المال من اهل فاس
فبعثوا علماءهم واشياخهم للشفاعة فلم يقبل واشتغلوا بدفع المال فلم يسلم
منهم احد ولم يعرف له عدد وخلت المدينة ولم يبق بها احد من اهل
اليسار وفيه هجمت محلّة الاصبنيول من سبتة فجلّة المسلمين على غرّة
منهم فاستولوا عليها ونصبوها وقتلوا وسبوا ونهبوا دار الباشا احمد بن
عليّ واخذوا ما فيها من الزرع والسمن وحازوا شبارات المسلمين وعساسهم
وحازوا فصبة اعراق ورجعوا لسبتة ومنها نهبوا لبلادهم ولم يبق بسبتة
الّا من كان بها وكان هذا الخطب عام ١١٣٤ وفيه مات الباشا غازي ابو
صبرة صاحب مرّاكش في المحنّ وفي صبر مات ابو عزيز وصدوف صاحب
رجانة وفيه انفصل مولاي عبد الملط من مرّاكش لتاروادانت وكان لمولانا
اسماعيل من الولد على ما تواتر به الخبر من الذكور خمسماية وثمانية

وعشرون ومثله من الاناث والذي خلّى منهم وعفب عليه ما شاهدناه
وعرفناه في دفتر السلطان سيّدي محمّد بن عبد الله رحمه الله اذ كان
يعرّف عليهم الصلة في كلّ عام وكنّا نتوجّه بها لهم لتجلهاسة مايه دار
وخمسة ديار لاولاده لصلبه واما الذين لم يعفبوا او عفبوا وانفطع عفبهم
فلبسوا في الدفتر والذي لحفناه من اولاده ثمانية نعرفهم بصبائهم
واسمائهم ومن بناته ثمانية وعشرون كان انزلهن السلطان سيّدي محمّد
ابن عبد الله رحمه الله بفصر احمر بجده [1] ومعهنّ الحجدان اللوائي لا ازواج
لهنّ وكان يرتّب لهنّ العولة والكسوة ويوجّه لهنّ الصلة كلّ عام نعرّفها
عليهم من جملة صلة الاشراف وكان في سجونه من اسارى الكفّار خمسة
وعشرون الفا ومن اهل الجرائم العظيمة كفاطع الطريف والمنلصّص نحو
الثلاثين الفا وكلّهم يخدمون نهارًا ويبيتون بالدهاليز ليلًا ومن مات
منهم يدفنه في البناء ولم يبق منهم لاهل الدعاوي والحساب محلّ ياووز
اليه ويمتنعون به حتّى انّ مجهول الحال اذا بان في حلّة او دشه يفبضونه
الى ان تتبيّن براءته وان سرّحوه يوفّون ما سرفه ونهبه او افنى به من
الحرام وكانت مدّة خلافته ايّام الرشيد اخيه سبعة اعوام وكانت مدّة
ملكه سبعا وخمسين سنة ولمّا مرض مرض موته وجّه لولّي عهده احمد
الذهبيّ فقدم عليه من تافلة واقام عنده ثلاثة ايّام ومات يوم السبت
السابع والعشرين من رجب الفرد عام ١١٣٩ رحمه الله ودفن بضريح
الشيخ المجذوب

دولة السلطان احمد الذهبيّ ابن اسماعيل بن الشريف
بن عليّ رحمهم الله تعالى

ولمّا مات السلطان اسماعيل رحمه الله اجتمع فوّاد العبيد وفوّاد الوداية

[1] خربذ B

ورؤساؤهم وعلماء الدولة وفضلائها وكتّابها وبايعوا وولّى العهد السلطان
احمد الذهبيّ ولمّا بلغ خبر موت السلطان لهاس فتلوا فابجع ابا عليّ الروسيّ
وفجم ببيعتهم علماؤهم واشرافهم واعيانهم لكناسة ودفعوا ببيعتهم
وهديتهم فولّى عليهم الفايد الجّوب العلج ولم يعانبهم بها فعلوا وفجمت
وجوه القبايل واهل الخواضر ببيعتهم وهديتهم فاجاز الوجوه وبمّ الاموال
في العساكر كلّها واعطى العلماء والاشراف والطلبة ووجّه العمّال لعملهم
بعد فتل من فتل منهم كعليّ بن يش وابن الاشفر واحمد بن عليّ وابن
مرجان الكبير فابع عبيد الدار وصاحب بيوت الاموال ولمّا فمع من عمله
محل مالك واعتكى على لهوه ولذّانه واهل المملكة ولم يلتفت لما يفع
بهما وفي ايّام ببيعته حرّج احمد الباشا لنطاون ومخلها وحاربه اهلها مع
اميمهم السيّد محمّد الوفاش واخرجوه منها ولم يبايع السلطان احمد ولا فع
عليه فانحرّل نظام الملج لاهماله الرعايا وفتل رجال الدولة الذين كانوا
فوايهما واستخفّت الرعبة بامر السلطان فمّوا ايديهم للنهب في طرفات
المسلمين اذ لا وازع لهم واشتغل المبربشراء الخيل والسلاح ورجعت هيبو
الى اديانهم بعد ان كانوا في فايع النحاس فكثر العبث في الطرفان
والنهب في اضراب المدينة وفصج الشكاة بباب السلطان بها وافبفوا من
يسمع منهم ولا من ينصحهم وفي محرّم ١١٤٠ اثار الوفايه بفاس على
سوف الخميس ونهبوا ما فيه وسلبوا وفتلوا وفبضوا على بعض اهل فاس
وسجنوم عندهم فوجّه اهل فاس جماعة من الاشراف والطلباء بفصج
الشكايه على السلطان فلم يجمعوا به وفبضهم محمّد بن عليّ بن يش
صاحب النورة وسجنهم ولمّا بلغ خبر سجنهم لاهل فاس وفع الحرب بينهم
وبين الوفايه واغلفوا ابواب المدينة وعلموا انّ ذلج من السلطان لانّ
الوفايه كتبوا له بانّ اهل فاس شفّوا العصا فتراودت عليهم العساكر من

<hr>
^١ ‏B‏ الرفاش ،عر.

عند السلطان احمد وحاصروا فاس وركّبوا عليها المدافع والمهارز والمجانيف
واستمرّ القتال الى ان وجّه السلطان اخاه المستضيء مع الشيوخ الذين
بينهم محمّد بن عليّ بن بش وشيوخ مكناسة ليقع الصلح بين الرعاية
واهل فاس ووجّه معهم ولده ابا فارس ليسكن معهم ويكون واسطة بينهم
وبين السلطان فوقع الصلح ورحلت المحلّة ومن الغد اصبح عليهم الرعاية
بالحرب ورمى الكور ورجع الحرب كما كان ثمّ وجّه لهم السلطان موسى
الجمّاريّ في شان الصلح ووجّهوا معه جماعة من الاعيان والاشياخ وترك
لهم رهنًا من اصحابه فلم يجتمعوا بالسلطان ولم يحصلوا على طايل ورجعوا
لفاس واستمرّ الحرب الى ان وجّه لهم عبيد الديوان من مشرع الرمل انّهم
عزلوا احمد وولّوا اخاه عبد الملك ويطلبون موافقتهم فاجابوهم لذلك وحلفوا
لهم على الوفاء واكرموا وفدهم ورجعوا ولمّا راى فوّاد العبيد وفياد رؤوسهم
ما وقع بالناس وما بلغوا اليه من الفساد وما وقعوا فيه من سوء الحال
والتدبير فاموا لترفيع هذا الشريف وكتبوا كتبهم ووجّهوا رسلهم لاخيه عبد
الملك الذي بالسوس لييانوا به للقيام بامر الملك ظنًّا منهم انّه احسن من
احمد ووجّهوا جبيرة من الخيل ياتي معها فلمّا وصلته المكاتب والخيل
خرج من تاروهانت وجّه السير الى ان بات بواد بهت ولمّا بلغ خبسي
مبينه بالوادي دخل فوّاد العبيد على احمد واخرجوه من دار الملك وخلعوه
وسجنوه بمحلّ النبي بالمهدي خارج القصبة ولمّا اصبح ركبت العساكر والفوّاد
واهل الدولة لملاقاة السلطان عبد الملك فاعترضوه بظاهر مكناسة
وضربت المدافع والطبول ولعبت العساكر البارود وكان يوم دخوله لمكناسة
عبدًا من الاعباد ودخل في شعبان عام اربعين وماية والى

الخبر عن دولة السلطان عبد الملك بن اسماعيل

ولّما خلع الجند السلطان احمد وسجنه حضر اهل الخزّ والعفج من الاحرار
والعبيد والعلماء والقضاة وبايعوا السلطان عبد الملك وقدم عليه اهل فاس
وعلماؤهم واشرافهم واعيانهم ببيعتهم وهديتهم وقدم عليه ووفود الخواص
والبوادي وعمّال القبايل ببيعانهم وهداياهم وجلس للوفود التي ان جميع من
شانهم ودفعوا له اخاه احمد فوجّهه لسجن فاس ثمّ بدا له راي فيه ووجّهه
لسجن بسجلماسة واملوا ان عبد الملك يسير بسيرة والده ويصلح ما افسد
احمد بخراب سعبيهم وبه وامسح البج عن العكّا للعساكر والوفود فطلب
العسكر البخاريّ رائب السبعة وجّه لهم اربعة الاف مثقال فتكسبوا من
بعده وكان رائبهم على عهد السلطان اسماعيل مايه الف مثقال ولّما بويع
احمد اخرج لهم مايه الف وخمسين الفا وخطّى امراء[1] منهم بالف للواحد
فلّما راوا ذلك تكلّموا بخلعه وعزله فلّما بلغه كلامهم صاريوشّي بينهم
وبين فبايل المغرب لجميع كلمتهم ضنّا منه انّهم يفاومونهم ثمّ اشتغل
بالتصريب بين البربر والعبيد بحرض البربر على العبيد وبحرض العبيد على
البربر وبدا لهم ما لم يحتسبوه فاتفعوا على عزله وورّي احمد لسلطانه لمخاونه
وبسك يده بالعكّا فكتبوا له ووجّهوا جميعة من الخيل ثاني به من
سجلماسة فلّما سمع بذلك عبد الملك وجّه مولاي الكبّيس بن محمد للعبيد
بمشرع الرمل يعتذر عنه ويبرّح عمّا عزموا عليه من عزلهم اياه وينهاهم
عن شقّ العصا وتحذّرهم عاقبة البغي فلم يسمعوا كلامه ولا فبلوا منه
موعظة وركبوا من مشرع الرمل وفصدوا مكناسة فاغار سبافهم على
سرحها ونهبوا الرباف ومن الغد بخلوا مكناسة ونهبوها وهتكوا حرمتها[2]

---

[1] B أجرادًا.
[2] B حرماتها.

وفتلوا من ظفروا به من أعيانهما ولمّا سمع عبد الملك بذلك خرج من
مكناسة بعبيده وخدّامه وخاصّته[1] وأصبح على فاس فأراد الدخول لفاس
الجديد فمنعه الوداية فدخل لفاس القديم واستخبى ببعض مولانا ادريس
وبعث لأهل فاس فقدموا عليه واستجار بهم ولمّا دخل فباع العبيد القصبة
ليقبضوا على عبد الملك لم يجدوه وأخبروا أنّه هرب ليلًا لفاس فنادوا في
المدينة بعزله وتولية السلطان أحمد

دولة السلطان أحمد الثانية

ولمّا قدم السلطان أحمد من سجلماسة ودخل دار الملك بمكناسة حضر
القوّاد والقضاة والعلماء والأشراف وبايعوا السلطان أحمد الذهبيّ عام ١١٤٠
فجمّق المال على الأجناد على العادة وقدم عليه وبوج أهل المغرب من
الحواضر والبوادي غير أهل فاس لم يأت منهم أحد وكذلك الباشا أحمد
الريفيّ وقبائله وكان العبيد لمّا فرّ عبد الملك فبضوا على رماة أهل فاس
الذين كانوا متوجّهين للحركة مع عبد الملك وئقّبوع وفي حسهابة راه
وفابدع فأمر السلطان أحمد أن يجعل عليهم السلاسل والاكبال ويدفعوا
للخدمة وسبب تأخير أهل فاس عنه خوفٌ ممّا ارتكبوه من فتل الهوسيّ
ونهب أمواله ومال السلطان الذي كان عنده وكانوا مرتقبين سطوة أحمد
لما بايعوه أوّلًا ولم يلتفت البهم وكان مشغولٌ بأمر نفسه ولمّا دخل عبد
الملك بلده حاجوا له وبايعوه وجاهدوا[2] بالعصيان خوفًا ممّا صدر منه أوّلًا
وآخرًا فكتب لهم السلطان أن يسلّموا له أخاه أو يأذنوا نحمي به فامتنعوا
وأغلقوا الأبواب ثمّ وجّه لهم القايد صالح اللبيينيّ لباني ببيعتهم ويسمّح
لهم اخوانهم المسجونين فلمّا فرغ من كلامه فتلوه وجرّوه وعلّفوه بالنونة

1. حاشيته B.
2. جاهدوا B.

وقتلوا [١] الخبّاط عميل بباب مارك وخرج عبد الله ابن أحريس الأحريسيّ في
جمع من الخيل والرماة الرواكة فأغاروا على سرح الوجّابة غنمًا وبقرًا وبهائم
وبلغوا به لهراس وببعث البقر بسنّة أواف والنّجّة بعرجٍ [٢] ووقع الحرب خرج
لهم السلطان أحمد من مكناسة في أوّل يوم من المحرّم عام واحد وأربعين
ومايه والى ونزل على فاس بجميع العساكر ورتّب عليها المدافع والمهارز
والمجانيق وأمر العساكر بالعبث في أجنّتها وتخاربها ونسب ثمارها وأمر
القبّجيّة بارسال صواعق البومبة والكور وجارة المجنيق عليها ليلًا ونهارًا
فارسلوها الى ان عمّها الخراب وانهدم كثير من دورها واستمرّ عليها الحرب
ايّامًا متراودفة الى ان مات اكثر رجالها بعضهم بالحرب وبعضهم بالصواعق [٣]
خمسة اشهر متوالية الى ان ضاق بهم الحال وضعفوا عن مقاومتهم وقلّت
الاقوات وارتفعت الاسعار وبايعوا أحمد وصالحوه على دفع أخيه وتمكينه
منه وكتب لاخيه عبد الملك يختّن في التوجّه لسجلماسة او المغار في الحرب
فاختار المغار في الحرب ثمّ انّ السلطان كتب لاهل فاس ان لا يجتمع معه
احد ولا يكلّمه ولا يشتري لاحد من اكحابه ولا يبيع لهم ومن فعل يعاقب
فلمّا راى ذلك عبد الملك وجّه ولده للعبيد فطلب منهم ان يؤمّنوه وتخرج
معهم فقدم فقبض عليه الباشا سالم الدّلائيّ في خمسين من العبّاد وعاهدوه
بصحبة مولانا احريس بالامان فمكّنوه لاخيه ولمّا وقف بين يديه وسلّم عليه
امر بتوجيهه لمكناسة يسجن بها فابلغوه لها وسجنوه بدار الباشا مساهل
ولمّا رجع السلطان أحمد لمكناسة مرض فلمّا احسّ بالموت أمر بخنق أخيه
عبد الملك فخنق ليلًا ليلة الثلاثاء أوّل يوم من شعبان العام ومات أحمد
الذهبيّ ليلة السبت الرابع من شعبان المذكور رحمهما الله وعفا عنهما ودفن

---

[١] B ajoute ici الحاج.
[٢] B باوفيّة.
[٣] B بالجارة والكور والبومبة.

عبد الملك ليلاً بقبّة الشيخ ابن عبيس ولمّا خفى موت عبد الملك عن
بعض خسيسة العفو(زعموا انّه ساح وكانوا ينتظرونه يرجع ويكون
سلطانًا حتّى الآن رحمه الله

دولة مولانا عبد الله بن اسماعيل الأولى

ولمّا مات السلطان احمد الذهبيّ اجتمع الناس اعيان الدولة واهل الديوان
من العبيد واتّفقوا على بيعة السلطان عبد الله وهو بتافيلالت كان فجاء
مع اخيه عبد الملك من السوس ولمّا ورّ لهراس نوجّه هو لدار بتافيلالت
فبايعوه ونادوا باسمه بالمحلّة ووجّهوا جريدة من الخيل ثاني به وكتبوا
لاهل فاس كتابًا بالتعزية فيمن مات من اخوانهم في الحصار والحرب
واكّدوا عليهم في عدم المخالفة والموافقة على بيعة السلطان عبد الله
ولمّا وصل الكتاب قرئ على المنبر بالقرويّين بفاس فاجابوع بعدم المخالفة
ان حضر ولمّا بلغت الجريدة فقدموا من تافيلالت ونزل بظاهر فاس
بالمهراس[1] خرج لملاقاته الفقهاء والاشراف واعيان الناس فاجتمعوا به
وسلّموا عليه ففرح بهم وباشرهم بالاحسان وواعدهم الدخول لزيارة مولانا
ادريس في غدٍ ورجعوا لفاس ومن الغد لبسوا زينتهم وحملوا اسلحتهم
والوبنتهم وخرجوا لوعده ولمّا قابلوه ركب عليهم فرسه في جملة من
خدّامه وحاشبته ونوجّه معهم لفاس على باب الجتح وكان في جملتهم
جهدون الهوسيّ عدوّ اهل فاس فلمّا رآه بعض سماسرة الجند من اولاد ابو
يوسف كان قتل اباهم تكلّموا في شانه واتّفعوا على فتله اذا دخل المدينة
فلمّا رآهم جهدون في ناحية نتّي عنهم وتبعوه بعضهم فصدّهم وركّضى
فرسه الى ان حاذى السلطان واخبره خبرهم وهو على فنكّ الرصيف فرجع
السلطان على ضيف جامع الخون على جزاء ابن عامر وخرج على باب

الجديد ولّى بهر مولانا ادريس ودخل لفاس الجديد فلمّا يعني الناس سبب
ذلك ومن الغد طلع اليه اهل فاس وفاضيهم وعلماؤهم واشرافهم واعيانهم
بالهديّة والبيعة وعرفوا السبب ولمّا اجتمع الفقهاء بالسلطان وجّهوا له
كلامًا في معنى العذر وان ملّوفع من السفهاء فلم يجبهم عن ذلك ووقع
اهل فاس ببيعتهم وهديتهم وامرهم ان يعيّنوا الخمسمائة راس الني توجّه من
عندهم مع السلطان ولمّا توجّه السلطان لمكناسة توجّهوا معه ولمّا فهم
من مكناسة فيه فوّاد العبيد بعساكرهم وفوّاد العرب والبربر ودخل مكناسة
دار الملك في ترتيب عجيب وحضر الفقهاء والاشراف والاعيان فبايعوه البيعة
العامة وفرض عليه الوجوه من الافاق المغربيّة وجلس لملافاتهم الى ان
فرغ من شانهم وفرّق الاموال على العادة لكلّ الناس الّا اهل فاس حرمهم
ولمّا حضر العيد فرح اهل فاس بهديتهم ومعهم الاشراف والفقهاء والطلبا
لحضور العيد معه على العادة خرج يوم العيد للمصلّى ولمّا رجع من صلاة
العيد امر للفادمين للعبيد من اهل الخواضر والبوادي بالجوايز غير اهل فاس
لم يعطهم شيئًا ومن الغد امر بحضور اهل فاس في المشور فلمّا وقعوا بين
يديه فال لهم يا اهل فاس كانبوا اخوانكم يسلّمون لنا الفصايب والبسائنين
لانّهم للمدين ومن وظايبه وان امتنعوا فانّي آنبهم واهدم عليهم نلط
الفريه واجابوه بالسمع والطاعة ورجعوا لمحلّتهم ولمّا امسى المساء ارتحلوا
بمحلّتهم نحن جناح الليل بها اصبح الّا وهم داخلون على باب فاس ولمّا
ابلغوه كلامه انّفوا على عدم تمكين الفصايب والبسانين ووجّهوا فقهاءهم
واشرافهم واعيانهم للشفاعة فلم يفبل منهم ورجّع بغير طايل ثمّ انّفوا
رايهم على توجيه هديه جمعها التجّار ووجّهوصا مع جماعة من اعيانهم
وجماعة من التجّار فتعرّض لهم الوداية واخذوا الهديّة وسلبوهم وسجنوهم
بفاس الجديد وفالوا لهم انّ السلطان امرنا بحصار فاس فاعلنوا بالخلاف

ونادوا في المدينة من اراد الخروج لبلده فليتجهّز في ثلاثة ايّام واغلقوا
ابواب مدينتهم فلمّا سمع خلط السلطان عبد الله فجّ لحربهم في خامس
عشر من شوّال العام ونزل على فاس بعساكره من كلّ ناحية وسرّحها
للعبث وقطع الاشجار وتخريب المباني وافساد الزرع والبجاير وقطع عنهم
الوادي وافامت العساكر تحاربهم من كلّ ناحية على كلّ باب وبالليل بامر
الصبحيّة والاعلاج والنصارى بارسال الصواعق المدبّرة البومبة والكور
وحجارة المجانيق فلا ينامون ليلًا ولا نهارًا الى ان ايسوا من الهرج وضاق
بهم المتّسع وارتفعت الاسعار وكثر الهرج فبعثوا له في الصلح فمال عليه
القصابي والبسانيين فعادوا للحرب وتجلّدوا الى ان ضعفوا عن مقاومة
العساكر وعضّهم ناب الحرب فاذعنوا لتمكين القصابي والبسانيين ووقع
الصلح على يد القايد محمّد السلوي بضريح مولانا ادريس ونوجّه معه
الاعيان والاشراف لفاس الجديد واجتمعوا بالسلطان واكرمهم واعطى العلماء
والاشراف الى دينار وكسّى الاعيان وفيّد عليهم الحاجّ السلوي وفي ثاني
المولد دخل القصبة وعمر اصحابه البسانيين وابتنى عليه بفضل الشيخ مجان
النفاء‏[1] فلمّا بلغ خبره للسلطان عزله وولّى الباديسيّ ولم يحون الروسيّ ثمّ
بعد حين عزله وولّى عبد النبيّ بن عبد الله الروسيّ وارتحل في ربيع الاوّل
من عام ١١٥٢ وفي هذا العام وجّه السلطان ولده سيّدي محمّدًا مع امّه
خناثة ابنة بكّار لاداء فريضة الحجّ وهو دون البلوغ من عشرة اعوام وبه
دخل مكناسة فوجد القبايل عامت خالها الاوّل من ركوب الخيل واقتناء
السلاح والعبث في قبايل المغرب‏[2] والتصرّفات فامر العبيد بتجهيز الحركة
لتهييج البلاد وخرج فاصحّا نازلة لفجّ اين يّور الذين كانوا اضرّوا باهلها
لمّا الصريع اين مالوا من بلادهم نزلوا بتاحلة واوفدوها نارًا وفتنة وكثّر

‏[1] النّقادي B.
‏[2] العرب B.

شاكيهم على اسلطان فلمّا احسّوا بقدومه هربوا لبلاد ايت يسي فتبعهم
الى ان وقع بهم بوادي العبّاس فقتل منهم الفّا ونهب اموالهم ولمّا رجع
لناحية فتل عشرين من اعيان اهل فاس الذين معه في الحركة وكتب
لاهل فاس يعتذر بهم فتل وبامرهم بتعيين حركة اخرى فعبّئوها وسرّحها
جهدون الروسيّ براس الماء ومن الغد فتل جهدون الروسيّ عبد الواحد بنير[1]
وجهّز بن الاشهب بباب السجن وجرّها ومن الغد اصبح جهدون بهدم
ابواب المدينة فهدم باب الحروف وباب القبيسة وباب الحديد وباب الجديد
وباب الفتح وحمل ابوابها لفاس الجديد وفي اوّل الخميس من عام ١١٥٣
ابتدا هدم سور المدينة ولجي الانقاض لفاس الجديد ثمّ ورد كتاب من
السلطان بالعفو عن اهل فاس فهرب جهدون الروسيّ لناوبة زرهون ورجع
السلطان من الحركة وولّى على فاس الطيّب بن جلّون وولّ بنوّل على فاس
افجع منه ما كان ظلومًا غشومًا[2] حتى سمّي حجّاج الوقت وقد اغرى السلطان
بسبب زرع العرب الذي بالمدينة فامر بجمعه فتوجّه الانشاوي للسلطان في
الشجاعة فوبّخهم وسبّهم وردّهم واستمرّ على عمله وقتل احمد برصاص بن
موسى بباب مدرسة الصقّارين وولّى على الموارين وديوان الخرّاصين عبد
الواحد بن سودة وكان من امثاله وفي شعبان من عام ١١٥٤ فتل السلطان
عبد الواحد بن سودة بناحية ولمّا فجع لمكناسة نوجّه ابن جلّون بالصعدية
ونكبه وسجنه وولّى على فاس عبد اللطيف بن عبد الخالق الروسيّ وفي
هذا العام اكمل باب منصور العلج وسور القصبة وبيه وجّه عبد الهزّاف ولد
عليّ بن بنّش لفاس وفبض تجّارهم ودخل دورهم وحوانيتهم واشتغل بفبض
المال منهم الى ان بلغ مايه وعشرين الفًا فعبا السلطان عنهم ونوجّههوا
معه بالمال حتّى جمعه فامرهم بالزيادة عليه وسجنهم وغضب على عبد

---

[1] B بشيد ou بشير.

[2] B جهولًا.

اللصبق الهوسيّ على تأخير الرماة وامر بضربه ثمّ ذبحه وفي عام ١١٤٥
نوجّه لحركة السوس فقهّده ورجع وأمر النصارى والشعانبة بهدم مدينة
الرياض التي كانت زينة مكناسة وبهجتها وبيها دور العمّال والكتّاب
والوزاية واهل دولة السلطان اسماعيل كلّهم بنوا بيها وبنا بيها السلطان
اسماعيل المسجد الاعظم والمدرسة والاسواق والحمّامات وكان يفصحها التجّار
بالبطايع فلم تمض عليها عشرة الّا ان صارت كعبة تراب وفي هذا العام
فتل موسى الجمهاريّ وثلاثماية من اولاد جرار فدموا من الحركة فلمّا فابلوه
امر بفتلهم وبيه فتل ثلاثمايه وخمسين من المجاهدين من اهل الريف
فدموا عليه من ضجّة لترفيع الخريف الذي بينه وبين الباشا احمد بن عليّ
وكان فتلهم سببًا في نبور احمد بن عليّ ونفجيه للسلطان المستضيء
وبيه فتل مايتين من جعاوة من بني حسن على شكوى فطع ببلادهم وفي
عام ١١٤٩ فسد ما بينه وبين العبيد لكثرة من فتل من رؤسائهم واعيانهم
وفوّادهم الى ان استأصل عظماءهم وكان سبب فتلهم لاخيه عبد الملط
فوجّه لهم مالًا طيّب به ذهوسهم وامرهم ان يعيّنوا للحركة من يتوجّه
لجبل ابن مالوا وبيه وجّه محمّد وعليّ الزمّوري عاملًا على فاس وفال له
افبض منهم المال والفه في ابي الخماريب ولا تتركه عندهم ولا تأنيب بهم
بها الصغاع الّا المال حتّى استخقّوا بالمهلكة فتوجّه لفاس ونزل بدار ابي عليّ
الهوسيّ بالمعادي وعيّن النفباء في كلّ حومة نفيب فهمّوا له التجّار من كلّ
حومة واهل البسار والاصول وامر النفباء ان يانوه بالتجّار واهل البسار الى ان
حضروا عنده وامر بسجنهم وفرّض عليهم خسماية الى مثفال من العشرة
للثمانية للسنة للاربعة الى الثلاثة الى العين واشتغل بفبض المال ثمّ فرّض
على اهل الخمس من الالف الى المايه ومن تغيّب يفبض ولده او اخاه
او زوجته وتمادى على ذلط وفرّت الناس من فاس وتعرّفوا في مدن المغرب
وفراه ومنهم من بلغ تونس ومصر والشام والسودان وكان كلّما يفبض من

المال يوجّهه للسلطان بمكناسة وطّا بلغه فهار السلطان عبد الله من
مكناسة خرج من فاس ليلاً وفي عام ١١٥٧ وجّه المحلّة لجبل اين مالوا
فيها خمسة عشر ألفًا من العبيد فابدع الباشا قاسم بن ريسون ومعهم
ثلاثة آلاف من الوذايه فابدع القايد عبد الملج ابو شهرة وطّا بلغوا وادي
أمّ الربيع اخلى لهم البربر البلاد فتبعوا آثارهم الى ان توغّلوا في الجبال
فوجّهوا من سبّ الثنايا بانتظار المارز وحاروا لهم فانهزموا راجعين فوجـدوا
الثنايا مسدودة بالاشجار فتركوا الخيل والاثقال واعترضوهم البربر على
الصرفات يسلبون ويسرّحون ولم يقتلوا احدًا وبلغوا مكناسة مجرّحين فكان
هذا اقوى سبب في بغضهم له مع ما سبق من قتله لهم فاتّفقوا على
قبضه وقتله فانذره بعضهم من شيعته فهرب ليلاً من مكناسة واصبح
في حلّة ابن ادريس[1] فبرحوا به واكرموه وتوجّهوا معه الى تادلة ورجعوا
ومنها توجّه لمرّاكش ثم للسوس ثم لوادي نون فاقام عند اخواله[2] المعافرة
ازيد من عامين وكان معه ولده سيّدي محمّد رحمه الله صغيرًا في سنّه
بالغ او دونه فبعث العبيد جميعة من الخيل ثاني مولاي علي بن اسماعيل
من تافيلالت

دولة مولاي علي بن اسماعيل

ولمّا هرب السلطان عبد الله من مكناسة اتّفق رؤساء العبيد على بيعة
مولاي علي ووجّهوا من يأتي به ولمّا بلغ مكناسة حضر القضاة والعلماء
واهل الحلّ والعقد من العبيد وبايعوه وكتبوا ببعثه للآفاق فقدم عليه
وفود القبايل والمدن وعمّال العرب والبربر بهداياهم وجلس للوفود الى ان
فرغ من شانهم ووفّق على العبيد ما عنده من المال وفتّح على فاس

[1] ادراسى B.
[2] اخوانه B.

مسعودًا الروسيّ واستمرّ الحال على ذلك الى ان طالبه الجيش بالرواتب فقبض
على اخ اخيه خنانة واخذ ما عندها من المال فاعطاه في رواتب الجيش
وطلبها بغيرها وضربها وامتحنها لتفرّ بالمال على تحصّل على طايل ثمّ انّ
مسعودًا الروسيّ قابض فاس قتل الحاجّ احمد كبير اللمطيّين غدرة اذ كان هو
مّن ضرب الاحباب على ابي عليّ الروسيّ حتّى قتلوه عند موت السلطان
اسماعيل وجرّى لباب الفتح فاجتمع طونه اهل فاس وحملوا السلاح ونوجّهوا
لقتل مسعود الروسيّ فوجدوه هرب فكسّروا باب السجن وسرّحوا المساجين
وقتلوا الحرس فلمّا بلغ ذلك السلطان اعرض عنه ووجّه لهم اخاه المهتدي
والقابض عاماّ الحاجّ وقال لهم في كتابه انّي عزلت عنكم مسعودًا الروسيّ
ووليّت عليكم عاماّ الحاجّ فل بفبلوه ووجّهوا مع المهتدي اعيانهم بهديّة
كبيرة فلمّا بلغوا فبص هديتهم ووبّخهم وعتّ عليهم افعالهم وامس
بسجنهم فلمّا بلغ ذلك اهل فاس اغلفوا ابواب المدينة وقتلوا اصحاب مسعود
الروسيّ وكلّ من له اتّصال به ووقع الحرب بينهم وبين الولاية الى رمضان
ووجّه لهم السلطان القابض عبد الله الجيديّ من فوّاد العبيد فلمّا اجتمع
بهم اعتذر لهم عن السلطان وقال لهم ووجّهوا هديتكم وعلماءكم
واشرافكم وكتب كتابًا من عنده للسلطان يعتذر اليه عنهم فلمّا بلغوه
ساهحهم وسرّح لهم المساجين وولّى عليهم القابض عبد الله الجيديّ وفي
عام ١١٤١ عزل عبد الله الجيديّ وولّى عليهم عبد الله الشعر واشتغل
بتفدي الحركة لابن مالوا في خاصر العبيد لياخذوا بثارى وخرج بهم في
ختّم العام ولمّا اقبل على البربر فرّوا امامه وهو في اثاره الى ان توغّل في
الجبال وقطع الثنايا فاتوه من كلّ وجه وحاربوه فانهم فاعتدرضوه في
الثنايا فتركوا الاثفال ونزّلوا وامتدرفوا في الشعاب فكانوا يجرّحون
ويسرّحون ولم يتعرضوا لمولاي عليّ في موكبه الى ان قطع واوي اتّ الربيع
فيرجعوا عنه وحل العبيد لمكناسة مجرّحين فطلبوه الرواتب والكسوة فلم

يكثر عنده ما يعضيهم وهو في ذي القعدة¹ بلغهم وصول السلطان عبد
الله من وادي نون لتاولة فتحدّث العبيد بردّه للملك مخالفهم سالم الدكّاليّ
وشيعته الذين تسبّبوا في عزله وقالوا لن نعزله علينا فغلبهم شيعة عبد
الله فقاموا لهم فهرب سالم الدكّاليّ وفوّاده الى زاوية زرهون فلمّا سمع ذلك
علي مهب من مكناسة وتوجّه لفاس الجديد فمنعه الوجابة من دخوله
فتوجّه لتازة ومنها نزل على الاحلاف فصاهرهم واكرموه واقام عندهم الى
ان بايه خبره وفي اوّل محرّم فاتح عام ١١٤٩ بايع العبيد السلطان عبد الله
ووجّهوا رسلهم لتاولة واما سالم الدكّاليّ وشيعته الذين بزرهون فانّهم
كتبوا كتابًا لاهل فاس وقالوا لهم اننا انففنا على بيعة سيّدي محمّد بن
عربيّة والمشورة اليكم ولعلمائكم فقالوا لهم نحن نبع لكم فبلغ هذا الكلام
لسيّدي محمّد بن عربيّة وهو بسجلماسة فركب في الحين وفدم لفاس فلمّا
وصل صعبهم و تخفّف انّ العبيد بايعوا عبد الله فسقط في يده و دخل فاسًا
فاختفى بدار سيّدي عبد الرحمان الشاميّ صاحبه وصالحه هذا خبره واما
رسل العبيد الذين نوجّهوا لعبد الله فالن لهم لا افبل ببعثتهم ولا انوجّه
اليهم مع وجود سالم الدكّاليّ وفوّاده فلمّا بلغهم جوابه ركب اعيانهم
وفوّادهم الى زرهون وفبضوا على سالم الدكّاليّ وفوّاده وسمّوا عليهم
اكبالًا ونوجّهوا بهم لتاولة الى ان اوفعوهم امام السلطان واستبتي بهم
القاضي ابا عنان كان معه فافتي بفتلهم فقتلوا جميعًا

دولة السلطان عبد الله الثانية

ولمّا مهب السلطان عليّ وبايع العبيد السلطان عبد الله وشرط عليهم
فتل سالم الدكّاليّ وفوّاده فاتوه بهم وفتلهم بايعوه وفحموا به من تاولة
ونزل فصبة ابي مكران فبايعه الوجابة واهل فاس ونوجّه له علماؤه

¹ B الجنة.

وانشاوهم واعيانهم ببيعتهم لفصبة ابي فكهان ولمّا وفعوا بين يديه
سبّهم ووبّخهم وهدّدهم وعزل اعيانهم فقتلهم وفتل فايد اهل مكناسة
ومن معه وعزل فاضيهم ابا القاسم العبهريّ واستباح حرماتهم ووجّه مع
العلماء والاشراف محمّد بن عليّ وفتّده على فاس ولمّا بلغهم افام بالفصبة
ولم ينزل لفاس خوفًا على نفسه وفي يوم الخميس نهب الوهابة جميع من
دخل للسوق واغاروا على سرح اهل فاس فاخذوه وعائوا في الطرفان
ولمّا وفع ذلك تخالى اهل فاس على مخالفة السلطان عبد الله وبيعة
سيّدي محمّد بن عبيّة [1] المختبي بدار الشاميّ فتوجّهوا اليه وتكلّموا معه
وعاهدوه وعاهدهم وفاموا بامرى من جميع ما يحتاج اليه من خيل وسروج
وسلاح ومضارب ومظلّة ومارف واحضروا له ذلك واخرجوه من دار الشاميّ
في مركب لضريح مولانا ادريس فبارك وحضر الفاضي والعلماء والاشراف
والاعيان وبايعوه وخرج بالنوبة من السماصين الى باب دار الشاميّ وكتب
بيعته في خامس عشر جمادى الثانية عام ١١٤٩ ونزل عليها العلماء ومن
امتنع سجن وامتحن وكتبوا للديوان بمشرع الرمل اخبروهم بما فعلوا من بيعة
سيّدي محمّد بن اسماعيل وطلبوا موافقتهم فاجابوهم لذلك وبايعوا لسيّدي
محمّد بن عبيّة بمشرع الرمل وكتبوا بذلك لمكناسة فلمّا سمع السلطان عبد
الله ببيعة اخيه ابن عبيّة هرب من مكناسة لخلّة ابت ادراس بمن معه
من المختّين والاتباع وافام عندهم ولمّا ورد كتاب العبيد لفاس فتحوا ابواب
مدينتهم ومن الغد طلع السلطان لفاس الجديد فبايعوه الوهاية ومن الغد
توجّه لدار الملح بمكناسة فقدمت عليه وفود القبايل والمدن والفرى ببيعتهم
وهديتهم ولمّا فرغ من شان الوفود فتّف على العبيد ما عنده من الاموال
لرانبهم فلم يكفهم ذلك واشتغل ينهب الزرع من ديار اهل مكناسة والبحث
عليه من الهميان والمطامير وكلّ من اتهم به من اهل البادية يوخذ منه

ــــــــــــــــــــ
[1] B اسماعيل.

وكلّ من ذكره انّ له زرعًا يقبضه الى ان يخرج ما عنده ولمّا وقع لأهل
الباديّة من البربر نهب ارزاقهم سرّحوا ايديهم لنهب الطرقات والعين
في احواز المدينة ثمّ انّ السلطان عبد الله الذي بالحاجب عند البربر رجاء
لبلة الى مكناسة ودخل الروى وقتل من وجد هنالك واحرق نوازلهم ورجع
ولمّا بلغ ذلك سيّدي محمّد بن عربيّة امر العبيد بالخروج معه للحركة لعبد
الله ومن معه من البربر فخرج من مكناسة ولمّا راى عبد الله ذلك هرب
ونزع الابنية فنهبها العبيد وتبعوا اثره الى ناحية ملوية فلم يقعوا له على
اثر ولمّا رجعوا اعترضتهم البربر فحاربوهم وهزموهم واشتهلوا على راحلتهم
بها فيها وبلغوا صعهو معلولين فامر العبيد ان يغيروا على القرى التي تحوز
صعهو من المزداغر وصنهاجة والبطالين وعزامة وموجوا واولاد عبّاد
وقال لهم هؤلاء ليس عندهم الّا مال البربر فقاموا لهم وعاثوا فيهم ونهبوا
اموالهم وقتلوا وسبوا وفضعوا الرؤوس ووجّههها لفاس يوم انها رؤوس البربر
ووجّه معها اخاه الوليد يقبض المال من الاشراف ولا ينحذّر احد من اعطى
يجلس ومن لم يقع يخرج للحركة فتحيّر الناس من ذلك واخذ الاشراف عدّا
كثيرًا ومن امتنع نهب ماله وداره ومن جهلة من نهبت داره مولاي عيسى
الجزائيّ بالاقواس ولمّا فدع لفاس فقبض الحاجّ محمّد ابا جيدة بداره فقتله
واخذ امواله وباع اصوله وقبض على الحاجّ عبد الخالق عديل واخذ امواله
ثمّ تسلّط على اهل الزوايا فنهبهم وكلّ من ذكره انه من اهل اليسار اخذ
منه ولمّا بلغ مكناسة فعل مثل ذلك باهلها حتّى لم يسلم منه احد والناس
في محنة عظيمة من المجاعة والفتنة ونهب الدور لبلّ لا ينام احد من
اهل اليسار وكلّ الناس رجعن لصوصًا والولاية يغيرون على الصحراء

---

[1] B المزداغ.
[2] B .. عزابة.
[3] B ينحذّر.

المدينة وعلى الاجنّة وعلى القصّارين بوادي فاس وبعد ان صاروا يفضّرون
الكتّان يحضروه اخذوه لهم واخذوا القعل من الهنادف والسلطان معرض
عن هذا ولا يلتفت اليه ولقد مات من الجوع عدد كثير واخبر صاحب
المارستان انّه كفّن في رجب وشعبان ورمضان ثمانين القّا وازيد من غير
من يكفنه اهله وفايده فاس عبد المجيد المشاويّ الشريبي بنهب المسلمين
ويبلغ له واستمرّ الحال على ذلك الى صفر عام ١١٥١ فقبض العبيد على
سلطانهم سيدي محمّد بن عربيّة وفايده المشاويّ وصاحبه عبد الرحمان
الشاميّ وسمّروا عليهم اكبالًا ووجّهوا رسلهم لتافيلالت بانون مولاي
المستضيء ونادوا باسمه بمكناسة وفاس وخطبوا به

دولة المستضيء بن اسماعيل

ولمّا فجع المستضيء لصغرو لقيه علماء فاس واشرافها واعبانها ببيعتهم
وقدموا معه لفاس الجديد فولّى عليهم القايد احمد العقبيّ البازعيّ[1] وهو
ولّى عليهم خليفته شعشوع ونوجّه لمكناسة ولمّا بلغها بايعه العبيد
البيعة العامّة وحضر لها الفقهاء والاشراف وقدمن عليه وهو في القبايل
واشياخ الجبال بهداياي والحال ما حال والضلع ما زال ولمّا فرغ من شان
الوبوع وجّه كتابًا لعامله عليها يقرؤه على اهل فاس فوجّه لهم فهربوا ولم
يحضر عنده الّا نحو العشرين سجنهم وامر اهل فاس بدفع المال وجعل
عليهم مالًا كثيرًا لا يقومون بحمله وذلك لما اشتكى عليه مولاي عمر المجانيّ
بما فعل معه من نهب داره وانّ اهل فاس وشوا به اليه فقال له انّي وتبينج
عليهم لتستخلص منهم فامتنع من ذلك وقال له هنا من يفوع بامرهم
ويكشف عن حسابسهم وهو ابن زيان الاعور وكتّبه المستضيء، نحن يد
مولاي عمر وكان ينتفع من اهل فاس لعدم مدافعتهم عن داره التي نهبها

ابن عريّبة ثمّ وجّه المستضيء، سيّدي محمّد بن عريّبة مكبّلاً لسجن تافيلالت
ووجّه المشاويّ والشاميّ بسجنان بفاس ونهب دار الشاميّ وسلّط عليه
العذاب الى ان مات تحته وعذّب مساجين اهل فاس بالضرب الى ان دفعوا
بعض المال وقبض على العرافيّ الذي يحرز على مال يزعم انّه اودعته
عنده خزانة امّ السلطان عبد الله وامتحنه الى ان افتدى منه بمال وسلّط
ابن زيان على اشراف فاس فكان يقبض منهم المال ثمّ قبض على ابن زيان
وطاف به في المدينة على جمار وهو يقول هذا جزاء من يضرب الاشراف
وتبرّا منه مولاي عمر فقطع راسه بباب محروف وعلّق به وبقي الاشراف في
العذاب وامر بمساجين اهل فاس ان يتوجّهوا اليه في الاكبال ولمّا بلغوه
فنلهم وامر بخروج ولد حاميّ من ضريح مولانا ادريس ولمّا بلغه فنله وفجع
عليه بنو حسن بهديتهم وكانوا ثمانين ونيّفًا ثمّ خرج لحركة جازاز
لاخذ ثار العبيد ولمّا بلغ حاربه البربر فهزموه ونهبوا من كان معه من
العبيد والوذابة واهل فاس واصابه مرض فكتب لاهل فاس بتنزيه المدشر
يوم انّه غلب فبيّنن ثمّ بعد ايّام عوفي وكتب فبيّنن لصحّته ولمّا بلغ
لمكناسة فنل غانما الحاج وسعدون فايج مكناسة وستّة من اولاد الدزائميّ
اصحاب السجن ثمّ انّ السلطان عبد الله الذي عند البربر امرهم بالاغارة
على الوذابة اذ ظنّ انّهم لا يبايعون المستضيء ثمّ صحبوه في الحركة
فاغاروا عليهم ونهبوا اموالهم وافسدوا زرعهم وديارهم وعاثوا في
الطرفان فنهبوا من وجدوه وانفضعت السبل وكان زين العابدين بن
اسماعيل فدم من تافيلالت ولمّا بلغ مكناسة فبضه اخوه المستضيء وسجنه
ثمّ امر بخروجه الى المشور وامر بضربه الى ان اشرف على الهلاك وكبّله
ووجّهه مع بعض اشراف تافيلالت بسجن بها فلمّا سمع ذلك العبيد وجّهوا
من ربّة من صبهو وسرّحوه ووجّهوه لبني يازغ للفايج احمد العقبيّ بجلس
عنده ثمّ وجّه امره للباشا احمد الريفيّ ان يتوجّهوا لتطاون وبنهبها

وبقتل اعيانها ويهدم اسوارها حيث لم يأتوه فتوجّه لها وحاربها ودخلها
وقتل ثمانية من اعيانها وهدم اسوارها وكتب الى المستضيء بذلك ووظّف
عليهم مالاً عظيماً فقبضه الربيعيّ واستبدّ به وفي القعدة بلغ المستضيء،
انّ العبيد ارادوا عزله وبيعة عبد الله خرج من مكناسة بقصد زيارة
مولانا عبد السلام بن مشيش فتبعه السلطان عبد الله والعبيد الذين
معه من المستجيرين اليه ان لحقوه فحاربهم وهزمهم وتوجّه لناحية طنجة
واقام بها نحو الشهرين ونوجّه لمراكش واخوه الناصر خليفة بها فلمّا بلغها
ورد عليه قبايل الخوز بهداياهم وتخلّف عن القدوم اليه قبايل عبدة واهل
دوشي له بهم اهل دكّالة وقالوا له انّ عبدة شيعة السلطان عبد الله فإن
لم تتمكّن منهم لا يستقيم لك عمل هذا الخوز فوجّه لهم سبعته وكتب لهم
بالامان فجاءوه بهابة مع كسوة الشيخ ابي محمّد صالح وحجبته فلمّا وقعوا
بين يديه فتلهم كلّهم واعطى خيلهم وسلاحهم لدكّالة فلمّا سمع
السلطان عبد الله بتوجّهه من طنجة نوجّه لاعتراضه بالمزمّة فجاءه
المستضيء، واقام عبد الله بالمزمّة يرقبه فأتبع ديوان العبيد علي بيعة
السلطان عبد الله

دولة السلطان عبد الله الثالثة

ولمّا بايعه العبيد يشرع الرمل نادوا بخلع المستضيء، فكتبوا لاهل فاس
والرواية ببيعته فبايعوه عام ١١٥٣ وزيّنت المدينة ولعب البارود وعيّنوا
وفودهم وهديتهم ونوجّه به علماؤهم واشرافهم واعيانهم فوصلوا بالمزمّة
ومعهم التجّار والحجّاج بهديتهم وفدم من الديوان عبد الله العميميّ فايد
علي فاس ووزّر وزير المستضيء، علي العهد من مكناسة ودخل فاضيها
اخوه ابو القاسم العميميّ للحمى وكثر الفساد في الطرقات واللصوص بالمدينة

واطاعوها وفي رجب العام فدخل السلطان عبد الله من المزمّة ونزل بباب
الريح ولم يدخل مكناسة التي كان بها المستنضيء وخرج له فقهاؤها
وأعيانها فلمّا وقعوا بين يديه قبض على القاضي ابي القاسم العميري وأحمد
الشرّادي والعبّاس بن رحّال والملبني وازال طباعتهم وبخّتهم وقال لهم
كيف بكم تزوّجون نسائي لاخي وانا غايب ونكلّهم النكال الكبير وامر
بسجنهم واعطى دار العميري واحدًا من قوّاد العبيد وقال لهم كلّ من اراد
منكم دارًا ياخذها وعمل الخطباء الذين يخطبون بالمستنضيء بالبلدان كلّها
وامتنّت ايدي العبيد لاهل مكناسة وصاروا يفعلون لهم نيلًا بالابواب
ويقولون لهم انّ سيّدي اعطاني دارًا وانّ سيّدي اعطاني ابنتط الى ان
يبتدى منه باطال وكانوا في مشقّة لم تلحق غيرهم وهم يدفعون المؤنة
للعجزين والطحّانين والخدّامين للبناء بباب الريح ولمّا بلغ الزرع امر المختصّين
بنهب زرع اهل مكناسة فتشفّعوا له مرارًا فلم يقبل شفاعتهم ومن شكى
يعاقب ثمّ ولّى على فاس الحاجّ عبد الخالق عديل وعلى فضائها يوسف
ابا عنان وامره ان يعزل القضاة والشهود والخطباء الذين كانوا يخطبون
في دولة المستنضيء وامّا الوجاية فلم يفجم عليه منهم واحد ولا بايعوه
وكذلك الباشا احمد الريعي واهل الريبو واهل الجبال لم يانوه فاغتمّ لذلك ثمّ
شفعت الوجاية بامّه خناثة بنت بكّار ووجّهت له جماعة منهم فعفا عنهم
وكان وجّه القايد احمد العفيدي عاملًا على قبايله وعلى الخيايئة يجبي
بالاموال فلمّا نزل ببلاد الخيايئة عهدوا اليه وفتلوه فلمّا بلغه خبره اغتناظ
لذلك وغمّ غمّا شديدًا لانّه كان عهود دولته فاختلّ النظام وبسحت الطرقان
وكثر النهب والفساد في كلّ موضع ثمّ بلغ السلطان انّ الباشا احمد توجّه
الى القصر ونواحيه ونهب لاهل الغرب اموالًا كثيرة وجمع من هو في
غير حزبه فوجّه السلطان عبد الله عسكرًا من عبيد الرملة للفحص
ينزلون بها لحراسة الرعية فلمّا سمع به احمد بن عليّ مزّق الرائب وعزم

على الخروج اليه فورع عليه شرذمة من الوطاية واخرى من العبيد واخبروه
انّ المحلّة رجعت لانّ ذلك الوقت لم تجتمع فيه كلمة لاحد لا من الرعية ولا
من الجيش وذلك عام ١١٥٨ وكان زين العابدين لمّا بويع السلطان عبد الله
فرّ لبعثته وعمل المستضىء وتوجّه من بني يازغ لفاس ثمّ لمكناسة ثمّ بلغ
الى الباشا احمد ونزل عليه وأكرمه وقام بأمره وكان يتكلّم مع العبيد في
شانه ويراسلهم المرّة بعد المرّة فكتبوا له ان يبايعوه ويوجّهوه لدار الملك
بمكناسة واتّفقوا على قبض السلطان عبد الله وقتله فانذر بعضهم بما
وقع عليه من الاتّفاق فوجّه لامّه خزانة فهربت لفاس الجديد ولمّا اصبح
تبعها هو الى ان نزل براس الماء وخرج لملافاته الوطاية واهل فاس فمرح
بهم واستعطفهم وقال لهم انتم جيشي وعدّتي وبميني وشمالي خبّتكم ان
تكونوا على كلمة واحدة وعاهدهم ورجعوا ولمّا كتبوا عبيد الديوان للباشا
واذنوا له في بيعة زين العابدين الذي عنده ووافقوه ووجّهوا له جنيبة
من الخيل يتوجّهون به لدار الملك فاحضر الباشا احمد القضاة من مدينة
تطاون وضفجة والعمايش والقصر وشفشاون[1] وازرو[2] و علماء واعيان
القبايل الخحصية والخبايطة في يوم معيّن فبايعوه

دولة السلطان زين العابدين بن اسماعيل

ولمّا بايع الباشا احمد ومن معه من اهل الخحص والجبال والثغور السلطان
زين العابدين في اوّل ربيع الاوّل ١١٥٨ توجّه به العبيد لدار الملك بمكناسة
ولمّا دخلها حضر القاضي والفقهاء والاشراف واهل الخلّ والعقد من العبيد
وبايعوه البيعة العامّة وكتبوا بيعته للآفاق وفدمن عليه الوفود ولمّا بلغ
خبر دخوله للسلطان عبد الله هرب من راس الماء الى بلد البمبر وافام

عندهم وامر زين العابدين قوّاد الديوان ان يانوه بالحركة لباس لانّه لم
يانوه مع والوداية فنهيّؤا للحركة وقدموا عليه بمكناسة وفي نصف جمادى
الاولى خرج زين العابدين من مكناسة بالمحلّة ونزل بسبّي عميرة بفحص
حصار فاس البالي والجديد ومن الغد نزلت المحلّة بوطا صمهو ووقع الحرب
علي باب المسامرين بفنصرة ابن طاطوا وكان الناس في شدّة عظيمة ومن
الغد اختلفت كلمة العبيد ووقع النزاع ورجعوا بسلطانهم بعد ان احرفوا
نوادر الوداية بالخميس وكبى الله امرهم ولمّا بلغت المحلّة مكناسة نهبوا
اجنّتها واكلوا ثمارها ووجّهوا للرملة واقام زين العابدين بمكناسة وفي
جمادى الاخرة دخل عبد الله فاس الجديد وتلقّاه الوداية واهل فاس وخرج
من يومه لحار ديبيغ وفي نصف رمضان ورد عليه كتاب من قوّاد العبيد
واخبروه انّ اخوانهم بالديوان عزلوا زين العابدين وبايعوه فجمع بخلط
وخرج الوداية واهل فاس يلعبون البارود وزيّنت المدينة وورد عليه الخبر
انّ زين العابدين هرب من مكناسة

دولة السلطان عبد الله بن اسماعيل الرابعة

ولمّا بايعه العبيد بمشرع الرمل في رمضان عام ١١٥١ جدّد بيعة الوداية
واهل فاس والعرب والبربر واستمرّ الحال علي ذلك الى ذي القعدة الحرام وبلغ
الخبر انّ عوفة العبيد رجعوا عن بيعته وخلعوه ووجّهوا الى المستضيء
ياتيهم من مرّاكش فاشتغل السلطان عبد الله يؤدّب القبايل من العرب
والبربر والوداية مع اهل فاس وحالفهم علي انّهم يدافعون عنه ويحاربون
من قصده وانّهم يموتون دونه ثمّ ذلك علي ما اراد وفي تلك الايّام قدم
الحاجّ محمّد السوسيّ من مرّاكش وقالوا انّه دعا اهل فاس لبيعة المستضيء
واعلموا السلطان عبد الله به فامرهم بقتله فقتلوه وفي اوّل المحرّم عام ١١٥٩
دخل المستضيء مكناسة في عساكر العبيد ومعه وزيره عامر العميميّ

وقاضيه ابو القاسم العمهريّ واحضر العلماء والانشماوى واعيان الديوان وبايعوه
البيعة العامة وكتبوا ببيعته للافاق وقدمت عليه الوجوه من الثغور والجبال
والعرب واقام بمكناسة يتجهّز للحركة وينتظر قدوم محلّة العبيد من الرملة
وعلى اثر هذا ورد كتاب الباشا احمد الريبيّ على اهل فاس يدعوهم لبيعة
المستضيء فامتنعوا من بيعته وفي ربيع الاوّل نزلت محلّة العبيد مع المستضيء
بظهر الزاوية وهرب السلطان عبد الله من دار دبيبغ لحلّة بني ادراسن
البربر ونزل عليهم ومن الغد وقع الحرب بين العبيد والودابة واهل فاس
والخبايدة والشرافة[1] واولاد جامع مات فيه من الفريقين واستمرّ الحرب
بينهم الى اوّل ربيع الثاني فقدم السلطان عبد الله بجموع البربر من بني
ادراسن وزمّور وايت مالوا وقروان بعدد لا تحصيهم الا الذي خلقهم ولمّا
راى المستضيء ومن معه من العبيد جموع البربر وعلموا انّ لا طاقة لهم
بحربهم ارتحلوا ليلًا بعد العشاء ولم يصبح الا اثارهم وجمع الناس لقتال
تلك الجهة من غير قتال وفي جمادى الاولى ماتت امّ السلطان امة الله
حنانة ابنة بكّار ودفنت بقبور الانشماوى من فاس الجديد رحمها الله وفي
جمادى الاخرة وقعت فتنة بين الحاج عبد الخالق عديل وسيّدي محمّد
الغالي الادريسيّ واشتنكي به عديل للسلطان فامر بقبضه فهرب لضريح
جدّه فامر اهل فاس باخراجه فضيّقوا عليه الى ان طلب الامان فخرج
فوجّهه السلطان وامر بضربه فضرب وسجن وامر اهل فاس بقتل كتابه
فقتلوا ولمّا سمع الركب النبويّ وجّه معه السلطان عبد الله ثلاثة
وعشرين محفّا كلّها محلّاة بالذهب منبتة بالبوافيت والاحجار النفيسة ومعها
الفان وسبعمأية حصاة من البافوت المختلفة الالوان هديه للحجرة النبويّة
على الخالّ بها افضل الصلاة والسلام وفي الثاني عشر من المحرّم عام ١١٦٠
رحل احمد الريبيّ بجموعه بالغسال ونهل بعده المستضيء بعساكر العبيد فايمم

---

[1] B شروبة.

الباشا فالج بجيرانٍ ولمّا بلغ اوّل خبر قدومه اجتمع الخبابنة والشرافة كلّهم
على فاس ودخلوا اجنتها وجاروا بها وازدحموا وتراكبت حللهم [1] خوفًا من
هذا الريبيّ والمستنصر وهولهما ووقعت فتنة كبيرة ودهش الناس ومن
الغد ارتحلوا لبلاد الخبابنة لظنّهم انّهم يافون بها فطافوا بها واخبروا
انّهم مجتمعون بفاس فرجعوا ونزلوا اماكنهم واّما السلطان عبد الله فانّه
ركب في عشرة من اصحابه وتوجّه لبني ادراسن فنزل في حلّة عبد الله بن
بشّ بسهب اعشار وقلب سجه في وسط الحلّة فاجتمع عليه اهل الحلّة
فقال لهم اعلموا ان هذا الجبليّ كان خديمنا واصغاه المال الذي اكتسبه في
وقتنا وجرّأً اخانا المستنصر، واراد ان يملط بلادنا ويبعجنا وفي الخفيفة انّ
البلاد بلادكم وانتم اهلها جئتكم لتنصروني على هذا الظالم فانّي اولى
بنصر اهل البيت وركب فرسه ورجع على ضيفه ولي بسن الى
دار ببيغ فوجّه البربر كبيرٍ مجّ و عزيز واتّبعوا على الحركة الى المستنصر،
والريبيّ ووجّهوا لبني مانوا وبني حكم وزمّور وقيروان ولمّا اجتمعوا قدموا
عليه هذا المستنصر، واّما المستنصر، فانّه جمع الجنوب العبدّية والريبيّة ورتّبها
وبغبت الكتايب ببسيط ازران [3] والباشا في رحبانه، ونزل على ربوة تامرابين [5]
وصلّ على العساكر والوفابة والخبابنة واهل فاس امامهم من عين الفقيه الى
دار ابن عمر يصطّلون واذا بجموع البربر هلّت على دار ابن عمر ولمّا راوا
كتايب العدوّ امامهم صاحوا بهم وحملوا عليهم الى ان خالطوهم فانهزموا
ولمّا راى الباشا احمد الريبيّ النصرية مقبلة ركب وانهزم فيمن معه ونرط
محلّتهم بما فيها واشتغل البربر بفتلهم وسلبهم الى ان بلغوا الحلّة فدخلوا

[1] B خيلهم.
[2] B جدّ.
[3] B ارواث.
[4] B رماته.
[5] B تافرايت.

واحتووا على ما فيها من الاموال والكسوة والسلاح والكراع وغنى الناس
غناي كثيرة والسلطان عبد الله بدار دبيبغ وولده سيّدي محمّد مع الوصايف
ولمّا رجعوا بالغنايم انتزعتها منهم البربر الذين لم يحضروا وكلّ من لقوه من
العرب ومعه شيء من الغنيمة اخذوه منه وهكذا حدّثني السلطان سيّدي
محمّد بن عبد الله رحمه الله عن هذه الواقعة وامر السلطان عبد الله
فابحه ابا عزّة صاحب الشمبيل[1] ان يأتي بالمدافع والمهارز والكور والبومبة
والبارود لانّه بقي ولم يبال به احد من البربر وجمعوا رؤوس القتلى فكانوا
ثمانمايه وازيد وفيهم راس فاتح بن النوني[2] وفرّج الله عن المسلمين امرهم
ولمّا بلغ احمد الريفيّ لطنجة اشتغل بتخليص ما ضاع له من الخيل والسلاح
والابنية والكراع وافسم ان لا ياكل لحمًا ولا يشرب لبنًا حتّى ينهب مدينة
فاس كما نهبت محلّته ووجّه للمستضيء حسين فنظارًا لرائب العبيد
ومايتين من الخيل والفًا من العدّة ومايتين من الخباوات بجموع ذلج للعبيد
وضرب لهم اجلًّا يجتمعون فيه بالقصر وفي اوّل صفر العام خرج من
طنجة ولمّا بلغ خبر خروجه الى السلطان عبد الله لم يسعه التغاخبر عن
ملافانه فوجّه للبربر وقال لهم ان ارجع المال فافحموا علينا فنحن
منوجّهون لطنجة ووجّه للحيابنة والشرافة واهل الغرب وخرج من فاس
ونزل وادي سبو حتّى عرض عساكره ورتّبها واما المستضيء فانّه وجّه لبني
حسن كانوا في بيعنه وفحموا عليه بعشرة الاف من الخيل لمشرع الرمل
وعيّن للعبيد حركتهم ونزلوا مع بني حسن ولمّا بلغ المستضيء انّ السلطان
عبد الله خرج من فاس في العساكر انتهز الفرصة وتوجّه لدار الملج
بكناسة ولمّا بلغها دخلها ونهب دورها الى ان توسّطها وتدارج اهلها
امرهم وحاربوه في وسط المدينة من جوف البيوت وهزموه واخرجوه عنها

---

[1] المشربيل B.
[2] النوني B.

بعد ان توسّطوا بالقتل والنهب والسبي وماتن منهم اكثرهمّا فتلوه
ورجعوا مخفّي حنين هذا والباشا احمد بالقصر ينتظر فدوم المستضيء، ولمّا
سمع الباشا احمد انّ السلطان عبد الله بان فريبًا منه ارتحل من معه فلقي
السلطان عبد الله بدار العبّاس على وادي لكس من وامر الحلّة بالنزول
ولمّا راى السلطان عبد الله مشتغلين بالنزول فال للعساكر لا تنزلوا
بلادنزل الّا بالغنيمة او الهزيمة وفصدوع على غير تعبية همهم من كان
امامهم من الخلط وطليف والبداوة واهل الجحى وزاد لاحمد الريبيّ فهزمه
وولّوا الادبار وتبعهم العسكر بفتل وسبى الى ان جنّهم الليل ولمّا رجعوا
وفبوا على الباشا احمد مصروعًا ميّتًا فعرفه بعضهم وفطعوا راسه وانوا به
للسلطان عبد الله فوجّهه في الخين لفاس وعلّف بباب الحروف وحاز
معسكر الريبيّ بما فيه من الابنية والمضارب والكراع ومن الغد فدم عليه
اهل الجبال والخلط وطليف والبداوة واهل الجحى يطلبون العفو وعفا
عنهم الّا من هو من خدّام احمد بن علي وفيماده وعيّاله وكاتبه امر بفبضهم
فقبضوع وانوا بهم فنكبهم واستصفى اموالهم ووجّه الفايد عبد الخالق
عديل وجماعة من اهل فاس فدخلوا دار احمد بن علي وجمعوا ماله الذي
في خزننه وما في خزاينه من الملق والكتّان والكسوة والسلاح وامراهل
الريبي ان يانوا بما عنده من الخيل والبغال والابل والبفر والغنى فجمعوا ذلك
من العرب وانوا به فجوبعه كلّه للبربر الذين فدموا معه وفي نحو الاربعة
الاى من بني ادراسن وفهوان وامرع باستخراج الزرع من الاهبية والامراس
لطلف عليه ايدي العساكر الى ان استوفى غرضه وكان مفامه بطنجة
اربعين يومًا هذا خبرى واما اخوه المستضيء الفاى عليه وانّه لمّا انهزم من
مكناسة رجع الى مشرع الرمل وبلغه هزيمة احمد بن عليّ وفتله وانّ
السلطان عبد الله نوجّه لطنجة بحرّى العبيد وبني حسن على تجديد
الحركة لاعتراضه اذا رجع ووجّه فايد بني حسن يفدّم الحركة ويجدّدها

وامر العبيد ان يعبّئوا حركتهم ولمّا فجم عليه بنو حسن خرج معهم
بالعبيد وتوجّهوا لاعتراض السلطان عبد الله وكانت عيونه تأتيه كلّ يوم
يخبرته الى ان بلغه انّه بات بجار العبّاس التي وقع الحرب مع الرِبيّ فريّمًا منه
وركب عند البحر بعساكره وكتب كتائبه وجعل بني حسن في مقدّمته
واصبح على اخيه السلطان عبد الله وهو لا علم له به ولمّا طلّ عليه
قال السلطان عبد الله لا ترحلوا وركب في عساكره وترج محلّته ونفّج
في جنوده البريّة فلقي بني حسن ولمّا وقع القتال انهزموا فتبعهم البربر
وتفّج هو ايضًا في عساكر اهل الغرب للمستضيء مع العبيد فهزمهم وولّوا
الادبار وتبعهم العساكر فوجّه الفايد ابا عزّ[1] صاحب الشهبيل في اثرهم
وقال له قل لاخواننا اهل الغرب لا تقتلوا العبيد جرّدوا وسرّحوا فكانوا لا
يقتلونهم وتبعوهم الى ان جنّ الليل ورجعوا بالغنائم للسلطان عبد الله
وهو في محلّته بجار العبّاس وكانت هذه الوقعة من اعظم الوقايع مات
فيها عدد لا يحصيه الّا الله وماتن من بني حسن ما بريد على الالى واخذ
لهم من الخيل نحو الخمسة الالف ومن السلاح فوق ذلك واقّا العبيد لم يمن
منهم الّا نحو الخمسين في الصدمة الاولى وتوجّه المستضيء مع بني حسن
واقام محلّتهم ينتظر الكرّة وتوجّه السلطان عبد الله لفاس مؤيّدًا منصورًا
ولمّا وصلها فرّق الاموال على العبيد الذين مع اصحاب ابي عزّ صاحب
الشهبيل وهي عبيد نارة الذين كانوا معه واسمهم اهل فاس والوجابة والبربر
واقام بجار ببيبغ الى ربيع الثاني عام ١١٥٧ فقدم عليه جماعة من فوّاد
العبيد تأبيس طايعين منصلبن لمّا فرط منهم وجاءوه فخلع المستضيء،
وبيعته فقبل توبتهم وساحهم وقال لهم لا كلام لي معكم الّا اذا فطعتن
دابر بني حسن ومن في حلهم من شيعته يعني المستضيء، فقالوا سمعنا
واطعنا فجمع لهم رائب الحركة وامرهم ان يفدموا عليه لمكناسة ومنها

بتوجّه لبني حسن ومنهم لاهل دكّالة اخواله المبايعين له ومنهم لمرّاكش
التي هي ببيعته واخوه الناصر خليفته بها وتوجّهوا ووجّه الخيايطه والشرافة
واهل فاس واهل الغرب ان يانوا بحركتهم وتوجّه لمكناسة ولمّا اجتمعوا
عساكره بها وفدم عليه مَن في مشرع الرمل جدّدوا بيعته وكتبوا بها
للاشراف

دولة السلطان عبد الله الخامسة

ولمّا بويع البيعة الخامسة بحضر العساكر والفبايل خرج الحركة وفصد بني
حسن على ضيف النجّ ليحوّل بينهم وبين الشعاب فوافاع ببسيط زبيدة
فلم يشعروا الّا والعسكر مضرّ عليهم وخالطوع فعبّر المستضيء ولم يبلت الّا
بعد مشفّة ونهب حلّل بني حسن وسبيت اولادع وحرمهم وخيامهم
وهيب فلّهم للضايع ولمّا امسى جاءوه تايبين فعبا عنهم وردّ عليهم
اولادع ونساءع وخيامهم وارتحل عنهم الى ان نزل ابالعوان بداك النبي
بالفصبة ونزلت عساكره ببسيط دكّالة امامه ولمّا بلغ المستضيء لدكّالة
فرّت اهلها للحوز وافامت العساكر بدكّالة تستخرج الهرع والدوابين وكلّما
فريت من ناحية انفلت الى ناحية الى ان نسبوها نسبًا وفطعوا اشجارها
وهدموا فراها ولم يبق فيها ما ياكله الطير او يتطلّل به تحته والسلطان
عبد الله مفيم بالفصبة سنة كاملة ثمّ انتفل لبلاد الضراعنة فغم عليه
اهلها طايعين وتوجّهوا معه ولمّا نزل على بلادع فدم عليه اهل دمنات
وجبالها من صنافة والبربر فاّدّوا طاعتهم ولمّا انتفل من بلاد الضراعنة
فرّ المستضيء اخوه واهل دكّالة الى جبل مسبيوة وكانوا مبايعين له من

¹ B مال.

² B للغابة.

³ Ce mot étant écrit بولعوان, il se pourrait que le ب fût la préposition بِ.

جله اهل مراكش ونزل السلطان عبد الله لبلاد زمران فسمع عليه
الرحامنة واهل السوس واهل الدير متمسّكين بالطاعة فنزلوا معه بمحلتهم
وزاحت العساكر لبلاد مسجيوة بالعيث والتخريب والحرف والنهب فابت كلّ
يوم مع المستضيء واهل دكالة ومسجيوة الى ان الجوا لوارفلة ثمّ زاح لوادي
الزات واستقرّ الحرب والعيث والحريف بوادي الزات الى ان لم يبق به محلّ
ولما عجزوا عن الدفاع وعدمت عندهم الاقوات ونهبت المواشي وضاعت
جوعًا ولم يبق لاهل دكالة شيء مما كان عندهم من المواشي فنزل اهل
مسجيوة الى السلطان عبد الله بالمصاحف والاولاد وطلبوا الامان فقال لهم
تاتوني بالمستضيء يعني اخاه القايم عليه فقالوا انّه ذهب بالامس لمراكش
ولو كان بافيًا لاتيناك به فانّه مشوم علينا خرّب بلادنا وفجع نساءنا وايتم
اولادنا فعبا عنهم وسامحهم ومن الغد نزل الى السلطان اعيان اهل دكالة
بنسائهم واولادهم يطلبون الامان وقالوا هذه نساؤنا واولادنا فافعل بهم ما
شئت واما المال فقد مات ونلب ونهب ونحن والله وبح فعبا عنهم وامرهم
بالرجوع لبلدهم وافاء للاسترلحة الى ان فجع عليه وفود الدير بهم ابائهم
وطلبوا الامان وطلبوا الرحامنة واهل السوس من السلطان ان ينوجّه
معهم لمراكش فوعدهم بالمسير معهم ولما بلغ المستضيء لمراكش وجد اخاه
الناصر الخليبة بها مات ومنعه اهلها من دخولها ودافعوه يتخلّى اخيه من
خيل وسلاح واناث وعبيده فاخذه ونوجّه وحينئذ نوجّه اهل مراكش
للسلطان عبد الله بعلمائهم واشيافهم واعيانهم ولما وفعوا بين يديه
دفعوا له ببعتهم واعتذروا بفلّة المعين والمدافع فعبا عنهم وسامحهم
وطلبوا منه الوصول لبلدهم ولما تفقّد من معه من الجيش والفبايل لم يجد
نصحهم كلّهم هربوا من كثرة الحروب وطول السفر وفلّة الزاد لم يعضهم
السلطان شيأ مدّة من سنتين واتّكل بهم على النهب فمن حصل له شيء
اكله ومن لم يحصل له شيء ضاع جوعًا فمهب ولما راى السلطان عبد الله

فلّه من بقي معه جامع اهل الحوز واهل مرّاكش بتوجيهه ولده سيّدي محمّد
بن عبد الله وهو ابو مولانا سليمان رحمهم الله اي دفعه معهم ووجّهه
خليفةً عليه بالقصبة بمرّاكش فتوجّه معهم ورجع السلطان عبد الله لدار
ملكه ولمّا بلغ الرباط نزل ولده مولاي احمد خليفة بالقصبة علي الشاوية
وبني حسن وتوجّه فنزل قصبة ابي فكران وفام بها وذلك في ربيع الثاني
عام ١١٥٩ واما اخوه المستضيء فانّه لمّا توجّه من مرّاكش علي مكنّاسة
وجدها خالية بسببه ومرّ بتامسنة فلم يعتبره احد من اهلها ولمّا بلغ بلاد
بني حسن لم يعرجوا عليه ولا بلغوه فتوجّه للدحصى وفام بحوز طنجة
لانّ اهل الريب تخامروا لخامي الحمراء وفام هنالك ينسلّك علي ضعفاء اهل
الدحصى واما السلطان عبد الله لمّا ورد عليه اعيان بني حسن هنّوه
بالقدوم وكانوا ذلك نيابة فلمّا وقموا بين يديه امر بفتلهم كلّهم وورد علي
انّهم جماعة من اهل الريب يريدون علي الطابة ومعهم زوجة الباشا احمد
الريبيّ وولداها منه بهديّة كبيرة فقبض الهديّة وفتل الولدين ومن معهما
وسجن المراة ولمّا وقع ذلك كثر القيل والقال في الجيش والرعيّة وكانت ابن
ادراسن حرثوا بحوز مكناسة وبلغ زرعهم فامر السلطان عبد الله المحيّزين
بحصده ايّاه ودرسه واخذه حين لم يأنوه وما رجّع الّا الخوف حيث كان
يفتل كلّ من يأنبه وكتب لكبيرهم محمّد و عزيزاي ابن عزيز يعاتبه علي
عدم وقوفه عليه هو واخوانه اي كانوا شيعته وكان له معه حلّة عظيمة
حتّى انّه كان يقول له ابي مرارًا فلمّا ورد عليه الكتاب قال لاخوانه اجمعوا
هديّتكم وثاني جماعتكم لنوجّه للسلطان فانّه عاتبنا علي عدم الوصول
اليه فاجابوه بالامتناع وقالوا الى نرما وقع بن فجح عليه فقال لست انّي
مثلهم وحتّى عليهم في القدوم فاجابوه ونوجّهوا معه بهاية فارس الى ان
وصلوا قصبة ابي فكران ولمّا راح حاجبه عبد الوهّاب اليموري سفك في
بده لكنّه لم يمكنه رجّع لمّا بلغوا الباب فاخبر السلطان بمجيئهم فامر

بدخولهم وجلس لهم ولمّا وقفوا امامه دخل عليهم الربانية والمشاوريّة
والمختصّون واحاطوا بهم قامرهم بالجلوس فجلسوا امامه وقال لمحمّد و عمر بن
هولاء القوم حادوا عن الطريق وافسدوا ضروف المسلمين وعدّد عليهم
افعالهم الذميمة وما ارتكبوه من نهب الملوك وعساكرهم محلّ مالهم ودماؤهم
وما رجعت لهذا الامر بعد خروجي منه الّا بسببهم فارجن ان افابل هذا
الرئيس الاسود مع هذا الكبش الابيض فين تلي منهما استرجح منه ومن
عضّته وابسط بالاخر وامر بالقبض عليهم فقبضوا وكتّفوا بالحبال وامر
محمّد بن عمران بتوجّه لحال سبيله فقال يا مولاي اقدر بعد عهد ولست
من اهله والله لا انوجّه الّا مع اخواني انا الذي قدّمتهم له بعد عرضهم
عليّ هذا كلّه فلا انأخّر عنهم ولمّا راى ما منه قال يا عبد الوهّاب لا
خير في رجل يقول للرجل ابي[1] ولا يشفّعه في قبيلته خلّوا عنهم وخرجوا
من عنده وركبوا خيلهم وتوجّهوا لبلدهم ولمّا ابعدوا قالوا لمحمّد و عمر
اعلم اننا مننا وبعثنا وعهدنا غدر الرجل واكرهتنا علي الوصول اليه والآن
لا بدّ لنا من اخذ ثارنا ولا تتعرّض لنا فقال لهم شانكم وما تريدون فنزلوا
واتّفقوا علي الحركة لثلاثة ايّام ومن لم يكن باخوانه خرّف خيمته وانفصلوا
علي ذلك ووجّهوا لقبايلهم يانوا للحركة فقدموا ولي يشعر السلطان عبد
الله الّا ورايانهم مطلّة عليه من الحاجب فامر بركوب عياله علي البغال
وحمل ما عنده ورتّب المختصّين الذين معه وكانوا اثني عشر القا من العبيد
فوجّه عياله مع الرحا يعني الالي والرحا الكبيرة عشر الالي وارودها باخرى
وركب هو في الخيل في القلب وجعل خلفهم رحان اخرى واجعلهم البهيم عن
جمل خيّاينهم فتركوها مبنيّة وساروا مع الوادي ولمّا بلغهم البهير وبعوا
عليهم من كلّ ناحية فاخرج فيهم المختصّون ناروفًا من الرصاص واذا

---

[1] B ابت.

[2] Il y a ici une erreur de copiste; il faut lire sans doute خلّى.

وقعوا على الخيل كذلك فيبسطه الاربعون والخمسون وهم في الحرب طول
نهارهم الى ان دخلوا للقصبة على باب الفرج وبهان من العبيد نحو
الثلاثمائة ومن البربر نحو الخمسمائة ورجعوا بخيل حسن فحملوا اموالهم الى
قصبة ابي بكمان وكمنوهم في الخزاين وقبضوهم هناك ولما اجتمعوا العبيد مع
اخوانهم بمكناسة اخبروهم بما فان السلطان عبد الله لحمد و عزيز ارادتن
ان اقبل هذا الكبش مع هذا التيس ووارت بينهم هذه الكلمة وحملوا منها
امرًا عظيمًا وكتبوا للديوان بما وقع نهم وبكفالة السلطان واستشاروهم في
امره فانظر السلطان عبد الله بعض اعيانهم بما قالوا وبما كتبوا للديوان
فيه الخبر كتب السلطان عبد الله للوطابة ووجّه رسوله اليهم يقول لهم
في كتابه ان كانت لكم حاجة بابن اختكم عبد الله فاركبوا اليه الساعة
ولما بلغهم رسوله ركبوا في العصر باربعمائة من الخيل واثاروا والسلطان
عبد الله حمل امواله وعياله واثاثه واثقاله ونوجّه عنه المغرب واسرج
خيله وبعد العشاء بلغوا الوطابة لباب الفرج واخرج عياله واثقاله ونوجّه
نحن جناح الليل وفي نطلع النهس الا بعد ان كان بعاس الجديد واما العبيد
اهل الديوان فاجتمعوا واتّبعوا على الرحيل من مشرع الرمل لمكناسة
يجتمعون مع اخوانهم الذين بها وكتبوا لاهل مكناسة ان لا تحدثوا حدثًا
مع السلطان عبد الله الى ان نصلكم بعد ثلاثة وتهبّؤا للرحيل وحملوا
اولادهم واثاثهم ومن اثقله شيء تركه الى ان يرجع مرّة اخرى فلمّا سمع
برحيلهم بنو حسن فصدوا المحلّة فنهبوا من وجدوه تأخّر ومن بقي له
ثقل نهبوه وبعوه فنهبوا من ادركوه ونهّف طلب الجمع والبقاء لله ولمّا بلغوا
مكناسة دخلوا دورها ورحابها والاماكن المتسعة بها ونزلوا الاروى وقصبة
هراوش وباب مهراج وباب ابن الفاري ولم يبق بها محزّ متّسع الا نزلوه وذلك
عام ١١٦٠ واما محمّد و عزيز والبربر لمّا شقّوا العصا مع السلطان عبد الله
كتب محمّد و عزيز لاهل فاس واخبرهم بالوقائع فقالوا نحن معكم وكتب للقبائل

الحبيب واهل المغرب فقالوا نحن معكم وكتبوا للحيابنة فاجابوا يفعل ذلك
وصار البربر يغيرون على الوذابة وينهبون اموالهم والوذابة يغيرون على
اهل فاس كذلك فاغلقوا ابواب المدينة وصرحوا بخلع السلطان عبد الله
وخالفته واستمر الحرب معهم على الدوام الى ان ورد عليهم رقاص الحجاج
واستغاثوا بالبربر فوجّهوا لهم خمسمايه فارس يتوجّهون معهم لغازة ليبانوا
بالحجاج فتوجّهوا واجتمعوا مع الحيابنة وعاهدوهم وتوجّهوا معهم لغازة
وقدموا بالحجاج الى ان دخلوا على باب المفتوح ونزلوا بالميتون ودخل من
دخل منهم لقضاء غرضه من المدينة فقصدهم الوذابة وحاربوهم بالميتون
وهزموهم وتوجّه الحيابنة لبلدهم والبربر لبلدهم وقطع الوذابة رءوس من
قتلوه منهم وكانوا ثلاثين راسًا وتوجّهوا بهم للسلطان عبد الله وامرهم
ان يعلّقوهم بسور فصبة الشرافة وبقي اهل فاس في محنتهم وكتب محمّد
وعزيز للفايد الحبيب واهل الغرب ان ياتوا بحركتهم للسلطان عبد الله ومن
معه من العبيد والوذابة فقدموا ونزلوا بمحلّتهم بظهر الزاوية ونزل محمّد
وعزيز والبربر بجار دبيبغ وذلك عام ١١٦٠ ولمّا اصبح ركب الحبيب واهل
الغرب والخلط وطليق وتوجّهوا لجار دبيبغ وتبعهم البربر ولمّا بلغوا محلّة
الغرب نهبوها وتوجّهوا لسايس فلمّا سمع الغرب ما وقع بمحلّتهم فضعوا
وادي فاس وتوجّهوا لغربهم فبلغ انّ السلطان عبد الله وجّه باللبل لمحمّد
وعزيز والبربر مالٌ ليمضّف عنه ذلك الجمع ويعرّفه بنهب محلّة الغرب وذلك من
فصول السياسة واما اهل فاس فانّهم وجّهوا للسلطان عبد الله في الصلح
والبيعة فوجّه لهم في القدوم عليه فطلع اشرافهم وعلماؤهم واعيانهم
لباس الجديد فلمّا وفدوا بين يديه ونّخهم وسبّهم وهدّدهم وشرط عليهم
شروطًا من جملتها امّا ان يدعوا له زرع الغرب الذّين عندهم بفاس
ويهدموا دورهم ويبنون بانقاضها جار دبيبغ وتختاروا بين امرين امّا ان
يكونوا نايبة او جيشًا فقالوا نجتمع مع اخواننا ويقع الجواب ورجعوا فاغلقوا

الابواب وقالوا لا نفعل من هذا كلّه شيئًا ورجعوا للخيمب ووجّهوا رسلهم
للمستنصر، بأنبهم من طنجة ليبايعوه وبرّى رسلهم بالوعد وفي سابع الحجّة
منّ العام نهبوا القباطين التي كانت للسلطان عبد الله بعندف النجّاربن
علي يد عديل وكانوا ثلاثة الاو وبرفوع وعبّدوا بهم وفبضوا علي الحاج
الخياط عديل ليدفع لهم مال المخزن الذي عنده فافتدى منهم بثلاثة الاو
مثقال وفي اثناء هذا جاء بنو حسن شاكين علي السلطان انّ اهل الغيمب
لمّا رجعوا من فاس اغاروا علينا ونهبوا اموالنا فكتب السلطان عبد الله
للعبيد ان ينوجّهوا معهم للمحلّة ووجّه الوجايه معهم ولمّا سمع ذلط اهل
الغيمب هيبوا مع الخلط وطليف وهخلوا للعيايش فحصنوا بها ونزلت عليهم
المحلّة واستمرّ الحيمب ثلاثة اشهر الي ان طاعت مواشيهم وهلكت انعامهم
بالجهب ثم وجّه لهم السلطان عبد الله المهّبى والسبجة مع جماعة من
الوجايه ونوجّهوا معهم بعد العهد للسلطان بهديتهم ولمّا اجتمعوا
بالسلطان عبد الله سمع لهم وولّى القايد الحبيب علي فبايل الجبل كلّها
واما المحلّة لمّا رحلن من العيايش نزلن علي الفصر واخرج لهم اهل الفص
الضيافه من العلب والطعام ومن الغد ركبوا للفصر واستباحوها ونهبوا
الدور وسبوا النساء وفعلوا الافعال وعام عليهم ذلط ستّة ايّام الي ان لم يبق
ببلدهم ما يطلف عليه اسم شيء ورجعوا لمشرع الرمل والسلطان في الوجوج
وفي جمادى الاخرة عام ١١٤١ نوجّه السلطان لمكناسة بفصد الحركة للبربر
فلم يفدم عليه احد وبيه فدمن جموع البربر لعباس فاغاروا علي مواشي
الوجايه وافسدوا مزارعهم ونجايبهم ونيلوا علي فاس وفدمن ربفتهم من
العبر بالزرع والسمن والصوي والغني والبفر فباعوا بها واشتروا منها وعمّروا
السوق عشرة ايّام ولم بلغهم احد وصار دأبهم ذلط في كلّ شهر يانون
بارزافهم فيبيعون ويشترون ويتوجّهون ثم ورد الخبر من طنجة انّ اهل
الريو فبضوا علي المستنصر، ونهبوا ماله وخيله وما اليه وجرّدوا من معه

بسبب فبضه للقايد عبد الكريم اخي الباشا احمد بن علي الريفي واخذ ماله
وسلاحه فبعلوا به مثل ذلك وسرّحوه وكتب لاخيه عبد الله يعتذر عمّا
سلب منه ويطلب منه محلّ ينزل به فكتب له في الجواب انّك لم ترتكب
فبيحًا وما كنت الّا تطلب ما طلبته وهو ملك والحق وما فعلت ما يعاب والان
ان اردت الجمول مثلي فانزل باصلة وهي احسن من دار دبيبغ التي انا بها
وان كنت تطلب الملك فشانك واتّاه فقد سلّمت لك فيه والسلام وارتحل
لاصلة ونزلها واصلح دار الخضر غيلان وسكنها واجتمع عليه سه.اسرة
البن فحلّوه علي بيع الزرع للكبّار واشتغل به الي ان بلغ خبرى لاخيه
السلطان عبد الله فكتب لولده سبتي محمّ الخليبعة بمرّاكش يوجّه من
يخرجه منها فوجّه وزيره ادريس بن المشعري مابة فارس الي عبد الله
السبباني فركب معه في جمهابة فارس من اخوانه ونزلوا عليه فاخرجوه
منها وحازوا ما وجدوا عنده من السلاح والباروذ والاثاث وحملوا اولاده
وعياله ووجّهوا به لباس فنزل بصيح ابي بكر ابن العربي وبعث ولده
لاخيه عبد الله بدار دبيبغ يخبرى بما فعل به ولده سبتي محمّ فقال له
قل لابيع انّ محمّدًا اعظم منّي ومنك فلا فدرة لي عليه فاذهب الي بلد
ابيع وجعّك واستوطنها يعني داولان فانّ الموت فريب منّي ومنك فذهب
لصهرو وترك عياله بدار مولانا النهامي بالجوطي ولمّا ورع ادريس بن المنتصى
بفشّ المستضىء علي اخيه السلطان عبد الله اخذ الباروذ وغيرى وفال
لحاكم فاس اكتب للمستضىء يوجّه من يفبضي له فشّه فوجّه من فبضه
ودفعه لعياله بدار الشرفاء وهذا خبرى وامّا السلطان عبد الله فانّه لمّا
توجّه لمكناسة واقام بها صار البربر يعيثون في الطرفان ويغيرون علي
سرح مكناسة وكلّ من فدم له نصبوه فاذا خرج العبيد تحيّبهم يعيّرون عنها
واذا فعلوا يغيرون عليهم وانفطعت عليهم الميرة وخطف البربر اولادهم
من الاخبية والبجاير الي ان ضاق بهم المتّسع فوجّه لهم في الصلح فامتنعوا

وقالوا لهم انّ السلطان عبد الله امرنا بهذا فلمّا بلغهم ذلك اجتمعوا وقالوا
لا شكّ فيه انّه من السلطان عبد الله حين امرنا بالحركة علي البربر
وامتنعنا وقلنا له حتّي جاءنا اخواننا وباقي القبايل والوداية ونتوجّه جميعًا
للبربر بسلطهم علينا فاتّفقوا علي قبضه وعزله فلمّا بلغه انّ العبيد اتّفقوا
علي ذلك فرّ منها ليلًا وفجر الي دار دبيبغ فخلعوه وبايعوا ولده سيّدي محمّدًا
وصاحوا البربر بعزله وتوجّهوا له لمرّاكش ببيعتهم فلمّا فرئت عليه غضب
لذلك ورمّاها عليهم وقال لهم انّها انا حظّي والذي قال اوبفكم علي هذا
ورمّع علي عفبهم فجعوا لمكناسة واستمّروا علي الخطبة به بمكناسة
وزرهون وامّا السلطان عبد الله فانّه صالح اهل فاس وطلعوا البه فاعتذر
لهم وحلي انّه لم يامر بخربهم ولا ضرهم وامّا ذلك من الوداية الخين
يغميون عليهم ووصلهم ورجعوا فعتكدوا ابواب مدينتهم بعد حصار سبعة
وعشرين شهرًا ووقع الصلح مع الوداية بضريح مولانا ادريس وذلك عام ١١٦١
وفي عام ١١٦٢ ورجت الهدية للسلطان عبد الله من عند ولده سيّدي
محمّد فيبما نحو الثلاثين فنطارًا وفي شعبان اعطي السلطان للعبيد الخين
معه خمسة دنانبر للواحد وقال لهم ابعثوا لاخوانكم لمكناسة كلّ من اني
منهم يفبض المال ليستجلبهم بذلك فلمّا بلغهم الخبر وجّهوا للبربر الخين
بسابس ان يفتلوا كلّ من وجدوه من العبيد متوجّهًا لفاس وبرحوا بذلك
اهل مكناسة وخلعه فلمّا وقع هذا البغض بين العبيد والسلطان عبد الله
فجم عليه محمّد و عزيز وجماعة البربر ووقع الصلح بينهم وبينه فاعطاهم
عشرة الاف دينار وفي العبد فدموا عليه فاعطاهم عشرة الاف احمى
واعطي الوداية عشرة الاف ولاهل فاس عشرة الاف وهذا كلّه نكاية في
العبيد الخين عزلوه وفي عام ١١٦٣ لم ينزل المطر بالمغرب ووقع الغلاء
وظهر الوباء وكثرت الفتن فبعث البربر في الصرفات بالعيث والفساد حين
امنوا مكر السلطان والخلّن عمى ملكه بخلع العبيد له وفيه فجم ولده

سيّدي محمّد من مرّاكش لزيارة والده ولمّا بلغ مكناسة وجمع مخصبون به
فتخاصم معهم وعاتبهم وقال لهم أنّي بهرئ منكم ومن فعلكم وما انا الّا
خديم من خدّام والدي وقد حذرتكم هذا لمّا قدمتهم عليّ لمرّاكش ثمّ
ثماديتم علي ضلالكم فتركوا الخصبة بمكناسة وزرهون وجدّدوا ببيعتهم
لوالده السلطان عبد الله بن اسماعيل وتوجّه فوّادهم واعيانهم معه
لحضرة والده بها

دولة السلطان عبد الله السادسة

ولمّا بلغ سيّدي محمّد لحضرة والده خرج لملاقاته الوجابة واهل فاس واهل
الحوز ووفقت عساكره التي قدمت معه من مرّاكش نحو الاربعة الاف من
العبيد الذين استركبهم من عبدة والرحامنة واهل السوس ودكّالة وخرج
السلطان عبد الله في موكبه ولمّا بلغ للعساكر نهجّل سيّدي محمّد وقبّل
الارض بين يدي والده وفبّل قدمه وشبع عنده في العبيد شبعه وبيهم
وصالحه معهم وكان ذلك اليوم مهم جائزًا عظيمًا لم يبق احد بالمدينة ولا
بالحوز وضي بن المدافع وزيّنت المدينة ووادع السلطان ولده من وفته وقال
لا تبت هنا فانّ البهبر اهل غدر ومكر واذا بلغهم خبرج ومن فدم معط
اوفعوا بهم وحشهوط معهم هجّ السير لمكناسة فارتحل ولم ينهل الي وادي
النجا فبات به واسهى وبلغ مكناسة ومنها رجع لمرّاكش وفي العبيد فدم علي
السلطان عبد الله فوّاد العبيد ومعهم جماعة من فهوان وجماعة من بني
ادراسن مع محمّد و عزيز فعبّدوا معه ولمّا واجههم اعطى لهمّج ومن معه
من بني مطهير وفهوان عشرين الى منفال ولم يعط لفوّاد العبيد شيبًا ورجعوا
بالحرمان وفي عام ١١٨٤ وجّه سيّدي محمّد لوالده هدية مع احكابه فجعا له
بخير واثنى عليه واعطى الوجابة عشرة الاف ريال دور وللعبيد الذين معه
ثلاثة الاف دور وحين بلغه انّ العبيد لمّا رجعوا من عنده محهم وميس

5

توجّهوا لمرّاكش لولده سيّدي محمّد وشكوا له اهمال والده لهم وصلته للبربر
اعداء الدولة وما جنّناه الّا لامرين امّا ان نكون سلطانًا فنبايعك او نبايع
عمّك المستضيء فقال لهم لا اكون سلطانًا ولا اسمع ذلك وجمع خواصّه
بالمال اعطاه لهم وكتب لهم كتابًا لوالده بستعطفه ويذكره اهان شجاعته
ووجّه معهم بالكتاب احد خدّامه وفي عام ١١٧٥ بلغه انّ اهل تطاون
فتلوا فايدي الحاجّ محمّد التهيمي ولمّا قدموا عليه قال لهم انّى فبحّثوه
وقتلتموه فانتشروا من يلبق بكم فقدموا له محمّد بن الحاجّ عمر الوفّاش فبيّده
عليهم وتوجّهوا معه وفي اثره قدم باشدور الاصبنيول بهابة الى ربال مور
وما بناسبها من الحرير والطلب والكتّان والتحب والضهى بفصد فكاك اسرى
جنسه الذين عند السلطان عبد الله فقبض المال وقال للباشدور حتّى
توجّهوا اسرى المسلمين الذين عندكم واعطى من ذلك المال للعبيد الذين
عنده ريالتيْن للواحد ولنسائهم كذلك وكانوا في مابتيْن والقبيْن وفي عام
١١٧٦ قدم عبيد مكناسة على السلطان عبد الله مع رسول ولده بكتابه
فاعطاهم عشرين الف ربال مور وساعدهم وفي عام ١١٧٧ كانت الهزلة
العظمى التي هدمت مكناسة وزرهونًا ومات فيها خلف كثير بالدرج وفي
عام ١١٧٨ قام اهل فاس لشراء الخبل فاكثوا منها وكانوا يخرجون كلّ يوم
يتعلّمون الركض والفروسية ويلعبون البارود بباب الفتوح يريهون بذلك
انى الوقاية الذين يعصلونهم بمكوب الخبل وفي عام ١١٧٩ قدم على
السلطان فوّاد العبيد من مكناسة ولمّا اجتمعوا به قالوا له لا نتوجّه من
عندك الّا اذا صاحبتنا لحار الطلح قال لهم كيف اسبر معكم وفي وسطكم
فلان وفلان في جماعة من عصيانهم لا يكون هذا ولمّا رجعوا لمحلّتهم
وجنّ الليل قاموا لقتل من ذكرهم وسمّاهم فقتلوع ولمّا اصبح توجّهوا له
بمروسهم منهم الفايد محمّد السلوي والفايد زعبول والفايد سليمان بن
العسري في اخرين من امثالهم ولمّا وقفوا امامه رفعوا له الرووس وسمّوع له

فقال الآن طاب العيش وأمر لهم باربعين فنطارًا وقال لهم اذا فرغتن من
عليّ افمح عليكم ووجّههم وفي هذا العام فجم علي السلطان عبد الله
اخوه مولاي عليّ المخلوع الذي كان عند الاحلاف واعطاه مالًا وحوايج
فوّمن بعشرة الاف مثفال وحيّرى بين سكني مكناسة وسجلماسة فاختار
مكناسة فوجّهه لها واعطاه امكاسها وبلاد الغثمن التي بها ولمّا نزل
المطر اشتغل الناس بالحرث ولمّا اكملها فبضي عليه العبيد ووجّهوه
للسلطان وقالوا هذا افسد علينا بلدنا فسرّحه ووجّهه لسجلماسة وفيه. فجم
علي السلطان عبد الله الفايد محمّد الوقّاش بهدية عظيمة فيها مابة الى
ريال دور وسلع ونصارى غنهم علاديطه فاكرمه واعطاه جاريتين ووجّهه
وفيه اغار البربر علي الوجابة ونهبوا جميع ماشيتهم وافسدوا زرعهم وفيه
مات كبير البربر محمّد و عزيز وفام بنو مطير ومن في حلبهم لحرب قروان
فنزلوا محلّتهم بحار دبيبغ واستكرموا بالسلطان عبد الله فواجه الوجابة
وحالهم معهم وامرهم باعانتهم وباعوا جميع ماشينهم وتوجّهوا لحرب ابن
ادراسن ولمّا وقع القتال هزموع ونهبوا حللهم وقتلوا منهم نحو الخمسمابة
نفس وشرّدوع لبلاد الشرافة فنزلوها وهذا سبب حلي الوجابة مع قروان
علي يد مولاي عبد الله ودلج عام ١١٧٠ وامّا المستضيء فانّه لمّا نزل صحرو
وجّه لابن يوسيّ ولمّا فدموا عنده طلب نصرتهم فقالوا له نكلّم مع قروان
وبني مطير ونحن تبع لهم وحيث لم يشج له عمل وجّه في حل عياله
وفشّه من فاس ولمّا فدموا عليه نوجّه لسجلماسة وافام بها الى ان مات عام
ثلاث وسبعين ومابة والى

الخبر عن خلافة سيّدي محمّد بن عبد الله بمرّاكش المحروسة في حياة والده

لمّا وجّهه لها عام ١١٦٩ نزل فصينتها الخريبة وهي فعر ليس بها الّا فصور

السعدية الخضراء فضرب خيامه بساحتها واشتغل بحفر اساس دار بها
وبعد ان شرع في البناء منعه سفهاء الرحامنة لما كانوا عليه من العبث
والفساد في اضرار المدينة وكانت تلك القصبة مجمع شوارع على يفعلوا
عمارتها وبلغهم ما وقع للسلطان عبد الله مع البربر والعبيد وهم لعباس
فاصدروا سيدي محمدا من مراكش وتوجه لنواحي اسفي فاعترضه عبدة
واحمر واحترموه واكرموه ولعبوا عليه البارود وابلغوه لاسفي فنزل فصبته
وفخموا له الهدايا ووقع اعيانهم اولاده لخدمته وفخم له اهل اسفي
مدينتهم وكذلك تجار النصارى واهل الخمة وسرح المرسى للدوسف ولما بلغ
خبر طرد الرحامنة لسيدي محمد من مراكش سولت لاهل الرباط وسلا
انفسهم مثلها فقاموا الى خليفته مولاي احمد وحصروه بالقصبة مع العبيد
الذين كانوا احالة من عهد السلطان اسماعيل وحاربوه وفطعوا عنهم
الميرة والماء الى ان طلبوا الامان فخرج مولاي احمد وتوجه لاخيه باسفي ووفق
اهل الرباط عبيد السلطان بالمدينة حتى لا تبقى لهم شوكة ولما كثرن
الخيران على سيدي محمد بمرسى اسفي استركب الرجال من عبدة واحمر
واستلحق الموالي من غيرهم وجاءه اهل حاحة والشياظمة بهداياهم ودخلوا
في حكمه فلما سمع بذلك الرحامنة ندموا على ما فعلوا واجتمع اعيانهم
وتوجهوا لاسفي بهدينتهم ولما اجتمعوا بسيدي محمد اعتذروا وتنصلوا
ونسبوا ذلك للسفهاء بساكتهم وعفا عنهم فاقسموا له بالله لا نتوجه من
بابك الا معك ولو افنا سنة بها وسعد الا اجابتهم وامر بتجهيز حلتهم فخرج
معه عبدة واحمر بابي فارس وكان اجتمع له من اتباعه وخدامه خسمائة
فارس وتوجه لمراكش ولما بلغها نزل بفصبتها وفخم عليه اهل مراكش
بهدينتهم ووفود الحير والسوس ونافس الرحامنة وعبدة ووضعوا اولادهم
لخدمته فاستركب منهم ومن قبايل الحوز وفصدة عبيد كذلك الذين كانوا
بسلا منذ خرجوا من مشرع الرمل وانزلهم بالقصبة وبنوا نوايلهم بها

وفصده العبيد من مكناسة اوراقًا وازواجًا فاستعملهم في خدمة دارك وبنى
سور القصبة الذي نظم وبنى المسجد بجوار دارك ولمّا اكمل سور القصبة
اخرجها عن المدينة ورتّب ابوابها واستمرّ في البناء والغرس واستركاب
الرجال الى ان كان في عسكري اربعة آلاف من الخيل ومن الرجال واجتمع
عنده من العبيد الى وحسابه فعيّن لهم قوّادهم ورتّب لهم امور دولته
واعطى العبيد ما يبنون به دورهم واسفط النوايل وبنى لهم المساجد في
القصبة واصلح مسجد المنصور بها وبنى المسجد الاعظم ببجدية[1] ومدرسات
وحمّامات وكان اوّل حركته للسوس عام ١١٦٩ ومقصده ومتّى وولّى عليه ورجع
وفي عام ١١٧٠ توجّه لخاصة بسبب الطالب الصالح المسندلى على اقديم
المستنبح بمال مرساه ولمّا بلغ اقديم فبض عليه واخذ ماله وسجنه فخح[2] في
السجن ولمّا رجع نوجّه لحركة خامسنة لبساط الشاوية وعبنتهم في الصرفات
ونصبهم وقتل منهم ووجّه من فبض منهم في السلاسل بسجن مرّاكش
ونوجّه لسلا فنزل على الرباط خرج له اهله بمدينتهم وعبد الحق فنّبش
امير سلا اغلق ابواب مدينته فقطع سيّدي محمّد الوادي على الجاز واعرض
عن سلا ونوجّه للفصر وبيه فدم عليه عبيد مكناسة مع كبيرهم الباشا
الريانيّ فبانوا معه ومن الغد ارتحل ولمّا بلغ الطابشة ووفى بها نادى قوّاد
العبيد وللّا وفعوا امامه فتل الباشا الريانيّ والفايد بوسي السلاّح وولّى
عليهم الباشا سعيد بن العبّاشيّ ورحّج لمكناسة وفار لهم سيهوا لسيّدي
وسبّوكم ايّما انا حويه ونوجّه لنطاون ولسبنة وعبر بها ومنها للصنجة ثمّ
للعرايش ثمّ لسلا ثمّ لمرّاكش واستمرّ الحال على ذلك الى صفر عام ١١٧١
فبلغه خبر موت والده السلطان عبد الله وهو بفبور الاشهأب رحمه
الله تعالى

دولة السلطان سيّدي محمّد بن عبد الله بن اسماعيل

وهو والد مولانا سليمان رحمهما الله ولمّا بلغ خبر موت السلطان عبد الله
بايع اهل مرّاكش سيّدي محمّدًا وفدمت عليه وفود فبايل العرب اهل الحوز
وفبايل الدير وفبايل حاحة وفبايل السوس بهدايا وبيعتهم ثمّ فدم عليه
اهل التغور والجبال ثمّ فدم عليه اهل فاس وعلماؤه واشرافهم والوجايـة
والعبيد واهل مكناسة وفبايل العرب من العرب والبرور لا يختلف عن
بيعته احد فاجاز الوفود واعطى للعبيد والوجاية خيلًا وسلاحًا كثيـرًا
وكسوة ووجّههم فلمّا فرغ من امر الوفود جهّز للحركة للغرب ووجّه للفبايل
ففدموا عليه وخرج من مرّاكش الى ان بلغ مكناسة وحمل دار الملح وحقّق
الاموال على العبيد يعني الرابن ووصل الانشاوي والبفهاء والطلبة ونوجّه
لفاس فخرج لملافانه اهل فاس والوجاية واهل الحوز وضبت عساكري
بالصحابة وحلّته في وسطها ولمّا كان يوم الجمعة توجّه لصلاة الجمعـة
لفاس الجديد وملانت عساكري تلط البسايط ولم يبق احد بالمدينة واختلط
بالناس فكانوا يفبّلون انوابه ولا يمنعهم مانع الى ان وصل وجـلـس مـع
العلماء وسال عنهم واحدًا واحدًا الى ان عرفهم ولمّا خرج من المسجد وفى
على ضريح والده وزارة واخرج الصدفات وامر بترتيب الفراءة عليه صباحًا
ومساء وحل دار الامارة فوفى على من بها من اخوانه وعزّاهـنّ وخرج
لحلّته فبات بها ومن الغد ركب لدار دبيبغ فوفى على متخلّي والده مـن
مال وسلاح وفرش وخيل وسلوج الى ان شاهد طلط ووعاه وعمى مفحـات
وتركه وكان المال على يد وصيبه الفايد علّال بن سعود وغيرة على يـد
الفايد[1] بهبه والجيبع الى نظر حاجبه الفايد عبد الوهّاب اليمّوري ولمّا

---

[1] B في الفايحيين ; d'après cette lecture il faudrait mettre le mot précédent au
pluriel et lire الفياد.

استخراج أمر مخول مال والده ومتخلفه إلى محلته ودفعه لمن عينه من حكامه
وأعطى الكتاب والده مالًا أفتسموه وأوصى الكتاب بالتوفير لهم والرعي
الجميل وانتظموا في خدمته من خضرت نجابته فقربه وأدناه منه ومن لا
عبرة به أهمله ونرج عمال القبايل وفوّاد العبيد وفباد المدن كلّ
في محلّه لم يعزل أحدًا منهم إلّا ما كان من فايح نطاون الوقّاش فإنّه هرب
لضريح مولانا عبد السلام بعياله خوفًا على نفسه لسوء ما تفحّم ولمّا فجح
أهل نطاون ولّى عليهم كاتبه عبد الكريم بن زاكور كان ولّاه بالعمايش
لكونه حصنًّا مثلهم ووجّه للعمايش غيرى وولّى على فاس الحاج ميمّا
الصقّار أحد الثلاثة الذين كانوا ولاة عليهم أيّام البنرى وأقام بفاس
شهرين إلى أن رتّب أحوال المغرب وسدّ ثغورى ورتّب حاميته ووجّه
لمكناسة ومنها توجّه لناحية تمارة بسبب المرابط العربيّ أبي النكور النجسيّ
فإنّه كان له صيت كبير بتلج القبايل وكان يقول للناس هذا السلطان
لا يطول ملكه فقتله ووجّه راسه لفاس وولّى على تلج القبايل الباشا
العبّاسيّ وأنزله بشمشاون ووجّه لنطاون فأمر ببناء البرج بها والدار على
مرسى مرتيل ووجّه لسبتة فوفى عليها وتأمّلها وشاهد حصانتها وان
لا مطمع للغافل في فصحها وأمر العساكر باخراج التاروف من الباروف فاخرج
عليهم الكفّار تاروفًا من المدافع بالكور اهتزّين له الجبال وسار السلطان
لضبحة فاعترضه أهل الريب بفحّهم وفصيصهم مع فايحهم عبد الصادف
ابن الباشا أحمد فأكرمهم وأعطاهم مالًا وكسوة وأمر عبد الصادف بإنشاء
الغلايط بمرتيل فوجّه أخاه عبد الهادي للوفوف عليها ثمّ توجّه للعمايش
فنزل بها فوجدها خالية ليس بها إلّا نحو المايتين من أهل الريب نحن كنب
فوّاد الغرب الحبيب والسبعيانيّ فوجّه لها اجالة من عبيد مكناسة ومن عبيد
المهديّة وفبّح عليهم عبد السلام ولد عليّ و عمّي واعطى المايتين من
اهل الريب السلاح والكسوة ووجّه لسلا فنزل بظاهر الرباط وأمر عبد

لحق فنبش ببناء صفالة بسلا على البحر وعلى مرتيل ببناء صفالة الرباط
وقيّد على اهل الرباط الرءيس العربيّ المستنبريّ[1] وامر بانشاء مركبين واحدًا
بسلا وواحدًا بالرباط وكان عنده مركب كبير انشاه اهل العدوتيْـن
مشتركًا بينهما ايّام الفتنة ووجّه لاسبي لتجّار النصارى يأذنون بافامة المراكب
من مفذي وكظاطي وصواري وانكنان وفلع وحبال وضوايـي وبنايي وما لا بدّ
منه للسفر اي سمر السفن والمراكب ونوجّه لمرّاكش ورمّ العبيد والوذايـة
الذين كانوا معه لبلاده وامر بنفل عبيد الملوفبة[2] لاخوانهم بمكناسة
ودخل مرّاكش اخر المحرّم من عام ١١٧٢ ولمّا كان بمرّاكش فجح عليه بنو
ادراس شاكين من فهوان انّهم اخرجوه من البلاد واعانهم الوذايـة
فكتب لهم لوالي مكناسة ان ينزلهم بحوزها وبواحي بينهم وبين ابن يّمور
ويكون معهم على كلهة واحدة وان بشدّ هو عضده اذ مع شيعنه وشيعنه
والده فعفد لهم الوالي الخلي مع ابن يّمور وكلّهم لنظر الخليعة بمكناسة
الحاج عليّ السلاويّ انفله لها من ناذله وحيث لم يـنـنـه فهوان عن ابن
ادراس وفصدوه بالخبر اخبر السلطان خليبنه بمكناسة بالـوافع وان
الوذايـة ساعدوه وواففوه على حربهم فأمره ان يخرج بالعبيد لنصرتهم
وخرج الوذايـة من فاس لاعانة فهوان ونهلوا بحلّة فهوان باصبوفن وفصدوا
بني ادراس فكان اللفاء على وادي يسلن[3] فنصر الله ابن ادراس عليهم
وفتلوا منهم نحو الخمسمايـة ونهبوا حلّتهم وحلّة الوذايـة الني معهم وفطعوا
رءوس اعيان الوذايـة فعلّفن بباب الجديد بمكناسة وبلغ خبر الوفعة
للسلطان فغضب على الوذايـة واضمر المكر بهم وفي عام ١١٧٣ عـزل
السلطان الفاضي بمرّاكش السيّد عبد العزيز ابي عبديّ[3] عز فضائها وسجنه

---

[1] B المستديري.
[2] B الملوينة.
[3] B وسيل.

وبِّلسه واخذ حواصله واجنّته والسبب في ذلك انّ هذا القاضي كان جريئًا
قويّ الشكيمة لا يفي لعلماء وفنه ومن معه منهم محضرته وزنًا ولا يقدر
احد منهم على ردّ احكامه ولو خالف النصّ والمشهور لأن انّ وجّه امير
المومنين يومًا في قضية بلغته امر احد كتّابه يفي على فصلها ويقضي مع
القاضي العلماء الذين سقاة من جلتهم العلّامة الشريف مولاي عبد الله بن
ادريس الجمب كان انفله امير المومنين لمرّاكش وجعله مدرّسًا واماماً
وخطيبًا بمسجد المواسين وامر ان يكون الاجتماع عنده بمسجد المواسين ولمّا
جلسوا للحكم وجلس الخصمان تصدّر القاضي على عادته ولم يستشره ولم
يبال باحدهم وحكم له بما ظهر له فقال له مولاي عبد الله المذكور يا عبد
العزيز اسمع منّي فاض بحر ممكّن وعالم بحر غير ممكّن وجه الحكم في النازلة
غير ما حكمت به وخلافي ما ذكرت وهو كذا وكذا وذكر نصوصه ورتّب
فروعه وقال للشهود اشهدوا علّي بهذا فبهت القاضي وخاف الفقهاء على
الشريف المنكم من حصول اذاية القاضي وقاموا وبلغ امير المومنين ما وقع
في المجلس وما اشتمل عليه من الحكم فنقّذ حكم الشريف واكرمه وعزل
القاضي وبِّلسه واعطى جنان القاضي مولاي عبد الله بن ادريس على يقبله
وكتب له يقول له انّ ما فعله امير المومنين من حيازة ماله وعين الصواب
وحيازته لبيت المال فهو موافق لنصوص اهل العلم كما في ابن سلمون
والخطّاب وغيرها وامّا الجنان فعبد الله غريب الدار يكعبيه جامع المواسين
وبعد مدّة نوجّه القاضي للحجّ واعانه امير المومنين بالف ريال دور لمّا طلبه
ان يسرّحه للحجّ وبعد رجوعه ولّاه القضاء وشركه مع غيره كعبد العزيز
ابن حمزة وابن الخطّاب وابي بكر الشنقيطيّ وغيرهم ولم يرجع الى حاله
الاول الى ان مات رحمه الله وتداوله جماعة من فقهاء مرّاكش ولمّا فُجع

١ B المنجرة.

الغرب عزل القاضي عبد القادر بن خريجي وولّى يوسف ابا عنان في
فصبة مثل هذا واما قضاة المدن والقبايل والقرى فكان في كلّ سنة يعزل
واحدًا منهم الى ان اجتمع ببابه نحو العشرين وجهّز للحركة للمغرب وخرج
من مرّاكش في صفر عام ١١٧٤ ولمّا بلغ مكناسة وجّه الوفاية جماعة من
عجايبهم للشجاعة عند السلطان فلقينه بسايس ولمّا وفدن بين يديه
تشفّعن له بالرحم وبكين وتلقّن امامه فامر بركوبهنّ و اعطاهنّ دراهم
ورّضهنّ ونزل بالصعصافة وخرج لملاقاته اهل فاس والوفاية فاظهر لهم
البشرى ولم يعاتبهم بشيء ومن الغد اخرج اهل فاس طعام الضيافة على
العادة وامر ان يعمّر المشور بدار دبيبغ بجائنه العساكر والقبايل وجعوا له
هدّاياهم وامر بدخول الطعام لدار دبيبغ وامر العبيد والوفاية ان يدخلوا
لاكل الطعام فلمّا دخلوا دخل على اثارهم واغلق الباب وامر بالقبض
عليهم فقبضوا وكتبوا واجمعهم على ظهوره للحج ثمّ عطفته عليهم
الرحم وعفى عنهم ولمّا اكل الناس الطعام امر العساكر بالغارة على
حللهم بلحطة فلم تغرب الشمس الّا ان نهبوها ولم يبق لها اثر واغلق من
بقي منهم بفاس الجديد ابواب المدينة وركبوا فوق الاسوار وفي الليل فرّ من
بقي منهم بعضهم لفاس استحرموا وبعضهم فرّ لزاوية اليوسيّ فاستحرموا
بها ولمّا اصبح نادوا من فوق الاسوار يطلبون الامان نخرجوا فامنهم
السلطان واخرجوا اولادهم لفاس السفلى وانزل السلطان بفاس العليا القا من
عبيده انفلوا اولادهم من مكناسة لها وفيّد عليهم عادل بن سعود وسرّح
الفايج فطّور بن الخضر مع اربعة من اهل الصلاح منهم وامرهم ان يزهّموا له
اهل العساك وزهّموا له خمسين من اشراجهم وضغائنهم من اهل العساك منهم
وامر ان يجعل عليهم السلاسل وفرنهم اثنين في السلسلة واركبهم اثنين

____

[1] بو B.

على الجبل ووجّههم لسجن مرّاكش حتّى يجاءهم من مرّبهم من القبائل وأمر
فطّور بن الخضر ان يسرّح الوافين وكانوا اربعمائة ويبيح عليهم سمّاية
ويكونون الفّا ويطرح الوافين لقبائلهم فزمّ القّا في دفتر وقيّد عليهم
وامرهم ان ينزلوا مكناسة يسكنون بالروى كأنّه قصبة مستقلّة وولّى عليهم
الاحكام ويوجّبهم وانفلهم من فاس لمكناسة ودخلوا الروى بنوا بها
نوايلهم ونزل فايده فطّور بن الخضر بدار صاحب الروى ايّام السلطان
اسماعيل ودفع لهم السلطان السلاح والكسوة والخيل وما يسال عمّا كان
عندهم فصلحت احوالهم بعد ذلك ثمّ فرّق سهامه للامراء الذين لم يقلعوا
عن الظلم واستقمّوا على بعلمهم ايّام الفترة مع والده فقبض على فايده اهل
الغرب الباشا الحبيب واودعه المطبق ووجّه من ابيع بمتاعه وموانشيه وهدم
داره وانفل انقاضها للعرابيش بنيت بها ولمّا سجن امتنع من الاكل والشرب
الى ان مات نعوذ بالله من سوء الخاتمة ثمّ فبض على فايده سلا عبد الحقّ
فنبيش الذي كان اغلق بابه دونه ايّام خلافته ولمّا ولّاه الله امر المسلمين
لم يعاتبه بشيء من سوء فعله وابفاه على رياسته ولم يقلع عن ظلمه وفتل
رجلًا من اعيان اهل سلا ظلمًا ولمّا رفع خبره اولياؤه للسلطان امرهم
بقتله فكجهروا عن ذلك وامر اعوانه فقتلوه بايدي البوؤس ووجّه من حاز
امواله وباع املاكه واملاط اخوانه بسلا وانفلهم منها وسجنوا بالعرابيش
وبعد مدّة عطى عليهم وسرّحهم وفرّقهم في ثغور السواحل بعضهم
بطنجة وبعضهم بالعرابيش وبعضهم بالرباط وبعضهم بمرّاكش والصويرة
واعطاهم الدور المعتبرة والارباع المستغلّة والهوانب العظيمة وبلغوا من العزّ
والجاه في دولته ما لم يكن لاحد من سلفهم ولا غيرهم طول ايّامه وكانوا
رؤساء على الطبجيّة وفايدهم الحربي من المدافع والطهارز والبارود وغيره
في جميع الثغور ثمّ عزل فايده تامسنة ولم المجاطبيّة وفايد نايله الراضي
الورديغيّ وولّى على تامسنة ونايله وزيرى سيّدي محمّد بن حمّ الدكّالي الذي

ولّاه على كذاله لمّا فبض عاملها العروصيّ واوڊعه السجن مّدة اعوام ولمّا
سرّحه ولّاه مدينة شفشاون واعمالها وارهى حدّه للعمّال المشتغلين بجمع
المال فصلحت بخلع احوال الرعايا والجند لمّا ولّى في المناصب اهل الكفاءة
ولمّا فرغ من عمله رجع السلطان لمرّاكش ولمّا كان عام ١١٧٦ اغار في طريفه
على اشفين بفريب نازلة ونهبهم وفتل وسبى ونوجّه لاهل الغلدة من
الشاوية واخذهم وفتل وفبض كثيرًا منهم ووجّههم في السلاسل لمرّاكش
ولمّا كان عام ١١٧٧ رجع للغرب بفصد الخبايئة لعساكره ولمّا بلغ فاس اغارت
العساكر على بني اسكاتنو وبني ساكن فنهبوه وزاد الخبايئة فنهب اموالهم
وهرٻوا لجبل غبّائة فتبعهم على ضيف ذاك وجحلت عليهم العساكر التي
ان اوڊعوا بهم ببلاد غبّائة وطلبوا الامان فامّنهم ورجع لبلادهم فانتسبها
وعبّد بها ورجع لفاس فخلّف بها ابن عمّه ادريس بن المنتصر واعطاه
فبايل الجبل ولمّا بلغ مكناسة فبض على اولاد عديل وسجنهم في مال كان
لابيه عليهم وبعضه اعطاه لهم هو وامر بتحبيس الكتب الاسماعيلة
على مساجد المغرب كلّها وكانت اثني عشر الى مجلّد وازيد ولمّا بلغ مرّاكش
فجم عليه اعبان مسعيوة ٻابة وخمسين فارسًا فنتلهم كلّهم وامر الحلّة
بنهب بلادهم فنهبوها وكانوا غابة الصلال لم تكن لغيرهم من يوم خلّقه
ابوه بمرّاكش وهو يعالج حامهم ولم ينفع فيه نيباق وخرج من مرّاكش
لمكناسة واغار على ابن سبن[1] من زمّور فنهب حللهم ومواشيهم ونهّج
نهلهم ولمّا بلغ مكناسة امر الفبايل بجمع الزكاة والعشور احواز فاس
بحومعون بهميها واحواز مكناسة بحومعون بهميها وافام بفاس الى ان دخل
فصل الربيع فخرج فخركة مرموشة فنهب حللهم ومواشيهم وهرٻ فصورﮥ
وفتل منهم عددًا كثيرًا بعد ان هزموا من حاربهم من الرعايا فنفعّم لهم
بنفسه وعبيده وبهّج نهلهم ونوجّه لنازة فاصلح احوالها ونواحيها ورجع

<hr>

[1] B سبيبن ou سبيبى.

لكناسة وفي هذه الحركة مات فقيه الفوّاق سيّدي محمّد بن حمّ الدكّاليّ
وحن بصنع ابي بكر بن العربيّ وولّى مكانه ابن عمّه محمّد بن احمد وفي
عام ١١٧٧ امر السلطان ببناء ضريح سيّدي عليّ بن حمزة وعينه فقام أحمد
الخصر بالحمراء واوفدها فتنة ونازلًا لكثرة حروبه بها وكان يزعم انّه مولاي
عبد الملك الميّت ثمّ زعم انّه داعيته فوجّه السلطان لعمهب تلك الناحية
فقتلوه ووجّهوا له راسه وفي عام ١١٧٨ عرس ابن السلطان مولاي عليّ
على ابنة عمّه مولاي احمد وعرس ابن اخيه سيّدي محمّد بن احمد على
ابنة السلطان وكان عرسًا عظيمًا حضره عامّة الناس من اهل المغرب
بهداياهم ولمّا فرغ السلطان منه توجّه لمرسى الصويرة فأسّس مدينتها
ورسم لهم شكلها وكيفيّة وضعها وترتيب الخدمة بها ورجع وفي رجوعه
توجّه لزيارة اتقان والتزمه على ولد النفسيس وقام ينقلّب تلك البسائط
مرّة ومعه جماعة من الفقهاء والكتّاب ومنها وقعت هدية قاضي اتقان
الكبش الشهير وفي فعدة العام رسى مراكب البرنسيس على مرسى سلا
ورموها بالكور والبومبة الى ان فرّ اهلها للاجنّة باولادهم وافاموا بها ثلاثة
ايّام يرمون وافلعوا وفي عام ١١٧٩ رسوا بمرسى العرايش ورموها الى ان
هدموها وفرّ اهلها للبساتين ولم يبق منهم احد وعيّموا ولاديكهم بالعساكر
ودخلوا المرسى فاحرفوا المراكب التي بها واطلعوا مع الوادي مركب بفيّ
منهم فاعقبهم المسلمون لباب المرسى ولمّا حاربهم اهل الساحل وبني
جهض على المركب واطردوع عنه ورجعوا جدّوا المسلمون في اعتراضهم
من كلّ ناحية الى ان خالصوم في البلاديط عومًا وفتلوا واسروا ولم يبقلن
احد من الالى كلّهم بين فتيل واسير الى ان توسّط بيهم طاغية
الاصبنيول لما وقع مع السلطان بعجاع بمال كثير وفي هذا العام فجع ولد
السلطان مولاي عليّ خليفته بعباس وولّاه فبايل الجبال والريف وفيه كانت
حركة السلطان لفارس والريف ومرّ على نفاون وبلاد نمارة وأمّر تلط

القبائل كلّها آل كبجانه ورجع على طيبو تازة وفي عام ١١٨٠ فتح السلطان
مكناسة وقبض بها على عبد الصادق الريبيّ ومايه من اهل الريبو وسجنهم
بمكناسة ونوجّه لصنهجة بنهب اموال عبد الصادق وعربانه[1] وانفل فبيلته
واهل عصبّيته منها لسكني المهدّية وفبّخ عليهم مجّد بن عبد الملك
وانفل بصنهجة من العبيد الفّا وجسمايه بعجد من بقي بها من اهل الريبو
يحين لا يطهعون في نونة وفي عام ١١٨١ كانت وفعة كلخ[2] الجاعي الذي
اغوى الناس وفال لهم اجحلكم لبيت المال تاخذون ما فيه واظهـر لهم
الكرامات المكذوبة وجخل بهم مرّاكش في عالي عضيي يفولون سخ كلخ
رابعين اصوانهم بها فافبش الناس بخلخ وشقّوا المجينة فاصحبين الفصبة
وبلغ خبرة للسلطان فوجّه اعوانه فبقبضوا عليه ووبّر من كان معه ولمّا
بلغه امر بفتله وكانت احجى الغرايب وفيه ورفت هجية السلطان المصطيى
العثمانيّ مع الحاجّ عبد الكريم ارثون[3] وهي مركب موسوف بالمجافع والمهارز
والبومبة والكور والمراكب الفرصانبة نزلوا بالعرايبش وفيه مات مولاي الطّيّب
صاحب واجي المان وفي عام ١١٨٢ وجّه السلطان للحجّ ولجه مولاي علبّا
ووجّه معه احاه عبد السلام صغيرًا وزفّن معه ابنة السلطان لسلطان
مكّة الشريي سرور وكان في جهازها ما بنربج على المايه الى جينار من
الذهب والجواهر والاجار ووجّه معه هجية للحرمين الشريبين لاهل الوطابي
والانشرابي والعلماء والنفباء ولاهل الحجاز واليمن والبفهاء بكلّ بلج ووجّه معه
من وجوه اهل المغرب واولاج الامراء واشباخ الفبايل وجهلـة مـن خـجّامه
واكحاب اشغاله بالخيول المسومة والسلاح ما تُحجّث الناس به بالمشرف جهـرًا
وكان يوم جحولهم مكّة مهجانًا عضيمًا حضرة اهل الموسم كلّه وفي هـنا

[1] B عزبانه.
[2] B كلفي.
[3] B راعون.

العام نزل السلطان على مدينة البهيجة ونصب عليهما المدافع والمهارز
وحصرها الحاجّ سليمان التركيّ معلّم الرمي الذي كان يعلّم الطبجيّة بالرباط
ابدى فيها واعاد الى ان فتح الله على المسلمين وغنموا فيها الاموال ما
استغنى به بعضهم وعمّرها السلطان باهل الدكّالة اذ هي في بلادهم وانزل
معهم حصّة من عسكره وفي عام ١١٨٣ كانت حركته لتاءلة لعساك اهلها
واشتغالهم بالحروب فنهب اموالهم وبدّد شملهم وولّى عليهم صالحًا ولد
الراضي واستصفى اموالهم وتركهم عبيدًا لا يفخرون على الانفصال من محلّ
الى اخر من فلّة الظهر وفي عام ١١٨٤ كانت حركته لقيروان لتعيينهم في
البلاد فاوقع بهم بقريفة وقتل منهم نحو الخمسمائة ونهب اموالهم وتركهم
يتكفّفون بعباس ومكناسة وانفلهم لازغار في وسط العرب ومنهم توجّه
لحصار مليلية فنزل عليها ونصب عليها المدافع والمهارز وحاربها في اوّل
يوم من محرّم عام ١١٨٥ فكتب له طاغية الاصبنيول يعاتبه في النزول
عليها ويقول له اننا في المصالحة برًّا وبحرًا وهذا عقد الشروط الذي انى به
كاتبكم الغزّال عندنا فقال له السلطان اننا جعلنا معكم المصالحة في البحر
فقط ولو كانت في البرّ لدخلنا لكم وخرجتم الينا فكيف هذه المصالحة فوجّه
الطاغية له عقد الصلح عامًّا في البرّ والبحر فكفّ عن حربها وشرط عليه
ان يحمل الاقامة من مدافع ومهارز وكور وبومبة في مراكبه لما فيها من
النعب على المسلمين في جرّها في البرّ وانعم بذلط وارتحل عنها وحملها
الاصبنيول في مراكبه بعضها الطنجة وبعضها للصويرة وكان ذلط السبب
في تاخير الغزّال عن كتابته فبقي عاطلًا الى ان كفّ بصره ومات رحمه
الله وفي عام ١١٨٧ كانت حركته لايت مالوا بهاي ابي القاسم الزمّوريّ خرج لها
من مكناسة بجميع العساكر والقبايل الى ان نزل فصبة اخميسان فوجّه
القبايل كلّها متحصّنة بالجبال وبدا ما لم يحتسب وظهر غشّ الزمّوريّ وكذبه
اذ كان يغري السلطان بي ويزعم انّي انا الذي افسدتهم فلمّا طلع على

حفيفة الامر رضي عنّي بعد ان كنت عنده في حين الاهمال انوقع الموت كلّ
يوم وامرني ان نوجّه لهم فلمّا قدموا قال لهم انّي سمحت لكم في وجه
كاتبي فلان وارحل لحاله ولمّا بلغها اصابته حمّة وافينا بها ستّة ايام الى
ان شفاه الله ورجع لمكناسة وكلام هذه الحركة مستوفى في تاليفنا البستان
الظريف في دولة اولاد مولاي علي الشريف ولمّا بلغنا مكناسة نكب ابا القاسم
الزمّوريّ واستصفى امواله ورفع محلّي وما فبل بيّ كلام الناس من بعد
رجه الله وفي عام ١١٨١ عزل السلطان محمّد بن احمد الحكّاري عن القبايل
التي كانت لنظره ولم يترك له الّا اخواله[1] اهل دكّالة وامره ان يفبض
منهم ما اكلوه من القبايل التي كانوا يتصرّفون عليها فقبض منهم مايتي
فنطار وولّى على تلك القبايل واحدًا لكلّ قبيلة منها وفي عام ١١٨٤ كانت
الفتنة العضمى بالمغرب وهي فيام عسكر العبيد على السلطان وبيعة ولده
اليزيد والسبب في ذلك انّه وجّه لهم امرن مع راس الفتنة القايد الشاهد
منهم ووجّه معهم حاجبه القايد المختار وامره ان يتوجّه بالى من عبيده
الكاينين بمكناسة فبجه عليهم لسكنى صاحبه فلمّا بلغهم وفرأ المختار عليهم
امر السلطان قالوا سمعنا واطعنا وقال لهم الشاهد والله لا يتوجّه معي في
هذا الى الّا امثالي ومن له داركداري وجنان كجناني وارض كارضي فحاصوا
منه حيصة الحمر وارادوا فتله وفتل الحاجب وهمّ با لضريح مولانا اسماعيل
بن عليّ وفاموا للعين فقتلوا ونهبوا وزادوا لفتل فايدهم سعيد بن العبّاشيّ
وحصروه بدار محاربهم بعبيده وحكّامه واصحابه الى ان غلبوه فهرب فهرب
لحرم ونهبت داره وهدمت وبلغ خبر ذلك السلطان بمرّاكش وكان عنده
ولده اليزيد ووجّهه لهم بفصح اصلاح ما فسد فلمّا بلغهم اجتمعوا عليه
وبايعوه فجمع بين المال وبين السلاح وخزاين البارود وضيّق عليهم
وحصبوه وكتبوا للقبايل يانون البه فامتنع محمّد و عزيز وهم با من مكناسة

<hr>
[1] B اخوانه.

وجمع الجموع وبعث للوصاية على بانوه اسندوا على محمّد و عزيز وانزل معهم محمّد و عزيز القبن من البربر وهو بمحلّته بالخطّوبة ولمّا امتنع الوصاية من بيعته ركب لهم في العبيد وفصدع في الاروى وخرجوا لحربه مع ابن ادراسن وقهوان الذين عندهم ووقع الحرب بالمشته¹ فهزموه وفللوا من العبيد لحو الاربعمائة والمجاريح بلا عدد وماتن من الوصاية والبربر لحو المائة والمجاريح مثل ذلك وكان ذلك يوم الجمعة ويوم السبت ركب ووجّه للعبيد يرجع لهم فامتنعوا وقالوا حتّى ندفن موتانا ولمّا بلغ ذلك للسلطان خرج من مرّاكش في عبيده² وقبائل الخوز ولمّا بلغ سلا فرّ اليزيد من مكناسة الى زاوية زرهون ولمّا قهب من مكناسة توجّه السلطان لزيارة مولانا ادريس الاكبر ولمّا دخل اناه الانشاوى والمرابطون بولجة اليزيد فعبا عنه وساحمه ورجع لمكناسة فلقيه العبيد بالمصاحف والخرّيّة والانشاوى والمرابطين وساعحهم على الخروج من مكناسة وافام بها يحذّرهم الى ان اخرجهم منها وفرّقهم في مراسي طنجة والعرايش والرباط وفي عام ١١٤٠ فام العبيد الذين بطنجة على فايمع الشرج وفايع الاحمار ابن عبد الملك وارادوا فتلهما فمهربا للاصلة ثمّ راجعوا بصابيهم وفبضوا على اصحاب البعلة ووجّهوهم للسلطان فقطع ايديهم وارجلهم من خلاف ثمّ كثر ضررهم بالمراسي فقحم من مرّاكش اخر العام الى ان بلغ الرباط ووجّه لهم البغال والابل وكتب لهم بهزت يهيني برحيلكم والان صبى فلبي عليكم بهذه البغال والابل احلوا عليها اولادكم وفشّكم وارحلوا من طنجة وانزلوا بدار اعيهب ووجّهوا الابل والبغال لاخوانكم الذين بالعرايش يحملون اولادهم وحوايجهم وينيلون عليكم واذا نزلن بهشرع الرمل² أوجّه لكم بغالي كلّها تحملون اولادكم دفعة واحدة تتوجّهون لمكناسة محلّ فماركم ولمّا بلغهم

فلمّا رجعوا للرجوع الى مكناسة وارتحل اهل طنجة فنزلوا دار اعميي علي
قائدهم سعيد بن العبّاشي نصب لهم به ووجّهمه لدار اعميي بينتظمهم
وبعضّهم وبينهم ووجّهموا البغال والابل لاهل العمايش فحملوا اولادهم ونزلوا
عليهم وارتحل السلطان من الرباط وقصدهم في قبايل اهل الحوز وبني
حسن واهل الغرب ونزل بسوق الاربعاء بفهبهم ومن الغد وجّه سفيان وبني
حسن وبني مالك والخلط وطليف بمحلّتهم وقال لهم انزلوا علي العبيد
واجعلوهم في وسط محلّتكم واقبضوا منهم الخيل والسلاح واقسموهم كلّ
واحد منكم يأخذ عبدًا وامة واولادها العبيد يحرث ويحصد ويخدم ويطحن
ونعجن ونسقي ونحطب والولد يسرح فخذوهم بارك الله لكم فيهم واركبوا
خيلهم واجلوا سلاحهم والبسوا ثيابهم وكلوا ما عندهم فانهم عسكري
ففعلوا بهم ذلك ورجع للرباط وفرّق العبيد الذين كانوا به بعضهم لمراكش
وبعضهم للسوس وبعد اربعة اعوام عفا عنهم ورفّهم عند العرب واعطاهم
كسوة اخرى وسلاحًا وخيلًا اخرى ورفّهم للجندية وعرّفهم في المراسي
فصلحت احوالهم في المستقبل ورجعوا احسن ممّا كانوا عليه وبسبب فناء
المحل عمّ المحل بالمغرب وسمى وساجهم في القبايل عمبًا وعجبًا ولم ينزل مطر
ووقع القحط وعظمت المجاعة من عام ١١٩٠ الى عام ١١٩٦ كلّها مجاعة الى ان
اكل الناس الميتة والدم والخنزير والآدمي وفني اكثر الناس من الجوع فكان
السلطان يعالج هذا العسكر البخاري بترادف الرواتب وجعل لهم المشاهرة
يقبضونها كلّ شهر ورتّب لاهل المدن الخبز يهيّئ علي الضعفاء في كلّ
جمعة وارسل للقبايل الاموال فرّقها انشباحها علي الضعفاء الى زمن الخصب
ويرفّونها ولمّا خلصت المجاعة ارادوا ردّها فقال لم اخرجها بنيّة وانّها
ذكرت الريّ ثلّث بأكلها الاكابر اذا عجموا عدم الريّ وافام السلطان يعالج ام
ضعفاء المسلمين في تلك المجاعة واسقط عن القبايل ما يدفعونه من
الوظايف كلّها اربعة اعوام الى ان خصبت البلاد وفي عام ١١٩٧ مضى

المغرب وحرث الناس واحرق الزرع وخصب الاسعار واشتغل السلطان بتهذيب
البلاد مرّة ثانية فوجّه العساكر لاولاد ابن[1] السبع الذين عاثوا في السوس
فاخرجهم منه وشرّدهم الى القفر وقبض على اعيانهم وسجنهم بمكناسة الى
ان مانوا بسجنها ثمّ نهب قبيلة زمّان لسوء فعلهم وانقلبهم من بلادهم الى
بلاد ابن السبع بسيّدي المختار ثمّ انفل تكنة ومجاط وداو بلاد من الحوز الى
الغرب وانزلهم بفاس الجديد وحوزها وكتبهم في ديوان الجند ثمّ انفل
قطابة وسهكت ومجاط وداوله الى حوز مكناسة ثمّ انفل ايت يهور لناحلة ثمّ
انفل فهوان من الجبل لازغار وفي هذا العام وجّه ولده عبد السلام لاداء
فريضة الحجّ لانّه لم يكن مدركًا حين حجّ مع اخيه على وبيده كانت وقعة
الداعي الحاج اليموريّ الذي كان يدّعي ويزعم انّه داعبة صاحب الوفت
ويتكلّم بالغيب ويزعم تكوين الكابنات ويخبر عنها وشاع عنه جهالة
البربر وغيرهم وكثر وساطه وبساط ايت يهور بالعيث فيمن جاورهم من قبايل
العرب فقام لهم فايد سعيان الهاشميّ السعبانيّ وجمع قبايل اهل الغرب
بغير امر السلطان وفصدهم في نحو العشرين الفا من الخيل ولمّا نزل بوادي
سبو وهو بسلطان[2] زحخوا عليه فلى بفبل ومن الغد وفع الفتال وفي سهمايه
فارس فهزموهم وفتلوا فايدهم الهاشميّ وعددًا كثيرًا من اعيانهم ونهبوا
محلّتهم ولمّا فجم السلطان فبض الداعي وفتله وفي عام ١١٩٨ نوجّه
السلطان لحركة زمّور ودخلوا في شعاب نهمايس فهجع عنهم وكلّى ايت
ادراسن وفهوان اذا خرجوا من الشعاب ينهبونهم فلمّا نوجّه لمراكش
وخرجوا من الشعاب اخذوهم ونهبوا ما عندهم وتركوهم ينكّبعون في القبايل
وفي هذا العام وجّه ولده اليزيد للحجّ بغير ركب مع امير وشيخ يحصّى عليه
دفعًا لغوايله وحذرًا من مكره لانّه عزم على النوجّه لسجلماسة ولم يبرح ان

---

[1] B ابي.
[2] B بسلبات.

6.

يتركه من ورائه لسوء فعله فتوجّه لها وانفصل عنه مولاي الحسن منهما
لمكناسة لأنّه كان يحارب الاشراف ويبابي باين عطّة وأخرج ابن عطّة من
قصورها ووفّق المال على الاشراف وأعطاهم الكسوة ورتّب لهم في كلّ سنة
مائة الى مثقال نائبهم من عنده وأنزل أولاده بها وهم مولاي سليمان وأخوه
الطيّب وموسى والحسن والحسين وعمّو ابن اخيه سيّدي محمّد بن احمد
ورتّب لهم ما يكفيهم من العولة والكسوة والمصاريب وفي عام ١١٩٩ فحجّ
ولده مولاي عبد السلام من الحجّ فولّاه على السوس وأنزله بتاروودانت وفي
هذا العام وجّه ابن عمّه عبد الملك بن ادريس وكانتمَيْن محمّد بن عثمان
وهو الوزير وأمير الركب ابن يحيى بهدية عظيمة لأهل الحرمَيْن الشريفين
والحجاز واليمن ووجّههم في البحر في فرصان من فراصين الاصنبول وكتب
للسلطان عبد الحميد أن يوجّههم مع أمير صرّته الذي يوجّهه للحرمَيْن
الشريفين وهذا كلّه حذرًا من البريد أن يلتقوا في البرّ فيما بينهم وحيث لم
يطلع ركب من المغرب في البرّ افام البريد بمصر حتّى للعام الفابل وطلع
وأتّصل بهم بمكّة بعد أن قرّوا بالمدينة والحجاز ومكّة وبقي عندهم واجب
اهل اليمن وأحكاط فيما الذهب المعين بالشام ومصر والعمإق فتركهم الى
وقت القابلة ودخل دار ابن يحيى الذي عنده المال في احكابه فنهب ما
قدر عليه وخرج ونوجّه عبد الملك ورففاؤه الى والي مكّة فاخبروه الخبر
فوجّه اعوانه له ولمّا انوا به حتّى عليه في ردّ المال فبرّ البعض وفاب[1]
على الاحكاط التي فيما الذهب فانكرها ولمّا بلغ ذلك السلطان غضب
عليه وتبرّأ منه وكتب دوائر بحضّه علّفت بالمشاهد السبعة ووجّه كتابًا
لسلطان مكّة السلطان سهور يعاتبه على اهماله امر البريد وعدم فبضه
والانتفاع منه ابدا فيه واعاد ووجّه كتابًا للسلطان عبد الحميد يخبرو بحاله
وما هو عليه من العفوف ويوصيه ان لا يفبله اذا فدم لبلاده وافام البريد

[1] غاب B.

بالمشرق ثلاثة اعوام ولمّا فجم لم يقدر على مواجهته والده ونوجّه نحو صرح
مولانا عبد السلام رحمه الله وأقام به وفي عام ١٢٠٠ وجّهني السلطان
للاصطنبول بهدية للسلطان عبد المجيد العثمانيّ فأقمت بالاصطنبول
مائة يوم الى ان قضيت الغرض ورجعت ووجّه معي السلطان عبد المجيد
احد خدّامه بهدية للسلطان وقال يا نصرك الله انّما وجّهت معك هذا
الخديم صورة فقط والاعتماد في مقصودنا عليك وكتب لسلطاننا كتابًا في
شاني بالمدح والثناء الجميل عليّ من جملة وصوله وبعد فانّه وصلنا من
مقامط الاسمى عشرون سعيرًا واحسنهم عقلًا ونبلًا وسياسة وادبًا فلان
انّه ادّى لنا رسالتك وهديتك بادب وانفصل عنّا بادب فمثله من يكون
سعيرًا بين الملوك فإن اقتضى نظرك توجيه سعير من الضباط فليكن هو
فإنّ ظاهره وباطنه سواء وكتب الوزير يوسف باشا كتابًا مثله بهداية ولقد
سرّتنا بقدوم فلان وانّه من اكمال ذي المحبّة في الدولتين فمثله عزيز
الوجود فلمّا قرأت الكتاب على السلطان سرّبذلك سرورًا عظيمًا ودعا لنا
بخير وائننا خيرًا ولمّا خرج للمشور امر بقراءة المكاتب في الملإ وقال هكذا
نحبّ احبابي جزاك الله خيرًا وانّي لا اوجّه الهدايا للعثمانيّ الّا معك ولا اوجّه
المراكب الّا مع القاهر فنبيش لحضورك في المشور جبر قلبه بذلك فرحم الله
السلطانيّن الجليليّن وقدّس ارواحهما في جنّته النعيم وفي عام ١٢٠١ حرّج
السلطان لبلاد مرّاكش فنهبهم وعاث في بلادهم واستحرموا بضريح ابي
الشتاء الجبّار فعبى عنهم ونزل على بلاد الخيابنة فعاثت عساكرك فيها
وهمّوا للجبال فنهب الزرع والقهى وتبعوم الى ان اوفعوا بهم بجبال
صنهاجة ونسول ورجع عنهم السلطان فحموا ثائبين فعبا عنهم ومن
هناك ولّاني نازة واعمالها فتوجّهت لها وأقمت بها سنة الى ان ورد عليه
الى من ابن عمّه مع وصبان بعلات كتبهم في ديوان الجند فوجّه لي
من نازة وفحمت عليه فلمّا انبنه توجّهت بذلك الالي الى نكاون اعطينهم

الكسوة والسلاح وتوجّهتُ بهم لطنجة وكانوا يركبون في البحر في البلاد
الى ان تدرّبوا على ركوب البحر وزالت عنهم دوخته ولمّا دخل فصل
الشتاء فمنّ بهم على السلطان لمكناسة فولّاني على تافيلالت ودلك عام
١٢٠٢ فتوجّهتُ لها وافمتُ بها ثلاثة اعوام الى ان مات السلطان سيّدي
محمّد رحمه الله في رجب عام ١٢٠٤ وبويع بعده ولده اليزيد غفر الله
لنا وله امين

دولة السلطان اليزيد بن محمّد
بن عبد الله بن اسماعيل بن الشريف بن علي

ولمّا مات السلطان سيّدي محمّد رحمه الله كان ولده اليزيد مقيمًا بضريح
مولانا عبد السلام حسبما تقدّم ولمّا بلغه الخبر بايعه الاشياخ اولاد مولاي
عبد السلام ثمّ العبيد الذين كانوا مبايعين عليه في الحي ثمّ اهل الثغور
تغاون وصفجة ثمّ الخضرالى تغاون فبايعه اهلها واطلق ايدي العساكر
على اهل الذمّة فنهبوا ديارهم وحوانيتهم وجميع ما عندهم ثمّ توجّه لطنجة
فدخل عليه بها وفد اهل فاس علماؤهم واشرافهم واعيانهم ببيعتهم
واجازهم واكرمهم وولّى عليهم الخبيبيّ ثمّ انتقل للعرايش فوافاه بها اهل
عدّة والدة وخدمه واصحابه بانتقاله وخيله وسلاحه ومضاربه وما كان له
من الالات فجمعوا له دلك ثمّ انتقل من العرايش الى ان بلغ زاوية زرهون
فوافاه بها اخاه سليمان فجاء من تافيلالت كنّا وجّهنا معه وفد الصحراء من
عجيب وبهجرها بالبيعة ولمّا بلغ العليل استجارته محمّد و عزيز واصحبه معه
في قبايله ولمّا اجتمعوا به بضريح مولانا ادريس سامحه وعفا عنهم وافرّق
على قبايله ولمّا بلغ مكناسة فدخل عليه بها قبايل البربر والعرب واهل

[1] العربي الذيب B.
[2] و B.

الخواضر والبوادي وقبايل الحوز والسوس ولم يتخلّف عن بيعته احد حتّى
قبايل ابن مالوا العاصين عليه والدة فحموا برجّالهم مهاوش لانّه كان
يعظّم شيعته وقدم عليه عبيد المراسي وأمرهم بالرحيل لمكناسة فقالوا له
والمال الذي ببيوت الاموال والثغور كان وضعه السلطان رائبًا لنا وأمرهم ان
يفنسوه ولم يسال عنه كم هو وما عدده وكان لحو المليونيّن تعيّق منه
مشاهرة اربعة اعوام فبلم مون السلطان وكان عدد عسكر الثغور ستّة
عشر الفًا بالبصريّة والضجيّة واستبدّ به القوّاد و الاعيان وفتح ببيت المال
الذي بالدار البيضاء كان فيه مليونان معلومة في الدواوين فاعطى اشراف
الجبل وقبايلهم مايه الى ريال دور واعطى قبايل ابن مالوا وبجّالهم مايه
الى واعطى الوقابة ما يحملون به اولادهم لباس الجديد خمسين مثقالًا
للواحد وحتّى افرادًا منهم بالبى والقبين واعطى الوجود والقبايل الني قدمت
عليه اموالًا عظيمة وكتّا كتبنا له على مال الاشراف والمؤنة لاخوته
واخوانه عبّن ذلط في زمام وما يبعض من المال نفدم به عليه مع جعيرة
اهل الذمّة ولمّا اكملنا ما امرنا به توجّهنا لحضرته بقاس مع ولده وبنينا
بدار ببيع بلغنا انّ ديارنا بمكناسة اعطاها للعبيد ولم يبق الّا دويرة فيها
عيالنا فتجلّدنا بالصبر ومن الغد اجتمعنا به بجنان ابن طاعة ونزلت
بداري بقاس ووجّهنت البغال لحمل عيالي من مكناسة وادخلنهم دار الفايج
عياد وافيت مكّة وانا مهموم مهموم الى ان نوجّه لمكناسة وامر القبابل
والجيش بالحركة لسبتة والرباط عليها فنوجّه للعرايش ومنها للطنجة ووجّه
المدافع والمهارز والالة لنطاون ومنها نوجّه لسبتة ونصب فنصب عليها الة الحرب
وكان عمله ضرب في حديد بارد ولمّا عوين خفته وافيت بسبتة على
نحصل على قبايل ووجّهني لمكناسة وقاس لقضاء بعض اغراضه على اشعم

[1] B برجالهم.
[2] B بو.

إلّا بالغنيمة فأبيعه بثمن الجديد أثاني وقبض عليّ وعلى الحكماويّ كان
وجّهه ايضًا لغرض وسجننا بثمن الجديد ونصب دورنا وأقمنا بالسجن إلى ان
ورد لمكناسة بوجّه لنا ولمّا فأبلناه بمكناسة وجّهنا لسجنها بالقصبة
ومعنا عمر الوزير المرّاكشيّ ولمّا نوجّه لعاس بوجّه وبعنا لمحمّد و عزيز للمدينة
ولسجن المدينة فأقمنا به اربعين يومًا ولمّا وجّه ولده ابراهيم مع اهل الحوز
خليفة بمرّاكش امر بنسخ لنا وكتب كتابًا يقول فيه انّي اعرف حزمه
وضبطه لمّا كنت والبّا بالعمايبش وها انا ولّينط بثغر افجدير فتوجّه مع ولدنا
ابراهيم الى ان يبلغ الصويرة ومنها ننوجّه لافجدير وهو بنوجّه لمرّاكش
والحكماويّ يكون كائبًا مع ولدنا هو والورديّ[1] فتوجّهنا وخفنا ابراهيم
بطنجة ولمّا خرج منها نفجّمن امامه للعمايبش مهارًا من السجر مع المحلّة
وأقمن بها يومًا ولمّا بلغ نوجّهنا للرباط وأقمن به يومًا ولمّا بلغ نفجّمن
للدار البيضاء فورد عليه مكاتب بالرباط والجّه يقول انّط غير عارف
بالاحكام والسياسة وكاتبنا ابو القاسم الريانيّ بنوجّه معط لمرّاكش ولا نفطع
امرًا إلّا عن مشورته وعن رايه قلت بنوجّه لافجدير وكتاب مثله لي ولمّا فرا
المكاتب سال عنّي فبل له نفجّم بوجّه من كخفني بالدار البيضاء فانتظرته
ولمّا فدم محلت الابه فاخرج لي المكاتب فلمّا فرانها سفك في بدي وفلت
كبيى لي وما عليي مع ولم صغبرلا برىّة عن لهوة وشهوانه احج و كيب
الخلاص من هذه المصيبة العظمى لا اسلم من الجانبين فعوّضت امري الى
الله ونوجّهن لحليّ وكان هو في فبّته مع احجان امثاله فاذا وجّه لي انبته
ولمّا نزلنا مكّالة عليّ والبها فاس اي حلّومة افام عندة بوصبّة والجّه الى
ان بفبض عيله فكان لا يفطع امرًا دوني وكان معه العبّاس بن عمران
فابج مشون وفوّاده مع اهل الحوز بشبهون عليه ولا يعمز إلّا ما افول له
بوجدته اعفل من والجّه ولمّا بلغنا مرّاكش افينا بها شهرًا وورد عليه

[1] B. المرزودي

الامر بتوجيهه لنا والحكماوي ولمّا بلغنا الرباط رجّني لسبتة بمكاتب لفايده
المرابط عليها بالمحلّة ومنها انوجّه لفاس لقضاء بعض اغراضه والخفه بها
لمرّاكش وتوجّه هو لمرّاكش ومبلغ الدار البيضاء مبدا له في الرجوع وأفدع
عليه لسبتة فتوجّهنا ولمّا بلغناه لنطاون وجّهني لعبيدة واهل دكّالة
واهل مرّاكش واهل الحوز نستعمهم للجهاد كان وجّه لهم المرّة بعد المرّة على
بانوا وحاصوا منه حيصة الجمروكلّ من يابي من عنده يفبضونه واتّجف
رابهم جميعًا على ببعة هشام واصعفوا عليها ولما بلغت دكّالة وجدتهم
منحرفين عنه ولم يفرءوا كتابه ثم توجّهت لفاس ولمّا اجتمعت ببعب
الرجال بن ناصر في موكبه بالقصبة وسلّمت عليه ودفعت له المكاتب قال
من اين هذا الكتاب قلت من السلطان المريج فسبّوه وسبّوني معه وفاموا
للفتح بي فاجارني منهم وقال كاتب سيّدنا الكبير واخونا لا يرى منّا
مكروهًا فبتّ عنده ومن الغد وجّه معي من يحرسني في الطريف الى مرّاكش
ولمّا دخلتها وجدت الخليعة بها سيّدي عبّاس بن احمد يجلس بدار الاحكام
الى المغرب ويدخل صريح ابي العبّاس خوفًا على نفسه جمعت اهل مرّاكش
وفرات عليهم الكتاب فقالوا سمعنا واطعنا فاصبر علينا حتّى ننطر مآل
الامر ولمّا اخبرت انّ هشامًا يدخل مرّاكش عمّا خرجن هاربًا اسير الليل
والنهار والبلاد خالية لا انبس بها الى ان فطعت وادي امّ الربيع وحينئذ
امنت على نفسي ونزلت فاكلت وشربت وتوجّهت الى ان بلغت المنصوريّة
فاخبرت انّ الرباط محصور لا يدخله احد ولا يخرج منه احد وازعيم
نهبوا مواشيهم وبهايمهم فابت بالمنصوريّة الى الليل وخرجت مخاطرًا
بنفسي فاصبحت بالباب فنظر الّ العسّاسون وعمّ منهم بنفسي فتوجّهوا
الى الحاكم فذكروني له فامر مع بعض الباب فدخلت واغلفوا الباب ولمّا
اجتمعت بالحاكم واهل الرباط تعجّبوا من سلامتي وامري وقالوا هذه سبعة
ايّام لم يدخلها علينا احد وافت بالرباط الى ان استرحت وتوجّهت له ولمّا

بلغت القصر اخبروني أنّه رجع من سنة وفي هذا اليوم يبيت بالعمايش

فبت ومن الغد توجّهت ولمّا بلغت المدينة فقيل لي أنّه بالصفالة فرحت الى

أن نزلت ببابها وسلّم علينا اصحابه ولمّا ركب وخرج وجدني وافقًا فقال من

ابن اين هذا الشيطان فقال له ابن الزناق من الخوز فقال خذوه فانّه الذي

اوسع الخوز فقبضت واجتمع عليّ الحرس بالضرب نحو الخمسين عصاة الى أن

غبت ونهى عليّ جامع ان ينتّقوا عنّي فنتّقوا واخرج كابوسه وانا سافط

في الارض فنجش ونعطّل ونعصب وقال احملوه الى السجن فحملوني له ولي

ابن من عشبين الّا بعد ثلاثة ايّام فوجدت الحديد على رجلي والسلسلة

في عنقي ويدي مكسورة واصابعي كذلك وراسي كذلك فكان بعض الاحبّة

يانبني تبلّغ بطبيب بعالج يدي وراسي وجراحاتي ونوجّه هو تلي باك ولمّا

بلغ المهدّية سال عنّي هل متّ فقالوا لا فوجّه لي عشرة من الخيل يانون

بي فحملوني على بهيمة وساروا بي الى ان وضعوني امامه فمشوك فقال

هذا ساحر شيطان فلم يبرح احد جوابًا من الحاضرين وكلّ الناس كرهوا

فعله وكان هناك شيبي فقيه مدنيّ فتفجّم اليه فقال له يا مولاي سالتك

بالله الّا ما عفوت عنه فانّه من اهل العلم فقال له اذهب الى بلادك تتلّذ

يصدق عليك قوله صلّى الله عليه وسلّم نهى حبيشها والحربه

والحربه من امامه وامر ان ينوجّه بي للسجن ولمّا خرج عنك الصبح وضع

مكحلتين بجنبه في العلج المشبوق على المشور وامر البانبه ان يانوا بي فقال

جرّدوه والبسوه جلّابه وانوا به فبلغوني للسجن وانوا بالجلّابه ونفخعوا

ثيابي والبسوني ايّاها في مجنبر الاصمّ والطحر بننى ولمّا نوجّهوا ليانوا

ببهيمة اركبها من السوق لا يجدوها فنوجّهوا للحاكم فوجّه للجمّالين بها

حضرت البهيمة الّا بعد ساعتين واركبوني وخرج الاولاد من المكاتب

بالواحهم يطلبون الله لي وكان اهل الرباط في نكد عظيم من اجلي ولمّا

بلغنا المشور وجدوه نزل من موضعه الذي كان ينتظرني فيه حين
ابطؤوا في فكان ذلك سبب خلاصي منه فوضعوني في وسط المشور على
خرج وانا في المطر والبرد والصلبة في ضريح مولانا السلطان يدعون
ويتضرّعون واهل الدولة احرارًا وعبيدًا يبكون خاليّ ورغبوا عبيد الدار
فاخبروه بحالي فامر برّدي الى السجن فلمّا بلغته دخل عليّ بعض الأحبّة
من الرؤساء بما البسه وبكثير من الهمّ لانّي لم اقدر على الكلام ممّا خفني
من البرد وبعد ثلاثة ايّام سافر لمرّاكش ودخلها واوقع فتنة عظيمة وقتل
وسهل واحرق العبّاس بن عمران اخرجه من القبر من ضريح الشيخ الغزوانيّ
وقتل القاضي والوالي هاشم بن عمران وجماعة من اعيان مرّاكش وكان بها
حادث عظيم وبعد ايّام نزل هشام وعبده واهل ككالة بوادي تانسفت
خرج لهم بالعساكر والمدافع ولمّا وقع الحرب اخرج فيهم المدافع فشتّتن
جمعهم وانهزموا فتبعهم فضربه رجلان من رماة اجد برصاصتين اصابته
واحدة في فخذه شواه بما فرجع ونصبن محلّته اهل ككالة وعبده ودخل
دارك يعالج جرحه فمات منه في جمادى الاخرة عام ١٢٠٦ ولمّا بلغ خبر موته
للرباط اخرجني الرؤساء من السجن رضًا عليّ انى نابى حاكمها بارقاش وجمعوا
لي حوائج واعطوني بلغة وانتظرت ثلاثة ايّام الى ان خرج بعض
المنهزمة من بني مطير رجعوا من فصالة فاخبروا بموته حقيقة وبلغ كتاب
هشام لاهل الرباط يطلب النصرة ثمّ بلغ كتاب مسلمة من وادي الزان[1]
يطلب ببعثهم فاختلفوا وتوجّهت مع البريد لمكناسة والبلاد خالية لا
انيس بها فمرّوا من الطريق لمّا سمعوا بموت البريد وبلغنا مكناسة بعد محن
ونوايب في الطريق تقبّلها الله ولمّا وفبن علي محمّد و عزيز فام و عانفني
وبكى واخبرته بخفيفة موت البريد ووجّه لنا عبد الملك بن ادريس فتوجّهت
اليه واخبرته بموته وبيعة هشام وكان بلغهم موته وبيعة مسلمة الذي

---

[1] وازان B.

وورد كتابه من وادي الران ووصلنا الفايد سعيد وجماعة من العبيد فنصالحوا مع محمد و عزير وتكلّموا في امر البيعة لمسلمة مخالفهم محمد و عزين وقال لد ابايع هشامًا ولا مسلمة ودار الكلام بينهم الى ان توافقوا على بيعة السلطان الرشيد سيّدنا ومولانا سليمان رحمه الله وقدموا جميعًا ودخلوا ضريح مولانا ادريس فبايعوه وكتب بيعته وركب لدار الملك بفاس الجديد في رجب العام

دولة السلطان سليمان بن محمّد بن عبد الله رحمه الله وقدّس روحه

ولمّا بلغ خبر موت اليزيد اجتمع اهل الحلّ والعقد من امراء العبيد واعيان البربر الذين مع عصبيّة المغرب وقدموا لفاس واجتمعوا مع علمائهم واشياخهم واعيانهم واعيان الوطابة واتّفقوا على بيعة السلطان سليمان واختاروه على الاخوة الكبار لما عهموه من دينه وورعه وعفله وبايعوه بضريح مولانا ادريس وكتب بيعته الشيخ التاوديّ بن سودة ونزل عليها كافّة العلماء على القانون الشرعيّ وكتب بها الى افاق المغرب فلتت سبحان الله هذا الاسم النبويّ ما نسمّى به احد في الدول الاسلاميّة كلّها ثمّ انّ اهل النغور لمّا كان عندهم ابن السلطان مسلمة بضريح الشيخ سيّدي مولاي عبد السلام ضنّوا انّه صاحب الامر بايعوه بالنغور والجبال ولمّا بلغهم خبر بيعة السلطان سليمان بفاس بايعه العلماء والجند والبربر وتخفّفوا بمساء ما وقع منهم رجعوا عن بيعته ففي دبابة يدور في الجبال وبلاد الخيابنة الى ان وجّه السلطان سليمان العساكر فهزموا جمعه ونهبوا حلّته ابن دهور الذين كانوا شيعته وكذلط الخيابنة نهب اموالهم وبدّد شهلهم وهمّ للهيوب مع ولدّيه وابن اخيه الحسن ورجع عنه وكان معه وتوجّه الى المشرق واّما اهل الحوز وانّه لمّا مات اليزيد بايعوا هشامًا الذي بايعوه على البهيج وحاربوه به ولمّا بلغهم خبر بيعة الجيش وعلماء فاس واهلها وجموع

البهم بر السلطان سليمان سفك في ابديهم وعلموا انّهم وقعوا في الخطا لكنّه
لم يمكنهم الرجوع للبيعة ولكونهم انصار الدولة وهم اهل الحلّ والعقد بما
قصّروا على مرتكبهم واعمال امر السلطان سليمان ووجّه اخاه الطيّب
للرباط مع بني حسن اذ كان مسلمة وجّه لهم القايد محمّد الزعم في حصّة
من الخيل واختلفوا عليه اهل الرباط وبايعوا سليمان ولمّا دخل الرباط حارب
فايد مسلمة الى ان غلبه وقبضه وقتل العبّاس ومن شايعه ونهب دورهم
واجتمعوا على بيعة السلطان سليمان وفبّح عليهم بارفاش ورجع واشتغل
بترتيب دولته والنظر في امورها وامور رعاياها وسدّ ثغورها والولاية على
اعمالها الى ان فرغ من عمله ودخل عام ١٢٠٧ فوجّه المحلّة مع اخيه الطيّب
وجماعة من الفوّاد لتامسنة اذ كان اهلها لا هناك ولا هنا وقامهم هو
لاستشراف احوالهم بالرباط ووقع التنافس في الرياسة بين الفوّاد وكان
اعظمهم الغنيميّ عامل البريد على الجبال وكان رديو الطيّب الخليفة
فانو القبّاد من استبدادهم عليهم ولمّا تقاتلوا مع العدوّ جمّوا عليه الهزيمة
ورجعوا منهزمين للرباط بما امكن السلطان الّا الرجوع لعباس لتجديد الحركة
لتخليص ما ضاع من الابنية والآلة فرجع لعباس واشتغل بتفوي امور الحركة
الى ان بلغه فيام الثاير زيبضان الخسيّ بجبل غيارة والهبط واجتمع عليه
سهاسرة الغنز من كلّ فبيلة وصار ينتفل بتلط القبايل الجبليّة من هذه
لهذه وعلا صيته وكثر تابعوه فلم يسع السلطان اهماله وامر بخروج
العساكر له مع عامل تلط القبايل الغنيميّ المشوم فتوجّه بها ووافا زيبضانًا
بفبيلة عضاوة ولمّا عزم على الصعود للجبل فان له الفوّاد الذين معه نترط
معلّننا بسم الجبل ونطلع الخبر وابى وفان انوجّه بالجميع واتبعه
ابنها دخل فلمّا توغّلت المحلّة في الجبل خرج لهم الرجال من الشعاب
وحاربوه باختلط العساكر بالاثفال وانهزموا في الاوعار ونهبوا وفتلوا
ورجع المشوم مهزومًا ولمّا بلغ للسلطان غضب عليه ووبعه لولاه

السويديّ كان قتل اباعه تحت العذاب وآثارهم فقتلوه منه فقتلوه وولّى عليه تلط
القبايل الجبليّة اخاه الكتيّب وولّاه امر الثغور كلّها وانزله طنجة ولمّا كان
عام ١٢٠٩ وجّه السلطان المحلّة لاخيه الكتيّب بفحص زبيطان ومن معه ولمّا
بلغته خرج من طنجة ومعه عساكر الثغور وفحص بني جروط عشّ الفساد
الى ان نهب اموالهم وحرق فراعهم وقتل كثيرًا منهم وجرّ زبيطان الى بني
مرشن من بني يدير وتبعه الكتيّب بالعساكر الى ان نزل على بني مرشن
وحاربهم واحرق فراعهم وفتح انصارهم وجرّ زبيطان الى قبيلة الاخماس فتوجّهت
لهم العساكر الى ان خربوا معايشهم وقتلوا ونهبوا وامعنوا للطاعة وخرج
زبيطان من بلادهم لغمارة ورجعت المحلّة وكتب لزبيطان بالامان فقدم عليه
ووجّهه للسلطان نايبًا ولمّا بلغه عما عنه وولّاه على قبيلة الاخماس وصار
من جهلة خدّام الدولة الى ان ملكت زمامها وتعيّن غيرى لها وانزله
السلطان بتطاون ورتّب له بها واظنّه بافيًا بها وصلحت احوال تلط
القبايل بولاية الكتيّب وحسن ملكته وسياسته واما مصاير امر هشام بانّه
اقام يتردّد بين العمروضيّ وعبد الرحمان بن ناصر من مرّاكش لاسيبي وبترامى
على الضعفاء والمساكين ايهما توجّه ويظلم الرعايا الى ان ملّه من بايعه
وكان عبد الله الرجرايّ هو صاحب امرى فقتله غيلة فمغضه اخوانه
الرحامنة وبايعوا الحسين وانوا به لمرّاكش فلم يشعر هشام الّا وصبول
الحسين تفرع ببابه فلم يسعه الركوب واتجله الخوى فقبض على يد جارية
روميّة كان مشغوفًا بها وخرج من القصر يسعى على قدميه فابطا على يد
جاربته الى ان بلغ ضريح الشيخ ابي العبّاس واستجم به واحتوى الحسين
على القصر بها وبايعه اهل مرّاكش وخطبوا به وكتب اسمه على السكّة
وهرب هشام الى مبايعه عبد الرحمن بن ناصر لاسيبي فاقام عنده وسمعت
احوال الخوز وفامنت الجننة والحرب بين قبايله الى ان بلغ عدد القتلى

---

[1] B سويد ; il serait préférable, je crois, de lire السويري.

بينهم على ما قالوا اربعة وعشرون القا والسلطان سليمان غافل عنهم
ومنهمكى بهم الى ان ملّوا الحرب هذا خبرهم واما الشاوية فانهم لما وقع
منهم ما وقع في المحلّة راوا اهمال السلطان لهم والاعراض عنهم لما كان
فيه من مدافعة النايرزيغان ولما رجع من شانه جاءه الشاوية تائبين
منضّلين وطلبوا ان يوجّه معهم عامله على قبايلهم فوجّه معهم ابن
عمّه عبد الملك بن ادريس وامره بالنزول بالدار البيضاء ويسرّح مرساها
للسوق ويباشر اشياخ الشاوية واعيانهم ويبسطهم من ذلك الخراج ويؤلّف
بذلك قلوبهم فتوجّه بهم ونزل الدار البيضاء واجتمع عليه اعيان الشاوية
ومدّوا ايديهم للخدمة والطاعة وسكن اشياخهم مع عبد الملك وصلحت
احوال الرعية ولما حصل لاعيانهم ذلك الاسهام من مستباح المرسى تكاولوا
الزيادة وصار عبد الملك بفاسهم ياكل النصى وبعضهم النصى وعند راس
السنة لم يوجّه للسلطان شيأ من المستباح كاهل المراسي فكتب له السلطان
في ذلك فاجابه بما وقع له مع الاشياخ فكتب له يعاتبه في ذلك فغضب
وساء ظنّه بالسلطان واخبر اعيان القوم انّ السلطان عاتبه على ما
بعضهم واستشارهم في امره فاجابوه على وفق مراده ولما دخل فصل
الربيع جهّز السلطان للحركة للشاوية وخرج من مكناسة ولما بلغ الرباط
وبلغ خبره عبد الملك والشاوية احضرهم واستشارهم في امره وقال لهم انّ
هذا الرجل قادم ولا غرض له الّا فيكم وانا اليوم من جملتكم فانظروا
لانفسكم فقالوا له نبايعك ونموت دونك فبايعوه واعلنوا بنصره ووجّهوا
لاخوانهم وركّب عبد الملك المدافع التي كانت عنده للبحر لناحية البرّ
ووجّه السلطان من الرباط اخاه الطيّب في عساكر الثغور وهو على انزى
ينزل في منازله ولما رفعت عيون عبد الملك اليه بهبين الطيّب بالعساكر
بالفنيضرى والسلطان بعساكره بالمنصوريّة وراى ما لا قبل له به هرب ليلًا
هو ومن معه من اعيان الشاوية وضرب اهل الدار البيضاء المدافع عند

همّ وبه لاعلام السلطان بهمّ وبه وكنت عند ضرب المدافع عند الطبيب
وجّهني السلطان البه في امر فقلت له هذه المدافع ضربوها علامة على
مهارك فقال لا انّما ضربوها رعبًا لنا فقلت والله انّه همّب وضرب بها من
فوانين البحر وركبت الي السلطان في الحين بها اصبح الّا وانا عنده فاوّل ما
سالني على ضرب المدافع فقلت انّ الرجل همّب فشتّ في خلط وارتحل فلقيه
خبر مهارك من الطبيب كتب له بذلك وفهل الطبيب الي ان بلغه السلطان
فوجّه جريدة من الخيل للدار البيضاء الي ان بلغوها وافاموا بها واخرجوا
النصرانيّ الذي كان يوسف بها ووجّهوه الي السلطان فوجّهه للرباط
وارتحل لنواحي فصبة علي بن الحسن وسرّح العساكر للغارة علي مديونة
وزنانة اهل ذلك الوطن فنهبوا حللهم واموالهم وقتلوا وسبوا واسروا
وهمّب بافيهم ولمّا امتلأت ايدي العساكر بالغنائم رجع السلطان للرباط
ومنها لمكناسة وفاس ولمّا بلغ خبر ذلك لاهل الحوز فجم علي السلطان
جماعة من اعيان الرحامنة موجّبين للطاعة وطلبوا منه المسير لبلدهم
وواعدوه به اما فرغ من امر الشاويّة ولمّا دخل عام ١٢١٠ خرج السلطان
لحركة الشاويّة الذين عندهم عبد الملك وهم اولاد ابي عطيّة ولمّا قارب
حلّتهم ونزل سوّنت لهم نفوسهم انتهاز الفرصة في الخلّة وهم غافلون
فقصدوها ووقع الحرب باضهاجها الي ان بلغ لمباني السلطان فامر الكجبيّة
بضرب المدافع بالكور والدوبلي ولمّا فهبوا من فتنته ضربت المدافع فشتّت
جمعهم وفان معظمهم وبلغ عدد رءوسهم ازيد من خمسمائة راس ونهبت
حللهم وانهزموا لساحل الربيع الي ان طلبوا الامان فامنهم السلطان
وهمّب عبد الملك لاخواله بالسوس واقام عندهم الي ان شبع فيه اخو
السلطان عبد السلام واخته زوجة عبد الملك فساعته وكتب له فرجع
وولّي السلطان علي فبايل الشاويّة الغازي الموافق منهم ورجع لمكناسة ثم
لفاس وفي هذا العام وجّه العساكر لوجدة الوجابة مع عياد والشرافة واولاد

جامع مع ابن خضّة والعبيد مع احمد بالعربي ومكناسة والاحلاف مع الشيخ
عبد الله بن الخضير[1] وامرهم ان ينزلوا على وجدة اى كانت مع قبايلها
بايالة النرج واستولوا على تلك الايالة ايام الفترة وخليفة الباى محمّد بوجدة
ينصّرف في قبايلها وقال لهم انزلوا وجدة والقبايل فقبضوا الزكاة والعشور
وعيّن الوالي بوجدة وان دافع الباى عنها ومانع دونها حاربوه ولمّا خرجوا
من فاس وبلغ خبر المحلّة للباى كتب لخليفته الذي بوجدة ان يخرج منها
ويتخلّى عن قبايلها وكتب للسلطان بالعذر وانّه عيّرها بالعساكر لاجل
تسريح السبل ورفع المفسدين ولمّا اشرف نورنكم على افكهم تركنا لكم ما هو
لكم من فدين الزمان ولمّا بلغ وجدة حبّى العامل فبايلها ومهّم سبلها
ورجعت المحلّة وفي عام ١٢١١ نوجّه السلطان في العساكر بفصّ دكالة ولمّا
بلغ وادي ام الربيع دخل ازمّور ومنه لضبط بفجم عليه الهاشمي العروصيّ
مع اهل دكالة ببيعتهم مؤبّين لطاعته وخرجوا من حزب عبدة وسلطانهم
هشام ونكثوا ببيعته ثمّ فجم عليه الرحامنة واهل السوس وزراك والشبانات
مؤبّين لطاعته مبايعين له نابذين[2] بيعة الحسين الذي عندهم بمرّاكش
وتوجّهوا بالسلطان سليمان لحضرة مرّاكش في يوم مشهود ولم يبق
بالمدينة احد وضيبت المدافع وعهلت المهجان واستفرّ بدار الملك ووجّه
كاتبه محمّد بن عثمان لعبد الرحمان بن ناصر ياتي به او ياذن بحربه ولمّا
وصله اعتذر بالمرض واحضر القاضي والفقهاء وخلع سلطانه وكتب ببيعته
للسلطان سليمان وامّي طاعته ونوجّه هشام لزاوية الشرّادي[3] واستقرّ بها
فبعث له السلطان من امّنه واتى به فاكرمه وفعّم له الراتب والكسوة
وانزله بدار اخيه المامون الى ان استهاج وامن على نفسه ووجّهه للرباط

[1] B الخضر.
[2] B نافدين.
[3] A الشدادي.

فسكن به ورتّب له ما يكفيه وافام السلطان بمرّاكش فهمع عليه فبايل
البربر ورفنيه[1] وفبايل متوفة وفبايل زنافة وفبايل حاحة وفبايل السوس
بهداياهم واكرمهم واجازهم وعيّن لهم ولاتهم وكمل له فتح المغرب وفهم
ابن عثمان بطاعة عبد الرهان وبيعته واعتذر عنه بالمرض فقبل
السلطان عذره واستفامت الامور وترك اخاه الطيّب خليفة بمرّاكش ورجع
الى الغرب وفي عام ١٢١٢ خرج السلطان من فاس في العساكر بفصد عبد
الرهان بن ناصر بفصد حمبه الى ان يوهّي الطاعة مباشرة طوعًا او كرهًا
وهمّا بلغ وادي ام الربيع فهم له عسكر الوهاية مع الفايد عبّاد وامره ان
يهرج عبد الرهان بن ناصر طلافانه فان جاء وافع مفامه انت وان امتنع
فاكتب لنا بالوصول اليه فلمّا بلغه عبّاد لم يسعه الّا التوجّه طلافاة
السلطان بمرضه وركب في محبّته وتوجّه مع اخوانه عبده واهر بوافا
السلطان بماية بيروبير بطيبي بلدهم فاجتمع به وبايعه مباشرة واتى
اخوانه طاعتهم وهمّا راه السلطان تحفّق انّ تاخيره لاجل المرض فوهى له
السلطان بعهده وزاد في كرامته بالوصول معه لاسبي وحخوله تمارة الى ان
امن علي نفسه وجمّه له السلطان علي فبايله وفلّده امر المرسى وامره ان
يفبض الواجب الشرعيّ من فبايله وتوجّه لمرّاكش فحخلها وافام بها مهّة
وفي هذا العام دخل الوباء للمغرب وعمّ حواضره وبواهيه وبه كهى الله
السلطان امراخونه وهمّا كثر الوباء بمرّاكش نوجّه السلطان للغرب وترك
اخاه الطيّب خليفة بها ودخل مكناسة في صفرمن عام ١٢١٣ فبلغه اثناء
مفامه بها موت اخيه الطيّب الخليفة وموت الحسين الذي كان هولاي
ابراهيم وجّه له الطيّب واتنه وفهم لمرّاكش هان بها وهشام الذي كان في
الرباط طلب من السلطان ان يسكن مرّاكش فوجّهه لها هان بها وبلغه
خبر الجميع جملة واحدة وكنت وفتئذ بهاري بفاس فوجّه الي السلطان

[1] On رقية.

فقدمت عليه لمكناسة فوجهه لمراكش لآنبه يتخلّى اخوانه ومتخلّى
الكاتب فتوجّهت لذلك حتّى جلنه على بغاله التي وجّهها معي وقدمت
فقلّدني كتابته وفي عام ١٢١٤ وجّه عامله للسوس يجمع مال المنفصعين
الذين نوقوا ولمّا جمعه فلّده امر السوس فإنه بأمواله ورجع وفي عام ١٢١٥
كانت حركته لآيت مالوا وجّه السلطان العساكر مع الكاتب الحكماويّ
وجماعة من القوّاد وعمّال القبايل كلّ واحد منهم اعظم منه فلم يرضوا به
واستنكبوا من امارته عليهم ولمّا بلغوا احيسان جامع البربر وصلبوا
الامان ويعطوا المراهين الى ان يدفعوا ما يطلبه منهم من المال فلم يقبل
فكلّه القوّاد الذين معه في ذلك وهو اعمى منه بسياسة البربر وامتنع وقال
لهم لا حاجة لي بمالهم ولا بدّ لي من حربهم وقطع رقابهم فتركوه ورايه
وارتحل الى الجبل وقطع الثنايا بالمدافع والمهارز فناوشوه الحرب وهم يجرّونه
الى ان توغّل في الجبل واحاطوا به ولمّا وقع الفشل انهزم القوّاد عنه
وتركوه وحده فقتلوا وسلبوا وقبضوا على الحكماويّ فاجازى بعضهم وابقوا
عليه الى ان وجّهوه للسلطان مع بعض الاشراف وفي عام ١٢١٦ فتح السلطان
درعة والقابجة وسجلماسة وحلّها عساكره وابنى عامله بأموالها واخرج
العرب والبربر من قصور القصب ورّها لاربابها وصار ما بين السوس
ودرعة والقابجة وسجلماسة ووادي الساورة مجالّا للتجّار وابن السبيل يمرّون
من قصر الى قصر ومن اقليم الى اقليم وفي عام ١٢١٧ وجّه السلطان المحلّة
للريب مع اخيه فمّور والعامل ابن خمّة وفايد العسكر احمد بن العربيّ فابنى
العامل بواجب ثلاثة اعوان سلبت من كبدانة وقلعبة واهل فارث واهل
الريب ولمّا رجعت المحلّة اغاروا على فبيلتيّ المكالسة وبني ابي يحيى في
ضيفهم فنصبوهم وسبوا اولادهم ورجالهم ونوجّه بهم للسلطان حتّى رجّع
عليه وفي عام ١٢١٨ عاث ابن اجراسن في ضيف الصحراء يلوية وهرب
فايدهم محمّد بن عمير من فاس خوفًا من السلطان فتوجّه لهم السلطان

بالعساكر لاعليل ووقع الحرب فانهزموا ونهبت حللهم ومواشيهم وهجم
السلطان فصورع وهمّوا بهؤوسهم لبني مقبلّح الى ان عبا عنهم السلطان
ورجعوا لخدمته ولمّا رجع السلطان من اعليل في يفع بعاس ونوجّه بتلك
العساكر لنازة ووجّه محلّته لوجدة مع الشيخ عبد الله بن الخضر لقبض
واجب قبايلها ووجّه محلّة اخرى مع دحمان السويديّ عامل الصحراء فنزلن
ملوية لقبض واجب قبايلها ومنها لقيرّ لتجلماسة ومنها فرّفصها العامـل
مع خلعايه لقريعة والحاجبة ونجع¹ وبركلة وتيس وزبر² والحنق ومجغرة
والرتب ووادي الساورة حتّى مقع نلج الافالي كلّها وسمّح سبلها وقبض
خراجها ورجعت المحلّة وابقى خلايفه باماكنها وفي عام ١٢١٩ نوجّه
السلطان في العساكر لمرّاكش ولمّا بلغها وجّه المحلّة للسوس والاخرى لخاحة
ونوجّه في حاشيته وجيش المحتّمين للسويرة ووقف عليه اثاروالجا بهـا
وعرض عساكرها واعطاع الرائب والكسوة وامر باصلاح ما يحتـاج
للاصلاح ورتّب حاميتها وولّى علي قبايلها ورجع للغرب وفي عـام ١٢٢٠
وقعت فتنة بين النرج والعرب اهل الواسطة بسبب بعض فقراء درفاوة
فنلهم الباي ووجّه في طلب شيخهم عبد القادر بن الشيخ خليفة الشيخ
الاكبر سيّدنا ومولانا العربيّ الدرفاويّ رحمه الله بالمغرب فمرّ سيّدي عبد
القادر بن الشريب عن وطنه ونهل بوطن الاحرار واجتمع عليه فقراء درفاوة
وامتعضوا³ لمن فتل منهم ونهى شيخهم ابن الشريب عن زاويته ووطنه
ونحامر لخلج عشايرهم وقاموا علي النرج وتحزّبوا لحربهم ولمّا قدمت محلّة
النرج من الجزاير علي عاجتها ولحبها الباي علي عاجته فصدها العـرب
واحلاقهم ووقع القتال فانهزم الانراج وقتلوا منهم ونهبوا محلّتهم ودخلوا

---

¹ B تدعي.
² B زند.
³ B اتعضوا.

لوهما ان معلولين بفصدع العرب وحصروع بوهما ان فكتب الباي للسلطان
ينصر به في رفع هذا الخرف وبننظر الفرج من جهته اى شيخ الطايبة
الدرفاويّة ببلاده فوجّه السلطان للشيخ مولاي العربي الدرفاويّ ان ينوجّه
لوهما ان حتّى يعرّف على الجمع ويرفع على الخرف ووجّه معه الحاجّ الطاهى
باّوا¹ ولمّا بلغ سيّدي مولاي العربي وراى كثرة جموعهم ووجد الطايبة
الدرفاويّة على حال من غير الذي كانوا عليه اى ظهروا بالطلع وانّصلوا به
وانفلبت نورانيّتهم ظلمانيّة فحينئذ امرنليبة ابن الشريب ببطلان ما
امره به من القيام على النرط لانّه ماذون من شيخه وارحل ابن الشريب
نلمسان وحصر النرط والفرغليّة بالطشور ونواحبه واستمرّ الحرب بينهم ولمّا
كان يوم الجمعة اجمع اهل نلمسان بالمسجد الاعضم وكتبوا بببعتهم
للسلطان ووجّهوا هديتهم ووجوه العرب ببهديتهم ونوجّه وفد نلمسان
ببهديتهم مع مولاي العربي الدرفاويّ ولما بلغ بانّا اجتمع بالسلطان وقال له
ان العالي العلوي مفبل عليط وان العرب كلّها واهل المدن والفرى بابعوط
ووجّهوا بببعتهم وهديتهم وابن الشريب خديط وخليبعنط وهذه بببعته
وهديته ولمّا خرج السلطان وجد اهل نلمسان ووجوه العرب وافبي-ن
ببهدايهم فدفعوا بببعتهم وهديتهم ودخل ووجّه السلطان الى الحاجّ
الطاهر بابّوا وساله فاخبره بالواقع وبا فعل مولاي العربي الدرفاويّ وبا
لبس به عليه وبا يعتنفده النرط انّ هذا القيام كلّه من عنده وعلى به
وامر بطرح الدرفاويّ واهل نلمسان ببيعتهم ووجّه الى وجود العرب ففدموا
لبابه فخرج لهم وقال لهم انّكم عصيتم الله ورسوله فيما فعلتم واخففانم
فيما ارتكبتم فلا اشاركتم في معصية الله وهذه البيعة مردودة عليكم لا
افبلها وعلى فدروصولكم لبابي اكانب الباي بساعتكم ولا يعافبكم على
فعلكم واعطاع مالّ للزاط وصّ فهم ووجّه الفايد عبّاط نلمسان وامره ان

<hr>

¹ باد B.

يختال على ابن الشريف حتّى يتمكّن منه وفي الظاهر وجّهه لاصلاح الفرج
مع الفرعلبّة واهل تلمسان ويفهم بتلمسان الى ان يفتح الباي ويمكّنه من
بلاده ولمّا بلغ مرّ ابن الشريف من تلمسان خوفًا على نفسه فكان يكاتبه
عبّاد في الاجتماع معه وانّه ما جاء الّا لنصرته فلم يسكن لذلك وافام عبّاد
الى ان فتح الباي وصالحه مع اهل تلمسان ووجّه له السلطان كتابًا وهديـة
عرّفه بصفاء الفوّة وتأكيد الودّ بما ازال به شكّه ورجع عبّاد ثمّ انّ الباي
لم يبلغ غرضه للفحط الذي نزل ببلاده حتّى عـدمت الافوات ومرّ اهل
تلمسان عنها وجحلت حلل الواسطة كلّها للغرب وافترن البلاد ولم يبق
له على من ينتصّف فصار يكاتب السلطان هو ومؤلفيه الجزاير في ربّ اهل
تلمسان والغرب لبلاده فاحضرهم السلطان وبعث لهم في الرجوع فامتنعوا
وفالوا لا يجتمع علينا الجوع واحكام الترك فقبل عذرهم وتركهم وكـان
بواسيهم بالعطاء كلّ شهر حتّى صارت صلته لهم كالراتب الى ان
اخصبت بلادهم ورجعوا وكتب السلطان للباي في الرفق بهم والعدل بيهم
فبعل بكلامه واستفامت احواله واحوال الامّة وفي عام ١٢٢١ فتح السلطان
بجيج[1] وجّه له عامله ووجّه معه عربـب ذوي منيع فغلبوا علي بجيج وانّب
بما عليهم من الواجب واستولى على فصر المخزن الذي به ورثّه لاربابه من
العبيد الذين كانوا به من ايّام السلطان اسماعيل وفي عام ١٢٢٢ وجّــه
العساكر الى بني موسى من تادلة فهمّوا الى جبل ابن عتاب فقدمت لهم
العساكر ان نهبوع واحرفوا فى رفالة وبني عياط وابن عتاب النذين
أووع وفبضوا واجب زكاتهم واعشارهم ورجعت المحلّة وفي عام ١٢٢٣ فتح
السلطان افلى فمارّة وانوات واني العمّال بخراجهما ورجع وفي فصل الشتاء
من هذه السنة وجّه السلطان العساكر فنزلوا علي ضهى ابن مالوا ومنعوع
من الرحلة الى بلاد الغرب للمرعى وجلب الميرة واجيوع يجبلسهم ولمّا

طاعت مواشيهم أحصوا بدفع الواجب فدفعوا الماشية والانعام خلّ

سبيلهم وفي عام ١٢٢٤ حرّك السلطان نزاله فنزلت العساكر على وريغة

وحاربوهم ونهبوا اموالهم الى ان استكانوا وزارت العساكر لبلاد ايت يسري

بعد ان قبض السلطان منهم عددًا كثيرًا ولمّا قدموا عليه عفا عنهم

على مال بدفعوه وسمّح لهم اخوانهم ورجع لمكناسة وفي عام ١٢٢٥ خرج

السلطان لحركة الريب في جمع العساكر ونزل عين زورة ووجّه العساكر

لهم فحاربوهم ونهبوا اموالهم واحرقوا فيهم وطلبوا الامان فامنهم على دفع

ما عليهم من الزكاة والعشور وعيّن لهم من يقبض منهم ولمّا دفعوه

رجعت عنهم العساكر وفي عام ١٢٢٦ فامت الفتنة بين قبايل البربر على

بني محمد و عزيز نزل على زرع ايت مالوا واكلته حلتهم فنفعّموا في حربه ولمّا

وقع الحرب عدى فهوان ونابسوا ايت مالوا اى كان السلطان ولّى محمد و عزيز

على فهوان رئيسًا على انوبهم فنهبوا ايت اوراسن ولم يبقى منهم الا اهل

الخيل وتوجّهوا للسلطان شاكين فنابسهم السلطان ووجّه العساكر نحو

فهوان فنابسهم ايت مالوا وهزموا عساكر ايت اوراسن ثم اجتمعت كلمة

البربر على الخروج على السلطان بسبب محمد و عزيز الذي يبغضونه ويولّيه

عليهم ثم نمر ايت يوسي من دجان السويدي الذي ولّاه عليهم وشكوه

مرارًا فلم يعزله عنهم فازدادوا على فهوان وايت مالوا وايت سفروشن

ومرموشة¹ وبعثوا لحجّالهم مهاوش فقدم عليهم ووجّه السلطان العساكر

للسويدي المشوم فنزلت بصهرو وفصحم البربر فهزموه وانفضوا والسويدي

تحصّن بالمدينة ولمّا وقع خلج معّوا ابديهم للكرفان فنهبوا كلّ من في

طريف الحمراء غاديًا وجائيًا ونهبوا القرى المجاورة لصهرو كلّها وانّسع الخرف

وهذا كلّه بسبب محمد و عزيز والسويدي وافام السلطان يعالج امرهم بما نفع

فيه نهياق فتركهم فوضع لنظر عاجز العمّال عبّاد وتوجّه لمراكش ليائي

---

¹ B دموشة.

باهل الحوز حيث راى ما يفعله الغرب لما ولوا من العمار في كل زحف ولما
بلغ مراكش جمع الجموع وانى بها وتوجّه بها ولى يصحب معه عساكر اهل
الغرب ولما اجتمعت له العساكر خرج من مكناسة وتوجّه لفهوان بنواحي
ازرو ولما بلغه خبّر في امره وكانوا في ريّب منه لكنّه ليس معه مرشد ولا
معين ولا ناج فظهر له ان يرجع لاعليل لابن يوسي ولبني مقيلّد فرجع
له ولما راه عيون فهوان رجع عن فصده حسبوه خاف فرجعوا في اثره
وتبعوا العساكر من ورائها واما اوّلها فقد بلغ اعليل ونزل السلطان ووقعوا
باحر العساكر وحاربوه فهزموع وقتلوا باشا العبيد ابن الشاهد ولا على
للسلطان بها وقع الى ان بلغه المنهزمة ليلاً وسمع ذلك فتجلّد بالصبر ولما
اصبح ركبت العمار من بني ادراسن وزمّور وايت يهّور شيعة السلطان
وفصدوا بني مقيلّد كانوا في ريّب منهم ووقع الحرب فهزموع والجموع الى
شعب الجبل وتركوا الخيل وفرّوا بانفسهم ونفّسوا عن السلطان كربته وانوا
بالخيل والسلاح للسلطان ثم انّ العرب فتلوا من وجدوه بالمحلّة من العمار
من شيعة الدولة وقالوا انّ العمار كلّه واحد فرجع العمار في الى السلطان
فكلّف بامرع كاتبه محمّد السلاوي ولما راى خاف عاقبة الامر واشار
على السلطان بالرجوع لفاس فكان رجوعه اكبر غنيمة وشمتت بذلك انوى
العمار وجاءوا على انرى بنهبون من خلفوه واستمرّ الحال على ذلك والسلطان
يرجع ويعالج داءع فلم ينفعه فيه فخاف الى ان تمكّن من فهوان ونهبهم
وبدّد شملهم ثم عفى عليهم واعطاع الخيل والسلاح وجعلهم في عسكر
ثم صالحهم مع ايت ادراسن ووجّههم لابن يوسي فدخلوا بلدع ونهبوها
وقتلوا منهم ما لا يحصى وتركوع عمايا وهذه المسالة من حصول السياسة
فانّ كثرة العساكر لا تنصر الّا الهمايم والنصر مع فلتها كما قاله الحكماء وفي
هذه السنة وجّه السلطان ولده الارشد الاسناد الامجد مولانا ابراهيم لاداء
فريصة الحجّ وزيارة فبر جدّة وفي عام ١٢٢٧ وجّه السلطان العساكر لقلعبة

والريبي مع كاتبه محمّد السلاوي ولمّا بلغ قلعبة سرّح العساكر لبلدهم فنهبوا
واحرقوا وقتلوا وعاثوا وافاء عليهم يقبض الاموال الى ان دفعوا ما عليهم
ثمّ بعث عمّاله للريبي فقبضوا زكاته وعشره ورجعوا في رمضان العام وفدم
ابن السلطان مولاي ابراهيم من الحجّ ونزل طنجة ركب من مالقة في فرقاطة
من فراقص الانجليز وجّهه له والده مع مراكبه للاسكندريّة فوجدة بمرسى
مالقة محله في خاصّته وركب الحجّاج في مراكب السلطان فسبقهم الانجليز
لمرسى طنجة وانزله بها ومنها توجّه لحضرة والده ولمّا اجتمع به وجّهه
لدارة بفاس فخرج لملاقاته اهل فاس والوفاية وكافّة اهل الحوز وكان يوم
دخوله من ايّام الزينة وفي عام ١٢٢٨ بلغ السلطان انّ اهل الريبي يبيعون
الماشية والزرع للكفّار حين فطع عنهم السلطان الوسق من مراسيه
فتوجّهوا للريبي وكان والبه محمّد السلاوي معرضًا عنهم لا يلتفت اليهم
وبعد ان يقبض اعيانهم ومن يفعل ذلك ويوجّهونه له يسرّحه على طمع
وانّسع الخرق وصاروا كلّهم يبيعون للكفّار فلمّا تحقّق السلطان امرهم امر
رؤساء المراكب كلّهم يتوجّهون لمراسي الريبي وكلّ من لقوه بنلط النواحي
من مراكب الكفّار ياخذونه فتوجّهوا لذلك وقبضوا واسروا فلمّا بغنه ذلك
وامر بالحركة للريبي وجهّز العساكر مع محمّد السلاوي ووجّه معه ولده
ابراهيم بعساكر الثغور واهل الغرب وغيرهم ونوجّهوا على طريف الجبل
وخرج السلطان من فاس مع السواد الاعظم على طريف الجادّة على نازة ثمّ
على قارن بها احسّ اهل الريبي الّا بالعساكر محيطة بهم من كلّ وجه
فنهبوع واحرقوا مداشرهم واستخرجوا دفاينهم وولّى عليهم السلطان احمد
بن عليّ بن الطاهر الريبيّ وتركه ببلادهم في جملة من العساكر يستخلص
منهم الاموال ورجعت العساكر مع السلطان لدار ملكه ولا زال نصر الله
في ترفيع ما يشرفه العمّال ورحم الله المأمون الذي قال ما من خرق وقع في
دولة الّا وسببه العمّال واذا نظرت بعين الانصاف ونطقت بلسان الحقّ فهذا

السلطان هو عمر بن عبد العزيز في وقتنا ولي ينتفِّخُم في دولة بني اسماعيل بعد ابيه رحمه الله احسن منه فضلًا وعفافًا وعلمًا وحلمًا وعدلًا وكرمًا ومروءة وحبيًا وصبرًا وتجمّلًا وحسن خلق ولين الجانب وتواضعًا وهو الواسطة والخاتمة غير انّه يستنبط بذكائه ويبعث على من لا خبرة له بالحروب والوقائع فيعرفه الخلل من اجل ذلك وقد عوّد الله النصر على الاعداء وامدّه بالرعب في حركته وسكناته شاهدت ذلك في جميع وقائعه التي له على العرب والعجم بعد موت والده رحمه الله وموت اخيه اليزيد فقد وقع الاصطخاب في المغرب وتلقّب الخطب به ما اغنى فيه الخبر عن الخبر حتّى اقال الله العثار وجبر الصدع بولايته وحسن سياسته ومن نفيته رحمه الله ولم يبق الّا مسألة واحدة يسأله الله عنها اذ هي من الواجبات ومن اعظم القربات فإن الامة يسألونه عنها ويطالبونه بها فإنّ بعد اليوم غمًّا وهي النظر للمسلمين فيمن يفوض بامره بعده وتعيين من يعهد له عهده بعده اذ لا تخفى عليه احوال المغرب وهوله وما ينشؤ منه مع وجوبه من مودّة اهله فإن ولده الاسعد العلّامة الارشد المتأدّب بأدبه الملازم لاقتناء العلوم بأبوابه ابراهيم ظهر فضله ونبله وعفّه وحلّه يباشر امور المسلمين في غيبته ويتوسّط بينه وبين الناس بحضرته ليعهد عامّة الناس ويميل عنه بذكاء الانباس ويعرف منصبه القريب والبعيد والسميه والرشيد وعليه يكون لهذه الامّة المعول ومن الله التوفيق في الاخر والاوّل ولا حول ولا قوّة الّا بالله العليّ العظيم

وقد نقلنا هنا من كتاب نزهة الحادي في القرن الحادي ما سيأتي نصّه من
ذكر الخبر عن الدولة السجلماسيّة الشريفة الحسنيّة

لا بدّ أوّلاً من ذكر نسبهم الشريف وإن كان أجلى من الشمس وأحلى من
الشهد الوريّ واستغناء عن التعريف بنقول الملوك الثلاثة الأوّل منهم وهم
مولانا محمّد ومولانا الرشيد ومولانا اسماعيل ابناء مولانا الشريف بن مولانا عليّ
ابن مولانا محمّد بن مولانا عليّ بن مولانا يوسف بن مولانا عليّ الملقّب
بالشريف بن مولانا الحسن بن مولانا محمّد بن مولانا الحسن بن مولانا قاسم
ابن مولانا محمّد بن مولانا بالقاسم بن سبعي محمّد بن مولانا الحسن بن مولانا
عبد الله بن مولانا محمّد أبي عمرة بن مولانا الحسن بن مولانا ابي بكر بن
مولانا عليّ بن مولانا الحسن بن مولانا احمد بن مولانا اسماعيل بن مولانا
قاسم بن مولانا محمّد المدعوّ النفس الزكيّة بن مولانا عبد الله الكامل بن
مولانا الحسن المثنّى بن مولانا الحسن السبط بن عليّ بن ابي طالب وفاطمة
بنت رسول الله صلّى الله عليه وسلّم هكذا ذكر هذا النسب الذي هو
حفيف ان يسمّى سلسلة الذهب جماعة من العلماء والاكابر كالشيخ ابي
العبّاس احمد بن ابي القاسم الصومعيّ والشيخ الامام ابي عبد الله محمّد
العربيّ بن يوسف العاسيّ ورابنه في كتاب الدرّ السنيّ فيمن بعاس من
النسب الحسنيّ لشيخ شيوخنا ابي محمّد عبد السلام القادريّ وغيرهم ممّن
لا يحصى كثرة وقد وقفت على كتاب الشيخ النسّابة الشريف ابي عبد
الله الازورفانيّ فوجدته ذكرهم فقال ومن نسب السبط محمّد النفس الزكيّة
ينبوع النخل السبط محمّد والسبط الحسن ابنا عبد الله بن محمّد ابي عمرة
وكان اصل سلفه بالينبوع هو واجداده لأنّ جدّهم مولانا عليّ بن ابي

طالب كرّم الله وجهه وكان النبيّ صلّى الله عليه وسلّم افصعه آيّاه وللوط بقين فيه سلالتهم رضي الله عنهم وأوّل من دخل بلاد المغرب من اجدادء الحسن بن فاسم فرات بخطّ بعض الفضلاء من اهل بلدنا حرّسها الله ما صورته اخبرني شيخنا العلّامة ابو عبد الله محمّد بن سعيد المرغيتيّ فال اخبرني سيّدي ومولاي وسهط عضم محباي ابو محمّد مولانا عبد الله بن عليّ بن طاهر الحسنيّ انّ جدّهم الداخل للمغرب من ينبوع النخل هو الحسن بن فاسم فال وكان دخوله للمغرب اواخر المآية السابعة وكان حينئذ من ابناء الستّين ولحو ذلك وتوفّى رحمه الله فبل انفضاء المآية المذكورة وذكر بعضهم انّ دخوله سنة اربع وستّين وسبعمآية